Y GWIR AM IFAN JAMES

AF669921

I Aled a Rheon

Y GWIR AM IFAN JAMES

LINDA WYN

y lolfa

Diolch:

i Victoria Morgan am ei hamynedd
wrth ddarllen y drafftiau cyntaf,

i'm golygydd craff a gofalus,
Meleri Wyn James am sawl awgrym gwerthfawr

ac i Sion Ilar am y clawr trawiadol

Argraffiad cyntaf: 2026

Cynllun y clawr: Sion Ilar

Rhif Llyfr Rhyngwladol: 978-1-80099-852-0

Dymuna'r cyhoeddwyr gydnabod cymorth ariannol
Cyngor Llyfrau Cymru

Cyhoeddwyd ac argraffwyd yng Nghymru
ar bapur o goedwigoedd cynaliadwy gan
Y Lolfa Cyf., Talybont, Ceredigion SY24 5HE
e-bost ylolfa@ylolfa.com
gwefan www.ylolfa.com
ffôn 01970 832 304

Rhagair

Mae Sara Price yn cicio'i hesgidiau i ffwrdd ac yn syrthio yn ôl yn flinedig ar y soffa. Mae'n tynnu'r clip oddi ar dop ei phen ac yn gadael i'w gwallt hir, du ddisgyn yn rhydd o gwmpas ei hysgwyddau. Mae'n falch iawn i gyrraedd adref ar ôl treulio diwrnod cyfan yn y glaw yn Hwlffordd yn casglu gwybodaeth ar gyfer stori newyddion. Wedyn, symud fel malwen trwy'r traffig yr holl ffordd i Gaerfyrddin oherwydd gwaith ar y ffordd, cyn cael heol glir yn ôl i Ryd-dderwen. Byddai'n rhaid iddi roi trefn ar destun y stori cyn ei chyhoeddi ar wefan *Cymru Fyw* wrth gwrs, ond gallai hynny ddisgwyl tan y bore. Doedd dim byd llawer yn galw wedi hynny, felly gallai hi edrych ymlaen at benwythnos digon diog ar ôl wythnos brysur.

Dydy ei phartner, Carwyn, ddim wedi dychwelyd o'i waith yn y garej, ond teimla Sara ei bod yn haeddu gwydraid o win ar ôl diwrnod anodd. Mae ar fin estyn y botel o'r oergell pan glywa'r ffôn yn canu yn ei bag. Mae'n edrych ar sgrin y mobeil ac yn gweld taw ei ffrind pennaf, Mari, sydd yno. Ar ôl i Mari golli ei gŵr, Hywel, mewn damwain seiclo rhyw flwyddyn ynghynt, bu Sara'n ofalus iawn ohoni ac mae'n gwybod ei bod hi'n dal i gael cyfnodau bregus. Mae'n ateb yr alwad ar unwaith.

"Haia Mari," meddai'n siriol. "Ti'n iawn?"

Does dim ond distawrwydd ar ben arall y ffôn.

"Mari... wyt ti yna? Ti'n ocê?" gofynna.

Ar ôl eiliad neu ddwy, mae llais sigledig Mari'n dweud yn ddistaw, "Mae Ifan 'di marw."

"Be? 'Di marw?" gofynna Sara'n anghrediniol. Mae'r geiriau'n swnio'n rhyfedd yn dod mas o'i cheg. "Mari, gweda rywbeth, plis."

"Des i gartre… a ffindies i e… ar lawr y gegin."

"Yn y Garreg Wen?"

"Ie. Mae e ar y llawr o mlân i nawr… â chyllell yn ei frest."

"Mari… Wyt ti 'di ffonio'r heddlu?" Mae'r sioc yn amlwg yn llais Sara.

"Do, do, maen nhw ar y ffordd."

1

Chwe wythnos yn gynharach

Roedd Mari Llywelyn ar fin cau'r cyfrifiadur a dringo i'r gwely. Byddai hi'n ceisio aros ar ei thraed mor hir â phosib cyn noswylio nes ei bod hi wedi blino'n lân yn y gobaith y deuai cwsg ynghynt. Weithiau, ar y nosweithiau hynny pan fyddai hi'n troi a throsi, fe roddai ei llaw dros ochr Hywel o'r gwely ganol nos a byddai'r tristwch yn ei llethu wrth iddi deimlo'r gwacter.

Nid oedd yn barod i syrthio i drwmgwsg eto, felly penderfynodd gael cip ar y fforwm cyn iddi noswylio. Anaml y byddai'n cael llawer o gysur ohono y dyddiau hyn, er ei fod yn dipyn o help iddi yn y misoedd ar ôl iddi golli Hywel. Y cwnselydd a fu'n ei chefnogi ar ôl damwain ei gŵr oedd wedi awgrymu fforwm Bereaved Partners, gan ei fod yn rhoi cyfle i'r rhai oedd wedi colli cymar drwy ddamwain rannu eu profiadau.

Gan Gemma oedd y post diweddaraf ac roedd honno bron yn ddi-ffael yn gwneud i Mari deimlo'n waeth yn lle'n well, a doedd heno ddim yn eithriad.

Gemma 23.45: Having a really bad day. Missing Charlie more than ever. Will probably cry myself to sleep again tonight. Can anyone help?

Roedd Mari'n teimlo fel cyfansoddi ychydig o eiriau o

gysur i Gemma ac roedd yn pendroni beth i'w ysgrifennu pan ymddangosodd ateb gan ryw Ifan. Roedd hi wedi gweld yr enw unwaith o'r blaen, ond heb sylwi ar unrhyw beth o bwys oedd ganddo i'w ddweud.

Ifan 23.48: So sorry to hear that, Gemma. Today, my son and I marked the first anniversary of Anna's death. We watched her beloved Scarlets beat the Ospreys before I cooked her favourite meal of chicken casserole. We then got out the photograph album and Gwion and I reminisced about all the happy days we spent in her company. Tonight, I'm going to bed a happy man, feeling blessed to have enjoyed 20 happy years married to such a wonderful woman. Keep hold of all your lovely memories, Gemma x

Wel, meddyliai Mari, roedd hynny'n llawer iawn gwell na'r un hen eiriau o gysur y bu hi'n eu hailadrodd i geisio codi calon Gemma. Roedd Ifan… pwy bynnag ydoedd… yn swnio fel person caredig ac roedd cynnwys y post yn awgrymu ei fod yn siarad Cymraeg. Roedd hi'n weddol sicr ei fod yn groes i reolau'r fforwm i bostio mewn unrhyw iaith ond Saesneg, ond roedd hi'n siŵr na fyddai neb yn siecio… felly mentrodd ymateb i Ifan.

Mari 23.52: Hi Ifan. Do you speak Welsh?

Ifan 23.52: Wrth gwrs.

Mari 23.53: Wel, diolch am dy neges garedig i Gemma. Rwy'n siŵr bydd hi'n teimlo'n llawer iawn gwell ar ôl ei darllen. Wythnos nesa mi fydda i'n nodi blwyddyn ers colli Hywel ac mi rwyt ti wedi f'ysbrydoli i wneud rhywbeth arbennig i gofio amdano. Diolch eto.

Arhosodd Mari am rai munudau i weld a fyddai Ifan yn ymateb ac roedd ar fin cau'r peiriant pan welodd neges ar y sgrin.

Ifan 23.55: Mor neis i allu rhannu profiadau gyda rhywun yn Gymraeg am unwaith. Byddai'n braf sgwrsio gyda ti eto ond rwy'n siŵr taw dim ond yn Saesneg y cawn ni wneud ar y fforwm. Os wyt ti ar WhatsApp, gallwn ni barhau i sgwrsio yn fanna – lan i ti.

Yna rhoes ei rif ffôn.

Roedd Mari'n teimlo'n rhy flinedig i wneud penderfyniad am hyn cyn mynd i'r gwely, felly atebodd yn gryno:

Mari 23.57: Diolch. Nos da.

2

Caeodd Emyr Hughes wefan Bereaved Partners am hanner nos a dychwelodd i safle Leo Kutz, ei hoff ddylanwadwr. Bu'n dilyn nifer o arbenigwyr ar y farchnad Crypto ers misoedd bellach ond Leo oedd ei ffefryn. Cododd ei galon o weld bod y cyw-gwmni y bu Leo'n ei argymell i'w ddilynwyr yn dal i gynyddu'n sylweddol yn ei werth a'i fod yn amlwg yn gwneud miloedd lawer o elw i'r rhai oedd yn ddigon ffodus i feddu ar y cyfalaf i fuddsoddi ynddo. Ond teimlai Emyr ei surni arferol o gofio bod ei gyfrif banc yn hollol wag ac felly y byddai hi… oni bai bod rhywbeth syfrdanol yn newid.

Doedd dim ond angen iddo gael gafael ar dipyn o arian i dalu ei ddyledion ac i fuddsoddi go iawn ac mi fyddai popeth yn iawn. Byddai ei broblemau ar ben. Deg… ugain mil o bunnau efallai… roedd yn fwy diogel delio mewn symiau gweddol fychain… doedd e ddim eisiau i'r banc ddechrau holi gormod o gwestiynau.

Aeth Emyr dros ei gynlluniau i newid pethau unwaith yn rhagor. Teulu oedd y peth pwysicaf iddo fe nawr… Siân a Gwern. Wedi bod erioed, ond nawr roedd e wedi gwneud cam â nhw, rywsut roedden nhw'n bwysicach fyth. Nid ei fai e oedd popeth wrth gwrs… dim ond ceisio gwella'r sefyllfa oedd ei fwriad… gwneud ei orau drostyn nhw, ond doedd lwc ddim ar ei ochr mae'n rhaid.

Doedd Emyr ddim yn gofyn am lot… erioed wedi bod yn un barus, meddyliai. Dim ond eisiau gallu talu'r ddyled ar y morgais, cael gwared â'i orddrafft a chael ychydig o arian wrth gefn i'w fuddsoddi. Y cwbl roedd e eisiau oedd digon i ddechrau busnes bach. Roedd gan bawb ei freuddwydion a doedd e ddim yn meddwl bod ei rai e'n afresymol. Roedd Siân wastad wedi dyheu am gael ei chaffi bach ei hunan... siop goffi fyddai'n gwneud digon o incwm i'w cadw nhw fel teulu. Doedd dim o'i le ar hynny, siawns.

Ni fyddai Emyr fyth yn ystyried dwyn gan neb... nid dyna'r math o fachan oedd e. Roedd yn dod o deulu da ac wedi cael magwraeth Gristnogol. Na, dim ond benthyg ychydig o arian dros dro oedd ei fwriad. Ac ni fyddai'r merched yn gweld colli'r arian o gwbl. Yn fwy na thebyg, roedd miloedd yn eistedd yn eu cyfrifon banc heb iddyn nhw hyd yn oed sylwi faint oedd yno. Gwenodd am eiliad. O roi ei gynlluniau ar waith, roedd e'n siŵr y byddai'n gallu eu helpu nhw hefyd yn ei ffordd fach ei hunan, felly byddai pawb ar eu hennill.

Daeth Emyr yn fwy argyhoeddedig fyth ei fod yn gwneud y peth iawn. Yr her fawr oedd sicrhau ei fod yn cadw at ei stori'n ddigon hir cyn i'r merched ganfod y gwir.

+

Caeodd Emyr Hughes ei gyfrifiadur a rhoi trefn ar y papurau ar ei ddesg. Roedd yn ddyn taclus o ran natur. Dysgodd gan ei fam fod lle i bopeth ac y dylai popeth fod yn ei le. Fel unig blentyn, roedd ei rieni wedi dotio arno ac mi fyddai'n gwneud ei orau i'w plesio bob amser. Er nad oedd yn academaidd, gweithiodd yn galed yn yr ysgol gan basio pob arholiad... Ond roedd yn un o'r disgyblion hynny oedd yn llwyddo'n eithaf da ym mhob pwnc, heb ragori yn yr un ohonynt.

Roedd yn syndod, felly, yn enwedig iddo fe ei hunan, pan

lwyddodd i ennill graddau digon da i fynd i'r brifysgol i astudio Cemeg ac, er bod ganddo rywfaint o amheuon ynglŷn â'i allu i gwblhau'r cwrs, aeth i ffwrdd i'r coleg yng Nghaerdydd gyda'i ffrind gorau, Irfon, yn llawn gobaith. Ond ar ôl iddo fethu arholiadau'r flwyddyn gyntaf, roedd yn gwybod ei fod allan o'i ddyfnder ac roedd yn ddigon hapus i ddychwelyd i'w gartref yn Llanelli a chychwyn yn ei swydd fel technegydd yn yr ysbyty.

Gwyddai Emyr ei fod yn ddyn golygus, gyda'i wallt du, trwchus a'i lygaid glas. Ac er ei fod yn dal, ymhell dros ei chwe throedfedd, yr unig beth oedd yn ei boeni am ei ymddangosiad oedd y ffaith ei fod mor denau. Doedd e erioed wedi hoffi cymryd rhan mewn unrhyw chwaraeon ac roedd y syniad o fynd i'r *gym* i geisio datblygu ei gyhyrau yn hollol wrthun iddo. Ond, er ei gorffoledd eiddil, ni chafodd drafferth denu'r merched erioed ac roedd yn siŵr fod ei bersonoliaeth hawddgar, yn ogystal â'i ymddangosiad golygus, i gyfrif am hynny. Felly, pan benderfynodd Emyr taw Siân Williams oedd y fyfyrwraig nyrsio dlysaf yn yr ysbyty, ymatebodd honno'n syth i'w sylw ac mewn dim daeth y ddau'n gariadon.

Teimlai Emyr yn falch ohono'i hun ei fod wedi llwyddo i newid gyrfa a chael gwaith fel Swyddog Iechyd a Diogelwch gyda chwmni Hyfforddiant Myrddin. Roedd wedi gweithio'n ddigon caled i ddilyn y cwrs nos yn y coleg a doedd hynny ddim yn hawdd gyda phlentyn bach i ofalu amdano ar yr un pryd. Hoffai feddwl ei fod yn weithiwr cydwybodol… byth yn hwyr, byth yn dost, yn gwneud ei orau bob amser… yn wahanol i ambell un o'i gydweithwyr, oedd yn gwneud cyn lleied â phosib. Teimlai annhegwch o'r mwyaf, felly, pan ddywedodd ei reolwr wrtho naw mis ynghynt fod ei swydd yn diflannu. Allan o'r tri swyddog Iechyd a Diogelwch roedd e wedi ei ddewis fel yr un i golli ei swydd. Yn ei feddwl e roedd y cwmni wedi penderfynu cadw'r ddau ddiogyn mwyaf a chael gwared â'u gweithiwr gorau. Byddai ei stumog yn corddi o hyd wrth feddwl am y peth.

Ac yn awr roedd y drefn wedi diflannu o fywyd y dyn trefnus. Pan oedd popeth yn iawn, cyn i'w fywyd cyfforddus ddymchwel am ei draed, roedd gan Emyr Hughes ei ddefodau dyddiol… codi am saith, mynd â'r ci am dro, cawod gyflym, brecwast gyda Siân a Gwern, a neidio i mewn i'r car am hanner awr wedi wyth i gyrraedd ei waith am union naw o'r gloch. Yn awr, byddai'n codi'n hwyr a threulio'i amser ar y cyfrifiadur… ac er y gwyddai'n iawn fod yr hyn a wnâi yn ffôl, roedd mor anodd ymatal.

3

Cododd Mari'n hwyr gan ei bod hi'n fore Sadwrn. Gwnaeth gwpaned o goffi a darn o dost iddi'i hun ac, er ei bod yn ganol mis Chwefror, roedd yn fore mwyn a braf, felly gwisgodd ei *fleece* ac aeth â'i brecwast mas drwy'r drysau Ffrengig i'r patio yng nghefn y tŷ. Roedd arwyddion cynta'r gwanwyn yn y borderi wrth i'r eirlysiau a'r briallu ddechrau gwthio'u pennau trwy'r pridd ac roedd yr awyr yn glir a tharth y bore'n dechrau codi oddi ar y caeau. Ar ôl gorffen ei bwyd, cerddodd Mari i waelod yr ardd a safodd yna am rai munudau yn anadlu'r awyr iach ac yn gwylio'r ŵyn bach ar gae y fferm drws nesaf yn closio at eu mamau, cyn troi yn ôl i gynhesrwydd y gegin. Roedd hi'n gwybod y dylai deimlo'n falch ei bod yn byw mewn ardal mor hyfryd, mewn tŷ roedd hi wedi helpu i'w ddylunio gyda'i gŵr i fod yn gartref am oes iddynt. Ond nawr roedd Hywel wedi mynd, er cyn hardded oedd yr ardal, roedd unigedd y lle'n pwyso fel carreg arni ar adegau fel hyn.

Roedd hi'n cofio'r tro cyntaf iddi ymweld â'r Garreg Wen, pan oedd hi'n blentyn. Un diwrnod braf o haf ar ôl bod am dro i'r mynydd gyda'i rhieni a'i chwaer, cerddon nhw heibio i'r hen ffermdy ar y ffordd yn ôl i'r car a gweld yr arwydd 'Wyau ar Werth'. Penderfynodd ei mam alw i brynu dwsin o wyau ac fe'u croesawyd i mewn i'r tŷ gan y perchennog, Mrs Evans. Ers y diwrnod hwnnw, roedd Mari wedi dyheu am gael byw yn y Garreg Wen, gyda'i welydd cerrig trwchus, ei simdde fawr a'i awyrgylch cartrefol. Roedd pump neu chwech o ieir yn crafu ar y clos tu fas a dwy gath dew yn cysgu yn yr heulwen o flaen drws y beudy. I Mari, edrychai'n union fel ffermdy mas o un o'r llyfrau straeon roedd hi mor hoff o'u darllen yn yr ysgol. Yn y blynyddoedd ar ôl hynny, bob tro y byddai hi'n teithio drwy bentref Nantglas, ar gyrion Rhyd-dderwen, teimlai'r un hen ddyhead yn cydio ynddi. Wrth feddwl yn ôl, roedd hi wedi syrthio mewn cariad â'r Garreg Wen o'r eiliad cyntaf iddi weld yr hen le.

Pymtheng mlynedd yn ddiweddarach a hithau a Hywel newydd briodi, clywson nhw fod hen Mrs Evans y Garreg Wen wedi marw. Roedd tiroedd y fferm wedi eu gwerthu ac roedd y ffermdy, ynghyd â darn bach o dir y tu cefn iddo, yn awr ar werth am bris rhesymol. Gan fod Hywel newydd gymhwyso fel pensaer, dyma'r union beth y bu'n chwilio amdano i'w droi'n gartref iddo ef a Mari – hen dŷ, llawn cymeriad gyda photensial i'w foderneiddio, ac wrth gwrs, dyma oedd y tŷ delfrydol ym meddwl Mari. Roedd y ddau yn llawn syniadau am sut i adnewyddu'r ffermdy, gan gadw ei gymeriad ond, ar yr un pryd, greu cartref modern, cysurus, eco-gyfeillgar. Ar ôl dwy flynedd o lafur caled, symudodd y cwpl i mewn i'r Garreg Wen.

Roedd yn dŷ helaeth – yn llawer rhy fawr i ddau, heb sôn am un, ond y gobaith oedd, adeg honno, y byddai dau neu dri o blant yn llenwi'r lle mewn dim o dro. Fodd bynnag, nid felly y bu ac, ar ôl sawl triniaeth IVF aflwyddiannus, penderfynodd y ddau ohonynt fodloni ar fod yn ddi-blant. Er hynny, roedd y tristwch o beidio â bod yn fam yn dal i gnoi Mari o bryd i'w gilydd, yn enwedig o weld pa mor ddiofal roedd rhai rhieni'n gallu bod. Ond, penderfynodd Hywel a hithau geisio gwneud yn fawr o'u rhyddid a mwynhau bywyd i'w lawnder. A than ryw flwyddyn yn ôl, pan laddwyd Hywel, byddai bron pob penwythnos yn llawn.

Dechreuodd y lluniau o'r gorffennol lenwi meddwl Mari unwaith yn rhagor wrth iddi gau'r ffenestri Ffrengig rhag y gwynt. Ceisiodd gofio am y dyddiau braf ganol haf... teithio i'r Gŵyr i nofio a syrffio yn Rhosili neu Oxwich, cerdded ar hyd y llwybrau cyhoeddus i Fynydd y Grug, neu seiclo ar hyd y lonydd gwledig o gwmpas eu cartref. Yn y gaeaf, byddent yn aml yn ymlwybro i lawr i dref Rhyd-dderwen i gyfarfod â ffrindiau am ginio dydd Sul hamddenol yn y Dderwen Arms, gan sgwrsio a chwerthin gan fwynhau sawl potel o win nes iddi nosi cyn cymryd tacsi gartref. Oedd... roedd bywyd yn braf, meddyliai'n hiraethus.

Ond gwyddai Mari o'r eiliad y clywodd fod Hywel wedi marw y byddai ei bywyd yn newid am byth. Yr heddlu'n dod i'r drws i ddweud wrthi am y ddamwain oedd y profiad gwaethaf yn ei bywyd.

Daeth y teimladau cyfarwydd o dristwch yn ôl i'w phoeni wrth i Mari ystyried cymaint roedd ei bywyd wedi newid yn y flwyddyn a aethai heibio. Yn y misoedd cyntaf, teimlai fod pob diwrnod heb Hywel fel petai cwmwl du yn hofran uwch ei phen... a doedd heddiw'n ddim gwahanol. Heddiw roedd y penwythnos yn ymestyn o'i blaen heb unrhyw gynlluniau i lenwi'r oriau hir a gwyddai y byddai'r cwmwl du yn dychwelyd i'w rhwystro rhag mwynhau unrhyw belydrau o heulwen. Mi allai hi wneud tipyn o lanhau a siopa, ond doedd dim pleser mewn cael cartref glân a thaclus a bwyd blasus yn yr oergell a neb i'w rhannu. Doedd Mari ddim yn gwybod beth i'w wneud â hi ei hun bellach ar adegau fel hyn.

Fel rhan o gwpl, gallai hi a Hywel wneud penderfyniad ar amrantiad ar sut i dreulio'r penwythnos, ond, fel person sengl, byddai'n rhaid i Mari wneud trefniadau gyda phobl eraill os oedd hi am gael cwmni, a doedd hynny ddim yn hawdd. A hithau bellach yng nghanol ei thridegau, roedd llawer o'i ffrindiau'n briod ac yn rhieni a byddai eu penwythnosau'n llawn o weithgareddau teuluol. Ac roedd problem cael rhywun i warchod, fel arfer, yn ymateb pan fyddai hi'n gwahodd ffrindiau draw am bryd o fwyd gyda'r nos.

Un eithriad oedd ei chyfaill pennaf, Sara Price. Roedd Sara wedi symud yn ôl i Ryd-dderwen, ei thref enedigol, ddwy flynedd ynghynt, ar ôl treulio degawd yn byw yng Nghaerdydd. Roedd yn newyddiadurwraig gyda'r BBC gyda chyfrifoldeb dros newyddion y De Orllewin ac roedd wedi ennill tipyn o enw iddi'i hun ar ôl llwyddo i ddatrys dirgelwch diflaniad merch ysgol o'r ardal a aethai ar goll hanner can mlynedd ynghynt. Cofnododd Sara hanes yr ymchwiliad i'w diflaniad mewn podlediad o'r enw "Ble aeth Elen Puw?" a gafodd gryn sylw ar y cyfryngau. Datblygodd carwriaeth rhwng Sara a'i phartner Carwyn Roberts, hen gyfaill i Hywel, tra y bu hi'n gweithio ar y podlediad a bellach roedd y ddau ohonynt yn cyd-fyw yn Rhyd-dderwen yn hen gartref Sara, 'Gwynfan'.

Bu Carwyn yn ffrind ysgol i Hywel gan i'r ddau fynychu Coleg Llanymddyfri gyda'i gilydd yn eu harddegau ac ail-gyneuwyd y cyfeillgarwch hwnnw pan symudodd Hywel i ardal Rhyd-dderwen ar ôl priodi Mari. Ac roedd Mari'n cofio Sara yn yr Ysgol Uwchradd leol, er bod hithau ryw ddwy flynedd yn iau na hi. Roedd yn naturiol, felly, pan symudodd Sara i Ryd-dderwen, i'r ddau gwpl ddod yn gyfeillion. Cymerodd Mari at Sara ar unwaith, gan ei bod yn berson hawddgar, agored a charedig. O ganlyniad, byddai'r pedwar ohonynt yn mynychu tai ei gilydd yn aml am bryd gyda'r nos ac yn treulio ambell i benwythnos i ffwrdd ar wyliau cerdded.

Ar ôl damwain Hywel, bu Sara'n gefn mawr i Mari ac roedd yn falch iawn o gael ffrind mor driw gan nad oedd ganddi unrhyw deulu erbyn hynny yn Rhyd-dderwen. Roedd ei rhieni wedi ymfudo i Ffrainc ar ôl ymddeol ac roedd ei chwaer a'i gŵr wedi hen symud i Lundain. Un o Aberystwyth oedd Hywel, ac er bod ei rieni'n llawn cydymdeimlad tuag ati yn y misoedd cyntaf ar ôl ei ddamwain, prin roedd hi wedi cael cysylltiad gyda nhw wedyn.

Yn yr wythnosau cyntaf, pan oedd Mari'n dal mewn sioc, treuliodd Sara oriau yn y Garreg Wen yn gwrando arni'n bwrw ei bol ac yn paratoi prydau blasus o fwyd nad oedd arni'r awydd lleiaf eisiau eu bwyta. Byddai Sara'n ceisio ei hannog i fynd allan am dro, ond yn ôl yn ei chartref teimlai'n ddiogel ac yn gynnes ymhlith ei hatgofion. A phan oedd hi'n methu â gadael y tŷ am fod y galar yn ormod iddi, byddai Sara'n cyrraedd yn aml gyda basged o nwyddau o'r deli lleol ac ambell botel o win. Do, bu'n gyfaill yng ngwir ystyr y gair.

Roedd Mari'n gobeithio bod Sara'n rhydd y bore hwnnw i godi rhywfaint ar ei chalon, felly anfonodd neges ati i weld a oedd hi am gyfarfod am goffi. Ond ymddiheuriad oedd yr ymateb. Roedd Sara wedi addo mynd i warchod ei nith fach, Elain, plentyn ei chefnder, Ioan a'i bartner, Zoe, oedd yn byw yn y Felin ar dir Maesyderi, hen gartref ei mam.

Felly, doedd gan Mari ddim byd llawer i lenwi ei hamser y bore hwnnw heblaw am waith tŷ a thrip i'r archfarchnad. Aeth i wneud cwpaned arall o goffi cyn setlo i lawr i sgrolio drwy ei ffôn i siecio ei negeseuon testun a WhatsApp. Yna cofiodd am ei sgwrs ar y fforwm gyda rhywun o'r enw Ifan y noson gynt. Roedd e'n swnio'n rhywun caredig ac roedd ei neges yn gofyn iddi sgwrsio y tu fas i'r fforwm yn edrych yn ddigon diniwed. Hwn oedd y math o berson a allai godi ei chalon, meddyliai, a thybiai nad oedd ganddi ddim i'w golli drwy gysylltu ag e.

Cliciodd Mari ar eicon WhatsApp a theipio rhif Ifan. Ychydig a wyddai bryd hynny y byddai'r penderfyniad hwnnw'n newid ei bywyd yn llwyr dros y misoedd nesaf.

+

Anfonodd Mari neges yn gwahodd Ifan i sgwrsio a chafodd ymateb bron yn syth.

> Ifan: Helô. O'n i'n gobeithio byddet ti'n cysylltu. Mae'n amlwg dy fod ti 'di colli partner hefyd. Ti'n meindio fi'n gofyn beth ddigwyddodd?

Doedd y ffaith bod Hywel wedi marw flwyddyn ynghynt ddim yn gyfrinach, felly teimlai Mari'n ddigon cyfforddus yn rhannu'r hanes gydag Ifan.

> Mari: Aeth Hywel mas ar ei feic. O'n i'n ei ddisgwyl e'n ôl erbyn amser cinio ond doedd dim sôn amdano. Daeth yr heddlu i'r tŷ i ddweud bod damwain. Roedd ambiwlans wedi mynd ag e i Ysbyty Glangwili. Erbyn i fi gyrraedd roedd yn rhy hwyr.
>
> Ifan: Sori. Siŵr fod hynny'n sioc ofnadwy.
>
> Mari: Roedd y car darodd e'n llawn o fois ifanc mas ar sbri, yn yfed caniau a'r gyrrwr ymhell dros y limit.
>
> Ifan: Digwyddodd rhywbeth tebyg i fi.
>
> Mari: Do?
>
> Ifan: Cafodd Anna ei tharo gan gar ar wyliau ym Mallorca. Y gyrrwr 'di bod yn yfed. Roedd hi mewn coma am dair wythnos.
>
> Mari: Mor flin 'da fi.

Ifan: Sori, mae Gwion yn galw felly rhaid i fi fynd. Wedi addo mynd i gêm rygbi. Siaradwn ni rywbryd eto?

Mari: Dim problem. Cymer ofal.

Roedd Mari'n teimlo'n reit siomedig bod Ifan wedi terfynu'r sgwrs mor ddisymwth. Byddai hi wedi hoffi clywed mwy am ei brofiad o golli ei bartner mewn damwain ar wyliau dramor, ond roedd hi'n falch ei bod hi wedi gwneud y cysylltiad. Ceisiodd ddychmygu sut beth fyddai bod yn dyst i ddamwain Hywel, yna gwthiodd y darlun hwnnw'n gyflym o'i meddwl.

Caeodd Mari WhatsApp ac aeth am gawod cyn mentro i Abertawe i chwilio am ffrog newydd. Roedd hi newydd benderfynu ei bod hi am wahodd nifer o hen ffrindiau draw, gan gynnwys eu plant, am bryd o fwyd y prynhawn Sadwrn canlynol… i gofio am Hywel, bron flwyddyn i'r diwrnod ar ôl ei golli.

+

Y noson honno bu Mari'n pendwmpian ar y soffa am oriau yn hanner edrych ar ryw hen ffilm ddu a gwyn ac roedd ar fin rhoi'r gorau iddi a mynd i'r gwely pan ganodd ei ffôn. Edrychodd ar y sgrin a gweld bod ganddi alwad fideo WhatsApp gan Ifan. Diffoddodd y teledu ac oedi am rai eiliadau cyn ei ateb, gan ddifaru nad oedd hi wedi gwisgo colur na rhoi trefn ar ei gwallt hir. Daeth llun Emyr Hughes ar y sgrin fach wrth iddi glicio ar yr eicon. Roedd ganddo wyneb golygus, pen o wallt tonnog, tywyll oedd yn dechrau britho a llygaid glas oedd yn syllu arni'n ddisgwylgar.

"Mari… Ti'n rhydd i siarad? Ti ar ben dy hunan? Fi'n gwbod bod hi'n hwyr." Roedd ei lais yn feddal ac yn gyfeillgar.

"Ydw, dim problem," atebodd Mari, gan godi i eistedd yn gefnsyth yn ei chadair. "Neis i glywed 'thot ti eto, Ifan. A neis i siarad 'da ti'n iawn."

"Jyst cysylltu i ymddiheuro am bore 'ma o'n i. Gwion oedd ar frys i fynd i'r clwb rygbi. Falle 'mod i'n rhoi gormod o sylw i'r crwt – treial neud lan am ei golled siŵr o fod."

"Wel, mae hynny'n beth naturiol. Ond paid â phoeni – fi'n deall yn iawn."

"Eniwê... Beth wyt ti 'di bod yn neud â dy hunan heddi?"

"Wel, ar ôl i ti roi'r syniad i fi, fi 'di trefnu digwyddiad i ddathlu bywyd Hywel... prynu ffrog newydd... gwahodd nifer o ffrindie draw... penderfynu beth i gael i fyta... pethe fel'na."

"A shwt wyt ti'n teimlo am y peth? Galle dathliad fel'na fod yn eitha emosiynol, cofia."

"Fi'n gwbod, ond fi'n teimlo taw dyna'r peth iawn i neud. Fel arall fydden i ond yn ishte yn y tŷ ar ben 'yn hunan yn hel meddylie."

"Wel, da iawn. Mae'n bwysig neud pethe positif." Nodiodd Emyr, gan redeg ei fysedd trwy ei wallt. "Cymerodd hi sbel i fi sylweddoli hynny. Mae'n ddigon hawdd syrthio i ryw dwll du... teimlo'n grac fod hyn 'di digwydd i ti... Ond dyw hunan-dosturi ddim yn neud lles i neb. Unwaith lwyddes i i dynnu fy hunan mas o'r iselder, nath bywyd ddechre gwella. Shwt ti'n ymdopi erbyn hyn?"

"Fi'n cael cyfnode gwell na'i gilydd," atebodd Mari gydag ochenaid. "Mae un o fy ffrindie 'di bod yn garedig iawn a fi'n gallu troi ati hi os fi'n teimlo'n isel. A fel mae'r amser yn pasio, mae'n dod rhywfaint yn haws. Yr unigrwydd yw'r peth anodda i fi... dygymod â byw yn y tŷ mawr 'ma ar 'y mhen 'yn hunan heb Hywel. Mae'r lle'n teimlo mor wag ar brydie. Ti'n lwcus bod Gwion gyda ti."

“Wel, dyw e ddim yr un peth ag oedolyn cofia,” chwarddodd Emyr. “Sdim plant ’da ti, ’te?”

“Nago’s, yn anffodus. Trïon ni ond doedd hi ddim i fod.”

“Wel, fi’n falch bydd cwmni gyda ti wthnos nesa ta beth… i gofio am Hywel.”

“Diolch i ti mae hynny,” gwenodd Mari.

“Hei, gwell i fi beidio cadw ti lan yn rhy hwyr. Siaradwn ni eto rywbryd. Cysga’n dawel.”

Ac ar hynny, diffoddodd Emyr Hughes yr alwad.

Teimlai Mari ryw gynhesrwydd braf ar ôl ei sgwrs. Aeth i’w gwely a chysgu’n syth am unwaith.

4

Roedd Bethan yn ferch dal, fain, yn amlwg yn cadw ei hunan yn ffit. Roedd ganddi gynffon o wallt brown tywyll wedi ei glymu y tu ôl i'w phen oedd yn ysgwyd yn ôl ac ymlaen wrth iddi guro dwylo a llongyfarch y rhedwyr olaf i orffen y ras bum cilometr. Teimlai'n reit hunan-fodlon wrth sefyll ar y llinell derfyn gan fod dros gant a hanner o redwyr o bob oed wedi cymryd rhan yn y ras, yr elw i gyd at Gronfa Plant Chris Young. Trueni bod Chris ddim yma i weld cymaint o ymdrech roedd hi wedi ei wneud i sicrhau fod yr achlysur yn llwyddiant, meddyliai.

Chwe mis ynghynt, ni fyddai Bethan wedi dychmygu y byddai'n cael ei hun yn y sefyllfa yma. Byddai Chris a hithau'n cymryd pob cyfle i fod mas yn yr awyr agored neu yn y gampfa, yn ymuno mewn chwaraeon o bob math. Er nad oedd ei gŵr bob amser yn bartner perffaith, gan ei fod yr un mor gystadleuol â hi, roedd hi wedi llwyddo i gadw'r cecru cyson fu rhyngddynt o fewn pedair wal y tŷ. Roedd hi'n meddwl weithiau eu bod wedi rhuthro i briodi'n rhy gynnar ac nad oedd hi'n barod i rannu ei bywyd gyda rhywun arall. Wedi'r cyfan, roedd hi wastad wedi arfer edrych ar ôl ei hunan ac roedd clywed Chris yn dweud wrthi beth i'w wneud yn feunyddiol yn mynd ar ei nerfau.

Ond nawr roedd e wedi mynd, nid tristwch a deimlai yn gymaint â rhyw annhegwch mawr ei fod wedi ei gymryd oddi arni. Doedd hi ond yn gobeithio bod ei chyfeillion a'i chydnabod yn gwerthfawrogi mor ddewr oedd hi yn bwrw ymlaen i sefydlu'r elusen yn ei enw.

Roedd Bethan wedi cyfarfod â Chris ar wyliau cerdded yn Eryri bum mlynedd ynghynt ac roedd y cysylltiad a fu rhyngddynt yn amlwg o'r cychwyn cyntaf. Roedd ei gŵr yn wreiddiol o Fanceinion ac yn hyfforddwr gweithgareddau awyr agored, yn gweithio mewn canolfan ger Bethesda. Cafodd Bethan ei denu ato oherwydd ei hiwmor sych a'i agwedd bositif tuag at fywyd, wedi iddo ddioddef plentyndod digon anodd mewn cartref plant. Gan ei bod hithau hefyd wedi profi magwraeth galed, roedd tipyn o dir cyffredin rhyngddynt.

Teimlai Bethan yn falch iawn o'r hyn roedd hi wedi ei gyflawni er gwaethaf ei chefndir. Wedi iddi golli ei mam yn dair oed, diflannodd ei thad a'i gadael yng ngofal ei modryb yng Nghwm Tawe. Gwyddai nad oedd Anti Glenys wedi cymryd y cyfrifoldeb o'i gwirfodd, ond roedd wedi addo i'w chwaer pan oedd hi'n wael iawn y byddai'n edrych ar ôl ei phlentyn. O ganlyniad, ni phrofodd Bethan unrhyw gariad yn ystod ei phlentyndod a gadawodd gartref Anti Glenys cyn gynted ag y gallai i fyw mewn *squat* ym Mryste.

Roedd yn well gan Bethan anghofio'r blynyddoedd coll hynny – gormod o ddynion a chyffuriau nes iddi gael ei hun mewn trwbl gyda'r heddlu sawl gwaith. Gan ei bod yn crefu am sylw a chariad, byddai hi'n ymateb i unrhyw ddyn golygus a ddangosai ddiddordeb ynddi, ac roedden nhw'n tueddu i fod y teip gwaethaf. Yn ei meddwl hi, roedd yr alcohol a'r cyffuriau yn fodd o'i throi'n o fod yn berson swil a distaw yn gymeriad difyr ac allblyg. Ond unwaith y cawsant afael ynddi, buan y diflannodd y bersonoliaeth hwyliog honno a chollodd y dynion golygus ddiddordeb yn Bethan y jynci.

Byddai Bethan yn ddiolchgar am byth i'r Swyddog Prawf

hwnnw a'i helpodd i ddod dros ei dibyniaeth a'i hannog i ymddiddori mewn chwaraeon. Pan adawodd y clinic *rehab,* fe'i perswadiodd i dreulio chwe wythnos yn gwirfoddoli mewn canolfan awyr agored yn ne Lloegr. Fel rhywun oedd wastad yn dyheu am gyffro, taflodd ei hun i mewn i bob math o gampau a chwe mis yn ddiweddarach ymunodd â chwrs ar gyfer Hyfforddwyr Personol. Ond yr hyn a roddai'r wefr fwyaf iddi oedd dringo yn y mynyddoedd. A dyna sut y cyfarfu â'i gŵr oedd yr un mor anturus â hithau.

Pan ddaeth cyfle i Chris ymgeisio am swydd mewn canolfan yn ardal Llanymddyfri, ni fu'n rhaid iddo oedi'n hir cyn mynd amdani. Yn fuan ar ôl hynny, priododd y ddau a symud i'w cartref newydd yn Llandeilo, yr ardal lle'r oedd Bethan bellach yn cynnal ei busnes fel Hyfforddwr Personol.

+

Roedd bron pawb wedi ymadael â'r cae ac roedd Bethan wrthi'n datod un o'r rhaffau pan ddaeth un o'r rhedwyr ati a chyffwrdd â'i hysgwydd.

"Bethan Young?" gofynnodd.

Trodd Bethan i edrych ar y dyn a nodiodd. Roedd yn ŵr gweddol dal, main yn ei bedwardegau, gydag wyneb golygus a llond pen o wallt llwyd-ddu, cyrliog.

"Llongyfarchiadau am drefnu'r ras," meddai Emyr yn frwd. "Roedd hi'n llwyddiant mawr, mae'n amlwg." Estynnodd ei law. "Ifan ydw i gyda llaw... Ifan James..."

Ysgydwodd Bethan ei law yn frysiog. "Diolch am gymryd rhan. Mae'r trefniade 'di mynd yn hwylus iawn beth bynnag."

Petrusodd Emyr am ychydig. "Ac mae'n ddrwg 'da fi am eich colled. Damwain ddringo glywes i."

Syllodd Bethan yn galed arno cyn ymateb. "Ie, digwyddodd y peth dros bum mis yn ôl. Mae'r pethe 'ma'n gallu digwydd i'r gore ohonon ni, medden nhw, hyd yn oed rhywun mor brofiadol â Chris."

Nodiodd Emyr ei ben a symud yn nes at Bethan i wneud lle i un o'r gwirfoddolwyr oedd yn gwthio heibio'n cario stac o gadeiriau.

"Mae Eryri'n gallu bod yn lle peryglus iawn, yn enwedig Mynydd Tryfan."

Rhythodd Bethan ar y dyn tal. Roedd yn amlwg ei fod wedi gwneud ei waith cartre. Roedd ei llais yn dawel ond yn ddi-emosiwn pan atebodd o'r diwedd. "Ydy, ac mae sawl marwoleth 'di bod ar y mynydd ond o'n i ddim yn disgwyl am eiliad y bydde Chris yn un ohonyn nhw."

Oedodd am eiliad neu ddwy cyn cario ymlaen i egluro. "Roedd e'n ddigon anffodus i golli'r llwybr yn y niwl… llithro a cwmpo dros gan troedfedd."

"Rhaid bod hynny'n brofiad ofnadw." Ceisiodd Emyr ddal llygaid Bethan. "Mae'n anodd iawn dod dros rywbeth fel'na, fi'n gwbod… Golles i 'mhartner mewn damwain hefyd… damwain ffordd… blwyddyn nôl."

"Drwg 'da fi… Ga'i ofyn…?"

"Na, peidiwch â phoeni…" meddai Emyr yn frysiog. "Eich diwrnod chi… a'r elusen… yw heddi."

Erbyn hyn roedd y cae bron yn wag a theimlai Bethan ryw flinder mawr yn dod drosti nawr bod yr holl waith trefnu wedi gorffen. Safodd yn llonydd am ychydig yn gwylio rhai o'r gwirfoddolwyr yn dymchwel un o'r pebyll.

"Chi'n meindio?" gofynnodd Emyr, gan bwyntio at y bwrdd llawn poteli. "Mae syched arna i ar ôl yr holl redeg."

"Na. Helpwch eich hunan," meddai Bethan.

Eisteddodd Emyr ar fainc gyfagos yn ei gwylio'n cyfarch y rhedwyr olaf.

Trodd Bethan ei phen i weld bod y dyn tal yn eistedd y tu ôl iddi. Syllodd arno am ychydig eiliadau yn sipian o'i botel ddŵr. Doedd hi ddim yn un oedd yn hoff o fân siarad, ond teimlai y dylai hi wneud ymdrech i fod yn gymdeithasol, gan ei fod wedi trafferthu i gefnogi'r ras.

"Diolch am gymryd rhan," meddai'n gwrtais, gan eistedd ar ben arall y fainc. "Mae'n golygu lot i fi fod cyment wedi troi mas heddi… i gofio am Chris."

"Dim problem. Fi'n siŵr fod sefydlu'r elusen 'di'ch cadw chi'n brysur… ar adeg anodd."

Doedd Bethan ddim yn dueddol i agor ei chalon i neb, yn enwedig dieithryn, ond am fod y dyn yma hefyd wedi bod trwy'r profiad o golli partner, teimlodd y dylai hi ymateb.

"Fi 'di bod trwy amser caled. Ac… o'n i'n teimlo'n reit isel ar y dechre. Ond unwaith benderfynes i fwrw mlân gyda'r gwaith o sefydlu'r elusen, dechreuodd pethe newid."

Nodiodd Emyr. "Mae cael rhwbeth positif i ganolbwyntio arno fe'n gallu bod yn help."

Cododd Bethan ei llaw ar ferch ifanc mewn tracwisg lachar, "Hwyl, Liz, wela i ti wthnos nesa," gwaeddodd. Yna trodd yn ôl at Emyr.

"Ie, wel, syniad Chris oedd yr elusen yn y lle cynta ond roedd e wastad yn rhy fisi i neud llawer am y peth."

"Helpu plant difreintiedig o'n i'n deall?"

"Ie. A fel chi'n gweld, mae digon o blant 'di dod mas heddi i gefnogi." Cerddodd teulu ifanc heibio, y ddau blentyn bach yn chwifio balŵns â'r geiriau 'Cronfa Plant Chris Young' arnynt.

"Syniad da iawn, os ca i weud."

"Ie wel, cafodd Chris ei fagu mewn cartre gofal ym Manceinion. Ond un haf trefnodd y Variety Club wthnos o wylie yn Eryri i'r plant. Dwedodd Chris fod hynny 'di newid ei fywyd e."

"Fi'n gwybod bod y Variety Club yn gwneud lot o waith da. A dyna shwt cafodd ei ddenu at fynydda?"

"Ie. Roedd e wastad mor ddiolchgar o gael y cyfle i brofi'r ias o gyrraedd copa mynydd am y tro cynta… ac roedd e am roi'r un cyfleoedd i blant mewn gofal 'run peth ag e."

Oedodd Bethan am eiliad ac anadlu'n drwm, "Dyna pam ei fod e mor annheg bod hyn 'di digwydd iddo fe cyn cael y cyfle i sefydlu'r elusen yn iawn." Ceisiodd wenu ond roedd ei llygaid yn galed.

Bu distawrwydd am ychydig wrth i'r ddau wylio rhai o'r gwirfoddolwyr yn casglu sbwriel ar gyrion y cae.

"Rhaid i fi weud bod chi'n ddewr iawn yn cario mlân gyda'r gwaith o ddod â'i freuddwyd yn fyw," meddai Emyr.

"Ie… bwrw mlân gyda pethe hebddo fe."

Clywai Emyr rywfaint o surni yn llais Bethan, ond roedd yn benderfynol o geisio meddalu rhywfaint arni.

"Wel, da iawn am fentro gyda rhywbeth mor gyffrous. Fi'n siŵr ei fod e'n golygu lot o waith… ond chi'n bownd o fod yn berson trefnus iawn i gymryd hyn ymlân."

"Wastad wedi bod." Swniai Bethan yn llawn hyder. "Ond dydy rhedeg elusen ddim yn hwyl i gyd… mae'n golygu tipyn o waith *admin* yn anffodus."

Cododd Bethan o'r fainc i ysgwyd llaw gyda chwpl o redwyr oedrannus oedd ar fin gadael y cae i'w llongyfarch am gwpla'r ras. Yna trodd a gwelodd fod Emyr yn hofran y tu ôl iddi.

"Gwrandwch," meddai yntau'n ofalus, ar ôl iddo gael ei sylw unwaith eto. "Falle galla i fod o gymorth i'r elusen. Fi'n arbenigo ar faterion ariannol fel mae'n digwydd… yn helpu busnese bychen gyda'u cyllidebe o ddydd i ddydd. Os y'ch chi ishe cyngor ariannol… ar gyfer yr elusen hynny yw, fi'n ddigon hapus i roi help llaw."

Nid atebodd Bethan yn syth, dim ond edrych i wyneb Emyr. Culhaodd ei llygaid cyn iddi ddweud, "Diolch am y cynnig, ond fi'n siŵr galla i ddygymod."

"Wth gwrs, wrth gwrs," meddai Emyr yn frysiog.

"Gwell 'da fi neud pethe 'yn hunan. A fi'n benderfynol o neud i hyn weithio."

"Fi'n siŵr, ond os chi ishe help proffesiynol unrhyw bryd, fi ond yn rhy barod i fod yn gefen i chi… a'r elusen. Chi ishe'n rhif ffôn i?"

Teimlodd Bethan nad oedd ganddi ddim i'w golli o gael manylion y dyn yma… mi allai fod yn ddefnyddiol rywbryd yn y dyfodol. Felly estynnodd ei mobeil a theipio rhif Ifan James yn ei *Contacts*.

"Dim ond os chi'n styc, cofiwch." Yna trodd Emyr a cherddodd i ffwrdd â gwên yn hofran ar ei wefusau.

5

Roedd llawer mwy o bobl wedi dod i'r neuadd bentref i ddathlu bywyd John nag a ddychmygai Helen. Pum wythnos ynghynt, pan gladdwyd ei gŵr ym mynwent y plwyf, roedd hi'n dal mewn sioc ar ôl ei golli ac ni allai fod wedi ystyried wynebu neb ond ei theulu a'i ffrindiau agosaf bryd hynny. Mynnodd Helen mai "angladd hollol breifat" a gâi John, ond roedd cymaint o'i hen ffrindiau a ddaeth heibio i gydymdeimlo yn yr wythnosau dilynol wedi pwyso arni i drefnu digwyddiad lle y gallent gofio amdano, nes y cytunodd Helen i gynnal y seremoni yn y Neuadd Bentref. Roedd yn agored i bawb a ddymunai ddod i ddathlu'r bywyd a dorrwyd yn fyr mewn ffordd mor ddisymwth.

Wrth iddi sefyll ger drws y neuadd yn cyfarch y rhai a fynychodd yr achlysur, roedd Helen yn teimlo'n falch iawn ei bod hi wedi cytuno i'r dathliad. Bu'r areithiau'n hwyliog ac yn gynnes gydag ambell stori ddoniol yn torri ar ffurfioldeb y seremoni. Yn hytrach na dwysáu ei galar, roedd yr holl beth wedi codi ei chalon a theimlai gynhesrwydd cariad teulu a ffrindiau yn ei chofleidio wrth iddi gamu i heulwen gwan y prynhawn.

Safai Emyr ar gyrion y dorf oedd newydd gamu allan o'r neuadd yn gwylio Helen yn ysgwyd llaw gydag un o'r mynychwyr. Roedd yn fenyw fyr, ganol oed ddigon cyffredin yr olwg gyda gwallt byr, oedd yn dechrau llwydo, ond roedd yn amlwg ei bod yn hoffi dillad drud, er eu bod nhw braidd yn gonfensiynol. Disgwyliodd am ei gyfle cyn camu ymlaen.

Trodd Helen i wynebu gŵr tal, main, tua'r un oed â hi oedd yn estyn ei law. "Helen… mae'n ddrwg 'da fi, sa i'n credu'n bod ni 'di cwrdd o'r blân… Ifan James… Diolch i ti am drefnu'r dathliad heddi… roedd y seremoni'n wych. Bydde John 'di bod mor falch o glywed yr holl deyrngede 'na… A hollol haeddiannol hefyd."

"Shwt o't ti'n nabod John, 'te?" gofynnodd Helen, gan grychu ei thalcen. Doedd hi ddim yn cofio clywed ei gŵr yn sôn am unrhyw Ifan James.

"O'n i ddim yn ei nabod e mor dda â hynny… Ond John werthodd fy nghar cynta i fi pan o'n i'n ddeunaw oed a prynes i sawl car wrtho fe dros y blynydde… fydden i byth 'di meddwl mynd at neb arall."

"Diolch i ti am dy gefnogeth," gwenodd Helen. Roedd hi'n teimlo mor falch o glywed bod ei gŵr wedi gwneud cymaint o argraff ar y dyn. Roedd yr Ifan James yma yn un o nifer o gyn-gwsmeriaid John oedd wedi dod i'r seremoni goffa, a phenderfynodd Helen wneud ei gorau i groesawu cymaint ohonynt â phosib i'w chartref er mwyn dangos ei gwerthfawrogiad. Wedi'r cyfan nawr bod y weinyddwraig, Megan Rees, wedi cymryd gofal o'r busnes ar ei rhan, roedd Helen yn awyddus i gadw ffyddlondeb pob un o'r hen gwsmeriaid.

"Fi'n gwbod taw dyn busnes oedd John," aeth Emyr yn ei flaen, "Ond roedd e wastad yn deg a bydde fe bob tro'n rhoi amser i'w gwsmeriaid… neud iddyn nhw deimlo'u bod nhw 'di cael bargen. Fel dyn busnes fy hunan, o'n i'n ei edmygu fe'n fawr a dyna pam fi 'di dod yma heddi… i gofio amdano fe ac i gwrdd â ti, wrth gwrs. Ti 'di colli dyn da iawn, Helen."

Oedodd Helen i godi llaw ar gwpl oedd yn gadael am y maes parcio cyn troi yn ôl at Emyr.

"Diolch i ti, Ifan. Fi'n falch 'mod i 'di mentro trefnu'r seremoni heddi. A fi'n teimlo'n fenyw lwcus iawn ar ôl clywed yr holl straeon am John prynhawn 'ma." Torrodd hanner gwên ar draws ei hwyneb.

"Wel, neis i dy gyfarfod di o'r diwedd," meddai Emyr ac wrth iddo droi i gerdded yn araf i lawr y llwybr, galwodd Helen ar ei ôl. "Ti'n dod draw i'r tŷ am damed i fyta a glased o win, on'd wyt ti?"

"Na, na, fi ddim ishe creu trafferth i ti. O'n i 'di hanner meddwl cael sgwrs… ond na, bydd gyda ti ddigon o bobl i'w bwydo heblaw amdana i."

"Mae digon o fwyd yn y tŷ i fwydo'r holl bentre," chwarddodd Helen. "Ti'n gwbod ble fi'n byw, o'nd wyt ti?… Maesglas, ar y chwith wrth fynd mas o'r pentre."

Teimlai Emyr yn reit fodlon wrth iddo gerdded i ffwrdd.

+

Treuliodd Emyr yr amser ym Maesglas, tŷ Helen Morris, yn crwydro o gwmpas yr ardd yn sipian gwydraid o win gwyn, gan gadw'n ddigon pell oddi wrth y gwesteion eraill. Roedd y mwyafrif wedi troi am adre cyn iddo achub ar y cyfle i ddal Helen ar ei phen ei hunan. Roedd hi'n eistedd ar gadair wiail yn yr ystafell haul gyda chwpaned o de yn ei llaw pan gerddodd Emyr i fyny ati.

"Diolch am fy ngwahodd i draw," gwenodd.

"Wel, diolch eto am ddod… ym, Ifan, ife?"

"Ie… dim problem," atebodd Emyr, gan eistedd ar gadair gyferbyn â Helen. "O'n i wir 'di mwynhau'r seremoni. Fi'n difaru'n awr na wnes i'r un peth pan golles i 'ngwraig."

"Ma'n ddrwg 'da fi. Shwt…?"

"Damwain car. Ond, beth bynnag, dwyt ti ddim ishe clywed 'yn hanes i ar achlysur fel hyn." Ceisiodd swnio ychydig yn fwy sionc. "Dy ddiwrnod di a John yw heddi."

Daeth menyw smart mewn siwt ddu at Helen a dweud, "Fi'n mynd nawr, bach. Wedi rhoi'r gwydre a'r platie yn y peiriant yn barod i fynd."

"Diolch am dy help, Megan, a wela i di fory."

Trodd Helen yn ôl at Emyr. Anadlodd yn ddwfn cyn dweud, "Er mod i 'di mwynhau heddi, fi'n falch bod popeth drosodd. Fi ond yn gobeithio galla i symud mlân yn fwy positif nawr."

"Dyw hynny ddim mor hawdd â mae'n swnio, ydy e?" Gwyrodd Emyr ei ben.

"A beth wyt ti'n meddwl wrth hynny?" Edrychodd Helen arno'n amheus.

"Wel, mi fentra i fod lot o bobol 'di gweud 'thot ti bod nhw'n ffaelu dychmygu shwt beth yw colli cymar mewn damwain." Oedodd am ennyd. "Ond, fi'n gwbod yn union shwt mae'n teimlo."

Doedd Helen ddim yn siŵr iawn sut i ymateb, ond teimlai ryw gysur o fod yng nghwmni rhywun oedd wedi bod trwy'r un math o brofiad â hithau. Bu distawrwydd rhwng y ddau am rai eiliadau cyn i Emyr fynd yn ei flaen.

"Ti'n gweld, golles i Anna… y wraig, hynny yw… mewn damwain ar ein gwylie yn Nhwrci bron i flwyddyn yn ôl."

"Am beth ofnadw." Roedd llais Helen yn dawel a nodiodd ei phen mewn cydymdeimlad.

"A fi'n gwbod o brofiad ei fod e'n braf cael rhannu teimlade gyda rhywun sy 'di bod trwy rywbeth tebyg. Mae gallu neud hynny 'di dod â lot o gysur i fi yn y flwyddyn ddwetha beth bynnag."

Cyfarfu eu llygaid am eiliad rhy hir.

Ddywedodd Helen ddim byd, dim ond edrych i ffwrdd gyda'r dagrau'n dechrau cronni. "Fi'n dal yn ffaelu dod dros y ffaith bod John 'di marw mewn damwain car... Roedd e'n yrrwr mor ofalus ac am ei fod e'n berchen ar garej... ceir oedd ei fywyd e. A doedd dim bai ar neb arall... llithro ar y rhew wnaeth e a taro coeden. A nawr..." Cymylodd ei hwyneb a rhoes ei llaw dros ei cheg am rai eiliadau. "Sa i'n gwbod os fi'n barod i drafod y peth..."

"O, ma'n ddrwg 'da fi. Anghofia 'mod i 'di gweud dim byd. Y'n ni i gyd yn wahanol. Ddim pawb sy'n gyfforddus yn siarad am beth mor bersonol gyda dieithryn."

Yna trodd ei wyneb yn ôl at Helen ac edrychodd i fyw ei llygaid. "Ond os wyt ti'n newid dy feddwl, fi'n fodlon bod yn glust i wrando. Beth bynnag, diolch am y gwahoddiad i dy dŷ hyfryd a chymer ofal."

"Na... arhosa," meddai Helen, cyn i Emyr gael cyfle i godi o'i sêt. "Shwt galla i gysylltu os bydda i angen sgwrs? Fi ddim yn siŵr shwt fi'n teimlo heddi, ond falle yn y dyfodol..." Ceisiodd swnio'n gymodlon.

Estynnodd Emyr ddarn papur o'i boced ac ysgrifennu ei rif ffôn arno cyn ei roi yn llaw Helen a'i gwasgu.

"Lan i ti, pan ti'n barod." Edrychodd yn dyner arni cyn codi a cherdded i ffwrdd.

6

Roedd y caffi'n llawn siopwyr bore Sadwrn ond llwyddodd Mari a Sara i gael hyd i fwrdd i ddau yn y gornel bellaf. Roedd y ddwy yn gwisgo cotiau a sgarffiau cynnes ar ôl bod am dro yn gynnar y bore hwnnw ar un o lwybrau Mynydd y Grug. Rhwbiodd Mari ei dwylo cyn tynnu ei het a gadael i'w gwallt melyngoch syrthio dros ei hysgwyddau.

"Ti'n siŵr ti'n neud y peth iawn yn cwrdd â'r Ifan 'ma?" gofynnodd Sara'n ddrwgdybus wrth droi ei *cappucino* yn ara deg. "Ti'n gwbod beth maen nhw'n gweud am gwrdd â dynion ar-lein."

"Ddim *date* yw hyn." Gwgodd Mari'n chwareus ar ei ffrind. "Ar Bereaved Partners cwrddon ni, ddim ar Tinder, os ti'n cofio."

"Ocê, ocê." Swniai Sara braidd yn amddiffynnol. "Jyst bydd yn ofalus, 'na i gyd. Ti ddim yn gwbod dim byd am y dyn, wyt ti?"

Oedodd Mari am ychydig a chymryd llymaid o'i choffi cyn ymateb.

"I fod yn onest, ni 'di bod yn sgwrsio ar WhatsApp am wythnose erbyn hyn. Mae e i weld yn ddyn ffein a fi 'di dod i wbod tipyn amdano fe."

"Er enghraifft?" Roedd llais Sara'n ffug-awdurdodol.

"Mae e'n byw yn ardal Abertawe... Mae gyda fe fab deunaw oed o'r enw Gwion... Mae e'n rhedeg ei gwmni ei hunan...

rhywbeth i wneud â'r amgylchedd... Ac mae e 'di colli partner, yr un peth â fi."

"O, do fe... Beth ddigwyddodd i honno, 'te?" Tynnodd Sara ei chadair yn nes at y bwrdd.

"Mae'n debyg fod y ddou o'n nhw 'di bod mas yn dathlu pen-blwydd priodas tra o'n nhw ar wylie ym Mallorca. Cas hi ei tharo gan gar wrth groesi'r hewl ar y ffordd nôl i'r gwesty."

"Welodd e ei wraig yn cael ei lladd?"

"Wel, welodd e'r ddamwain. Ond roedd hi mewn coma am dair wythnos cyn iddi farw."

"Druan ohono fe," ochneidiodd Sara. Cnodd ei gwefus cyn mynd ymlaen. "Ond... ti ddim yn teimlo bod gyda ti ddigon i boeni amdano, heb orfod rhannu galar rhywun arall?"

"Dyw pethe ddim yn gweithio fel'na." Syllodd Mari'n dyner ar ei ffrind, "Ti'n gwbod bod fi'n ddiolchgar iawn i ti, Sara, am yr holl gefnogeth ti 'di'i roi i fi... Ti 'di bod yn werth y byd, ond mae cael siarad gyda rhywun sy'n deall yn union beth fi 'di bod trwyddo fe'n... sa i'n gwbod... mae e'n wahanol."

"Wel, ti sy'n gwbod. A ble ti'n bwriadu cwrdd â'r dyn 'ma, 'te?"

"Ni'n mynd am goffi bore fory i Barc Singleton yn Abertawe. Ac ar ôl bod yn y coleg yno am dair blynedd, fi'n nabod yr ardal yn dda."

"Mae hynny'n beth gweddol gall am wn i. Fi'n siŵr bydd digon o bobol o gwmpas ar fore dydd Sadwrn. Ond paid ti â mynd bant yn y car gyda fe i unman, cofia."

"Fi'n gwbod bod ti 'di bod fel mam i fi yn y flwyddyn ddwetha," gwenodd Mari. "Ond fi'n ddigon hen i edrych ar ôl fy hunan erbyn hyn. Gwranda, mi fydda i'n ofalus ac os ydw i'n teimlo'n anghyfforddus am unrhyw beth, 'na i jyst gweud Ta-ra yn gwrtais."

"Cofia ffonio fi wedyn," mynnodd Sara, gyda golwg bryderus yn ei llygaid. "Bydda i ishe gwbod y cwbwl."

+

Ar ôl gwneud tipyn o siopa yn y dref, galwodd Sara yn swyddfa Carwyn ar ei ffordd gartref. Gan ei bod hi'n ganol mis Mawrth, roedd yntau'n cael bore digon distaw, heb lawer o gwsmeriaid i'w fusnes llogi faniau gwyliau. Doedd e ond yn gobeithio y byddai pethau'n prysuro yn ystod gwyliau'r Pasg.

Ar ôl i Sara symud yn ôl i fyw i Ryd-dderwen, roedd Carwyn a hithau wedi llwyddo i brynu ei hen gartref, Gwynfan. Er bod gan Sara lawer iawn o atgofion melys o dyfu lan yn yr hen dŷ, roedd gwir angen adnewyddu'r adeilad ac roedd estyniad newydd ar ganol cael ei godi y tu cefn i'r tŷ. Wrth alw i weld ei phartner, roedd Sara'n ddigon hapus i ddianc rhag y llwch am dipyn.

Tra canolbwyntiodd Carwyn ar ei e-byst aeth Sara i wneud coffi i'r ddau ohonynt cyn gwneud ei hun yn gyfforddus yn yr unig gadair freichiau yn y swyddfa.

"Mae Mari'n mynd i gwrdd â rhyw ddyn mae hi 'di cwrdd ar lein bore fory," meddai wrth sipian ei choffi.

"Beth... *dating app*?" Roedd yn anodd gan Carwyn gredu bod Mari'n chwilio am gariad a hithau, yn amlwg, heb ddod dros farwolaeth Hywel.

"Na, na... jyst ffrind yw e. Rhywun sy hefyd 'di colli partner."

Edrychai Carwyn yn bryderus, "Mae rhywun yn gorfod bod mor ofalus dyddie hyn. Ti 'di rhybuddio hi?"

"Do, wrth gwrs. Fi'n gwbod bod y ddou o' ni'n meddwl y byd o Mari, ond ti ddim yn meddwl falle'i fod yn bryd i ni stopio ei maldodi hi cyment? Mae'n rhaid iddi sefyll ar ei thrâd ei hunan yn hwyr neu'n hwyrach."

"Fi'n gwbod 'na, Sara," ochneidiodd Carwyn. "Ond fydden ni byth yn madde i'n hunain pe bai rhwbeth drwg yn digwydd iddi, fydden ni?"

"Fi 'di gweud 'thi am ffonio fi ar ôl y cyfarfod beth bynnag... a gawn ni weld. Ti ddim yn gwbod... falle bydd hyn am y gore."

"Ti ddim yn swnio'n siŵr." Edrychodd Carwyn arni'n amheus. "Ond ti'n iawn. Falle'n bod ni'n mynd o flân gofid."

Cododd Mari i osod y cwpanau yn y sinc.

"Beth bynnag... ti'n ffansïo Indian heno... gan fod y gegin yn edrych fel 'se bom 'di disgyn ar ôl i'r adeiladwyr fod wrthi?"

"Lyfli," cytunodd Carwyn, gan droi'n ôl at y cyfrifiadur... ac aeth y newydd am Mari yn angof am y tro.

7

Edrychodd Mari ar ei wats wrth iddi gerdded o'r maes parcio tuag at Barc Singleton. Roedd hi'n tynnu am un ar ddeg, felly roedd ganddi bum munud i gerdded at y man cyfarfod wrth ymyl y fan goffi. Doedd hi ddim yn siŵr pam ei bod hi'n teimlo mor nerfus wrth iddi gyrraedd y fynedfa. Edrychodd o'i chwmpas ar y coed tal, gosgeiddig a gylchynai'r parc – eu canghennau'n foel ond y blagur wedi dechrau ymddangos ar y brigau. Oddi tanynt roedd sawl gwely o flodau'r gwanwyn – crocysau a briallu yn creu carped melyn yma ac acw.

Roedd Mari wastad wedi hoffi'r parc ac wedi treulio llawer o amser yno pan oedd hi'n y brifysgol yn Abertawe. Meddyliai amdano fel lle hamddenol i ymlacio ac, er ei fod yng nghanol y ddinas, roedd yn hafan ddistaw lle y gallai ddianc rhag y bwrlwm. Roedd hi'n falch bod Ifan wedi awgrymu'r parc fel man cyfarfod am ei bod hi'n teimlo'n ddiogel ac yn gartrefol yno. O'i blaen gwelodd grocodeil o blant ysgol yn eu siacedi melyn llachar yn nadreddu i lawr y llwybr. Anadlodd yn ddwfn, syllu'n syth ymlaen a chamu heibio iddynt yn bwrpasol.

Roedd Mari wedi cymryd cryn amser y bore hwnnw i sythu ei gwallt melyngoch fel ei fod yn disgyn yn dwt ar ei hysgwyddau… wedi gwisgo ychydig o golur, ond ddim gormod, ac roedd hi wedi dewis ei dillad yn ofalus – jîns, siwmper wen a siaced ledr. Er, pwy a ŵyr, efallai fod hyn i gyd yn ofer wedi'r cyfan, meddyliai, ac y byddai Ifan yn cael traed oer ac yn newid ei feddwl. Ond ciliodd ei phryder pan welodd ef yn eistedd ar fainc nid nepell o'r fan goffi yn edrych o'i gwmpas yn ddisgwylgar. Wrth iddi nesáu at y fainc, cododd Emyr a cherdded tuag ati.

"Mari?"

Amneidiodd Mari ac estyn ei llaw ato.

Teimlai Mari ei fod yn od gweld Ifan yn y cnawd ar ôl sgwrsio ar y sgrin ers wythnosau. Roedd yn dalach nag a ddisgwyliai, yn weddol eiddil a main ac roedd hi wedi dychmygu gweld rhywun ychydig yn hŷn am ryw reswm. Roedd sbarc yn y llygaid glas a wenai'n ddireidus arni ac roedd yn atgoffa Mari rywfaint o Harry Styles, heblaw am y ffaith ei fod dipyn yn hŷn. Roedd Ifan yn gwisgo jîns, crys rygbi a chot Parka ffasiynol. Roedd yn ddyn deniadol iawn, meddyliai.

"Neis cwrdd â ti o'r diwedd, Ifan," gwenodd Mari, wrth i'r ddau eistedd i lawr ar y fainc.

"A tithe. Mae'n neis gweld dy wyneb yn y cnawd yn hytrach nag ar y sgrin." Syllodd Emyr arni'n gyfeillgar.

"O, paid â siarad dwli." Teimlodd Mari eiliad o embaras gan fod tôn llais y dyn yn wenieithus braidd. Er ei bod hi'n gwneud ymdrech i ofalu am ei chroen gyda rhai o'r hylifau drutaf, gwyddai fod y galar o golli Hywel wedi gadael ei ôl arni yn y rhychau ar draws ei thalcen a'r traed brain oedd wedi dechrau ymddangos o gwmpas ei llygaid gwyrdd. Gan gofio rhybuddion Sara, roedd yn benderfynol o gadw'r sgwrs yn un gyfeillgar yn unig.

"Nawrte, coffi?" gofynnodd Emyr. Gwyliodd Mari ef yn cerdded tuag at y fan, ei ddwylo yn ei bocedi, ei gerddediad yn sionc. Teimlai ei bod hi'n ei adnabod yn dda yn barod.

Dychwelodd mewn dim o dro gyda dau gwpan plastig o goffi poeth a theisen bob un iddyn nhw.

Bu ychydig o eiliadau o ddistawrwydd rhwng y ddau cyn i

Mari ddweud, "Mae'n rhaid i fi weud 'mod i 'di mwynhau ein sgyrsie ffôn."

"A minne," cytunodd Emyr. "Achos bod gyda ni dipyn yn gyffredin siŵr o fod."

Cymerodd Mari lymaid o'i choffi cyn mentro, "Ti 'di bod yn help i fi dros yr wythnose dwetha, Ifan… A fi ishe diolch i ti am 'na achos… a bod yn onest, o'n i 'di mynd i deimlo ychydig yn isel eto cyn hynny."

"Wnes i ddim byd, dim ond rhannu tipyn o gynghorion." Cododd Emyr ei ysgwyddau. "A fi'n falch bod y parti i gofio am Hywel 'di mynd cystal."

"Oedd e'n brynhawn lyfli," gwenodd Mari, cyn oedi i sipian ei choffi. "O'n i mor hapus 'mod i 'di cymryd dy gyngor di. A rhywsut mae e 'di neud i fi deimlo 'mod i'n barod i symud ymlân gyda 'mywyd i eto."

"Symud ymlân?"

"Ie, wel… gweld pethe mewn ffordd fwy positif… peidio â byw cymaint yn y gorffennol… mynd mas mwy i fwynhau fy hunan."

"Mae'n dda 'da fi glywed 'nny." Edrychodd Emyr i'w hwyneb gyda hanner gwên.

"Fi'n gwbod y bydd e'n anodd ond fi ishe rhoi'r holl deimlade negyddol y tu ôl i fi. A ti'n gwbod beth?"

Cododd Emyr ei ysgwyddau.

"Fi 'di gadel yr hen fforwm 'na o'r diwedd. Fi ddim ishe meddwl am fy hunan fel 'Bereaved Partner' rhagor. Ddim dyna beth sy'n fy niffinio i."

Nodiodd Emyr. "Da iawn ti. Falle y dylen i roi'r gore iddo fe hefyd."

"Ta beth…" Roedd Mari'n awyddus i newid y pwnc. "Ni 'di treulio cymaint o amser dros yr wythnose dwetha yn trafod fy sefyllfa i, nes bod ti'n gwbod bron popeth amdana i erbyn hyn."

Gwenodd Emyr yn ôl arni. "Sa i'n credu 'nny am eiliad."

"Ac... er 'mod i 'di colli Hywel, ti 'di helpu fi i sylweddoli mor lwcus ydw i mewn gwirionedd. Yn lle gadel i'n hunan ymgolli mewn hunan-dosturi, mae'n hen bryd i fi nawr ganolbwyntio ar y pethe positif yn fy mywyd... a mae hynny diolch i ti. Ond... Ifan."

"Ond beth?"

"Ni bob amser yn siarad amdana i. Ti 'di bod trwy'r un math o brofiad a licen i feddwl bod ein sgyrsie ni'n gallu dy helpu di i werthfawrogi'r pethe da yn dy fywyd dithe hefyd. Mae gyda ti fab rwyt ti'n meddwl y byd ohono fe, dy fusnes dy hunan, cartre cyfforddus..."

Oedodd Emyr am ychydig cyn penderfynu sut i ymateb. "Fi'n gwbod. Fi 'di llwyddo i ddod yn bell wrth ddygymod â'r galar ar ôl colli Anna, ond dyw bywyd ddim yn fêl i gyd..."

Doedd Mari ddim yn siŵr sut i ymateb i hyn, ond edrychodd i fyw ei lygaid, yn awyddus i wybod mwy.

"Na... anghofia 'mod i 'di gweud dim byd," meddai'n gyflym.

"Ti'n iawn?" Syllodd Mari ar Ifan. Roedd e'n edrych yn ddryslyd. "Ti 'di bod yn garedig iawn i fi. Oes rhwbeth...?"

Edrychai Emyr fel pe bai am gadw'n ddistaw, yna newidiodd ei feddwl.

"Wel, mae e braidd yn *embarassing.*" Anadlodd yn drwm. "Ond fi'n cysuro'n hunan taw problem dros dro sy gyda fi."

Nodiodd Mari, yn ei annog i gario ymlaen.

"Os wyt ti'n mynnu cael gwbod," dywedodd yn araf. "Y cwmni yswiriant sy'n delio â damwain Anna... fi'n cael trafferth, gwaetha'r modd..."

“Mae’n ddrwg ’da fi,” meddai Mari, gan grychu ei thalcen. “Dydyn nhw ddim yn gwadu beth ddigwyddodd iddi?”

“Na, ddim dyna yw’r broblem.” Edrychodd Emyr yn anghyfforddus. Syllodd i lawr ar ei ddwylo cyn troi yn ôl at Mari. “Fi’n teimlo taw ’mai i yw’r cwbwl.”

Roedd yn amlwg i Mari fod Ifan dan deimlad. Bu tawelwch am ychydig eiliadau wrth iddynt wylio cwpl o ferched yn eu harddegau yn rhedeg heibio, eu coesau lliw haul ffug yn symud mewn cytgord fel dwy ddawnswraig. Roedd Mari eisiau gwybod mwy, felly arhosodd yn fud, yn disgwyl i Ifan dorri ar y distawrwydd.

“Fi’n difaru’n enaid nawr,” aeth Emyr yn ei flaen ymhen ychydig, “os bydden i ’di neud pethe’n wahanol falle byddai Anna’n dal yn fyw. Rhaid i ti fadde i fi, ond so i’n lico siarad am y peth.”

“Na, gwed ’tho fi, Ifan… fi yma i wrando,” mynnodd Mari.

Llyncodd Emyr yn galed. “Noson y ddamwain, o’n i ’di bwco bwrdd i ni yn y bwyty gore yn y dre. Ethon ni i far y gwesty am goctel o flaen llaw ac o’n i ’di ordro potel o Cava cyn y bwyd… gwin gyda’r pryd a brandis wedyn.”

Anadlodd Emyr yn drwm. “O’n i ddim ’di sylweddoli mor feddw oedd Anna pan adawon ni’r bwyty. Roedd hi mewn hwylie da, yn canu ac yn wherthin wrth i ni gerdded nôl i’r gwesty. A’r peth nesa, clywes i hi’n gweiddi, ‘Na i rasio ti nôl i’r bar.’ Wedyn rhedodd Anna o mlân i a camu i ganol yr hewl…” Rhoes Emyr ei ben yn ei ddwylo.

“Elli di ddim beio dy hunan, Ifan. Ti ’di bod mor ddewr,” meddai Mari’n dawel.

“Fi ’di treial,” rhwbiodd Emyr ei ddwrn yn erbyn ei ên. “Ond wedyn gwrthododd y cwmni yswiriant dalu’r *claim*… gweud bod Anna ’di ymddwyn mewn ffordd beryglus. *Reckless* oedd y gair o’n nhw’n ei ddefnyddio.”

"Mae'n flin 'da fi." Roedd llais Mari'n llawn cydymdeimlad. "Wyt ti'n gallu apelio?"

"Fi wedi gneud ac mae fy nghyfreithiwr yn ffyddiog cawn ni'n talu yn yr wythnose nesa, nawr mae'r achos llys 'di profi bod y gyrrwr darodd Anna 'di bod yn yfed... Ond mae'r holl beth 'di cymryd cymaint o amser, fi bron â drysu."

"Fi'n siŵr." Edrychodd Mari ar wyneb Ifan a gweld yr emosiwn yn ei lygaid.

"Mae'r ysbyty ym Mallorca 'di mynnu 'mod i'n talu eu ffioedd nhw ond fi 'di gorfod mynd i ddyled i neud 'nny a nawr fi ar ei hôl hi gyda'r morgais. Ond down ni drwyddi rywsut, fi'n gwbod. Mae'r cyfreithiwr yn bendant y bydd yr arian ar ei ffordd cyn bo hir, achos bod y gyrrwr wedi ei gael yn euog. Felly fydd dim problem."

"Na... a bydd y cwmni morgais yn fodlon disgwyl...?"

"Yn anffodus dydyn nhw ddim. Maen nhw'n dweud bod nhw 'di bod yn amyneddgar iawn hyd yn hyn ac yn rhoi tan ddiwedd y mis i fi... Ond paid ti â phoeni... fi'n siŵr galla i sortio rhywbeth mas."

"Wel, fi ond yn gobeithio wir y cei di newydd da cyn bo hir." Petrusodd Mari, gan nad oedd yn siŵr a ddylai hi fusnesu ymhellach. "Ac y caiff yr arian ei dalu mewn amser." Yna edrychodd ar ei wats. "Hei, gwell i fi fynd. Mae 'di bod yn lyfli cwrdd â ti. Gwnawn ni fe eto rywbryd?"

"Dim ond os wyt ti moyn." Roedd tinc ychydig yn ymbilgar yn llais Emyr. "Siaradwn ni yn yr wthnos, 'te?"

"Grêt." Cododd Mari a chwifio ei llaw ar Ifan wrth iddi gerdded yn ôl tua'r maes parcio.

Gofalodd Mari ei bod yn ffonio Sara ar ôl cyrraedd yn ôl yn y Garreg Wen i rannu hanes ei chyfarfod gydag Ifan... ond dim ond hanner y stori a adroddodd wrthi. Ni allai ond teimlo ychydig yn anghyfforddus o gofio bod Ifan wedi bod mor agored gyda hi wrth drafod ei drafferthion ariannol – rhy agored efallai. Wedi dweud hynny, roedd yn ei tharo fel person annwyl iawn ac roedd hi wedi mwynhau bod yn ei gwmni. Roedd yn edrych ymlaen at ei gyfarfod eto i rannu profiadau.

8

Roedd Bethan wedi treulio'r awr flaenorol yn ceisio llenwi taenlen gyda rhagolygon gwariant ac incwm yr elusen dros y deuddeng mis nesaf hyd at ddiwedd y flwyddyn ariannol. Er gwaetha'r wyneb hyderus y byddai'n hoff o'i ddangos i'r byd, mewn gwirionedd roedd hynny'n cuddio'i diffyg amynedd a'i hanallu i ganolbwyntio'n hir ar dasgau oedd yn teimlo'n ddiflas iddi.

Ond doedd ganddi ddim dewis ond gwneud pob ymdrech i sicrhau fod yr elusen yn llwyddiant. Roedd hi wedi derbyn arian gan lu o bobl a gymerodd ran yn y ras ac roedd y Clwb Golff lleol newydd ychwanegu tair mil arall at y gronfa ar ôl cynnal twrnament llwyddiannus iawn yn enw Chris. Felly roedd disgwyl mawr am weld Cronfa Plant Chris Young yn cael ei lansio gyda hi, Bethan Young, fel wyneb cyhoeddus yr elusen.

Roedd wythnos wedi mynd heibio ers y ras hwyl ac roedd dros ugain mil o bunnau yn eistedd yng nghyfrif banc yr elusen erbyn hyn, ond er gwaethaf ei holl hyder, doedd hi ddim yn siŵr iawn ble i ddechrau. Roedd hi wedi penodi dau ymddiriedolwr arall, yn ogystal â hi ei hunan, ar gyfer yr elusen – Ceri, rheolwr y Ganolfan Hamdden leol, oedd un a Josh, hen ffrind i Chris, oedd y llall. Ond mewn gwirionedd, roedd hi wedi gwneud hynny ar frys er mwyn symud ymlaen gyda'r cofrestru ac roedd y ddau wedi ei sicrhau y byddent yn ymddiried ynddi hi i ddelio â'r materion ariannol.

Meddyliai Bethan am y gŵr a ddaeth ati ar ôl y ras hwyl… Ifan rhywbeth. Roedd hi'n gyndyn i ofyn am help gan ddieithryn, a doedd hi ddim eisiau edrych fel menyw bathetig, ond, ar ddiwedd y dydd, byddai Ifan yn gallu rhoi help proffesiynol. Fyddai'r dyn ddim wedi cynnig ei chynorthwyo os nad oedd e o ddifri, meddyliai. Wedi'r cyfan, y cwbl roedd hi ei angen oedd ychydig o gyngor i'w rhoi hi ar ben ffordd gyda'r gyllideb. Roedd hi'n siŵr fod pethau'n llai cymhleth nag yr oedden nhw'n ymddangos o ddarllen y gwahanol wefannau.

Roedd hi'n saith o'r gloch yr hwyr pan gafodd Bethan hyd i'r darn papur gyda rhif ffôn Ifan James arno a'i ddeialu. Doedd hi ddim yn siŵr a oedd hi'n gwneud y peth iawn, ond teimlai nad oedd ganddi ddim i'w golli o ofyn am ei gyngor. Fe'i siomwyd pan aeth yr alwad yn syth i'r peiriant ateb a phan glywodd lais Ifan yn gofyn iddi adael neges.

"Helô, Bethan Young sy 'ma, trefnydd y ras hwyl. Wedi bod yn ystyried eich cynnig am gymorth gyda'r elusen a… meddwl bydde ychydig o gyngor ariannol yn help wedi'r cyfan. Ydy hi'n bosib cael sgwrs pan chi'n rhydd? Gallwch chi ffonio fi'n ôl ar y rhif hwn pan gewch chi gyfle. Diolch."

Roedd Bethan yn clirio llestri swper tua awr yn ddiweddarach, ac yn teimlo braidd yn rhwystredig nad oedd hi wedi gallu cysylltu ag Ifan, pan ganodd y ffôn.

"Bethan? Ifan sy 'ma." Roedd y llais ar y pen arall yn swnio'n hwyliog. "Mae'n ddrwg 'da fi 'mod i ddim ar gael gynne… yn y *gym*… newydd gyrraedd gartre."

"Chi'n rhydd i siarad nawr, gobeithio," dywedodd Bethan.

"Ydw, ydw. O'n i'n meddwl falle y byddech chi'n cysylltu. Mae'r busnes o redeg elusen yn fwy cymhleth na mae pobol yn meddwl ar y dechre. Fi'n gwbod achos 'mod i 'di bod trwy'r peth fy hunan."

"O, ydych chi?" gofynnodd Bethan, ei chalon yn codi rhywfaint.

"O, do... Ac hefyd 'di helpu pobol eraill," atebodd yn bendant. "Gwrandwch, chi ishe cwrdd i drafod hyn ymhellach?"

"Bydde sgwrs yn help, fi'n meddwl. Chi ishe i fi ddod draw i'r swyddfa?"

"Ym... na... Fi'n gweithio o gartre fel arfer... A fi'n fisi am weddill yr wthnos." Roedd Emyr yn synnu mor rhwydd roedd y celwydd yn llifo weithiau. "Ond gallen ni gwrdd dydd Sul," awgrymodd.

"Ble chi'n byw, 'te?"

"Cross Hands... a chithe?"

"Llandeilo."

"Wel, galla i ddod atoch chi. Fi'n gorfod mynd â Gwion, y mab, i whare rygbi yn y bore ond fi'n rhydd yn y prynhawn. Mae hi i fod yn weddol sych, felly beth am gwrdd am ddou o'r gloch ym Mharc Dinefwr?"

"Ie, ocê," atebodd Bethan. "Ac i bwy mae'r mab yn whare rygbi?"

"Peidiwch â cynhyrfu, dim ond i dîm y coleg. Mae e'n gwneud cwrs Chwaraeon... ac mae ei athrawon yn gweud 'tho fi bod tipyn o dalent gyda fe ar y cae rygbi."

Roedd Emyr yn difaru yr eiliad y gadawodd y geiriau olaf ei geg. Cymaint oedd ei falchder yn ei fab, Gwern, fel ei fod wedi gadael i'w frwdfrydedd gael y gorau ohono. Doedd ond yn gobeithio na fyddai Bethan Young wedi talu llawer o sylw i'w eiriau... nad oedd wedi rhannu unrhyw gliwiau am ei fywyd go iawn.

"Fi'n siŵr bod chi'n falch ohono fe. Wela i chi dydd Sul, 'te."

Diffoddodd Bethan yr alwad gan deimlo ychydig yn hapusach ar ôl siarad gydag Ifan. Doedd hi ond yn gobeithio y gallai'r dyn caredig yma wneud ychydig o'i gwaith caled drosti.

9

Edrychodd Helen ar y darn papur yn ei llaw gyda rhif ffôn Ifan arno. Roedd hi wedi meddwl llawer am y sgwrs gafodd hi gydag e ar ddiwrnod y seremoni i ddathlu bywyd John… beth ddywedodd e am siarad gyda rhywun oedd wedi bod trwy brofiad tebyg iddi. Bu'n teimlo'n reit isel yn y dyddiau diwethaf ac yn cael trafferth cysgu.

Roedd ceisio dygymod â dyfodol heb John fel mynydd i'w ddringo i Helen. Bu'r ddau yn gariadon ers yr ysgol uwchradd a doedd hi erioed wedi cael perthynas gyda'r un dyn arall. Ers iddyn nhw briodi yn eu hugeiniau cynnar, prin eu bod nhw wedi treulio'r un noson ar wahân.

Ar ôl iddo etifeddu'r garej gan ei dad, gweithiodd John yn galed i ddatblygu'r busnes i fod yn un proffidiol iawn ac ar ôl hynny ni fu arian yn broblem i'r teulu. Rhoes Helen y gorau i'w swydd fel athrawes ysgol gynradd pan anwyd y mab ifancaf a thra'r oedd y plant yn ifanc bu'n gwneud rhywfaint o waith llanw mewn ysgolion lleol yn ogystal â helpu mas yn swyddfa'r garej.

Ar ôl i John golli ei rieni, symudodd y teulu i Faesglas ac ail-wneud y tŷ yn llwyr dros gyfnod o amser i fod yn gartref cysurus. Dychwelodd Helen i weithio'n llawn amser yn yr ysgol gynradd leol ryw saith mlynedd ynghynt pan oedd y plant ar fin gadael i fynd i'r brifysgol ond, allai hi ddim dychmygu dychwelyd i'r ysgol am sbel eto tra'r oedd hi'n diodde'r fath alar o golli John. Roedd ei bresenoldeb wastad wedi bod fel cwrlid cynnes wedi ei lapio'n dynn amdani, a nawr roedd e wedi mynd, roedd hi'n teimlo'n oer ac yn fregus.

Roedd ei ffrind gorau, Megan, gweinyddwraig garej ei gŵr, wedi awgrymu ei bod yn mynd at y meddyg i gael tabledi cysgu, ond doedd Helen ddim eisiau mynd i lawr y lôn honno os nad oedd raid. Yr hyn roedd hi ei angen, meddyliai, oedd rhywun i godi ei chalon, i'w thynnu hi mas o'i hiselder, rhywun caredig oedd yn deall sut roedd hi'n teimlo... ac efallai taw Ifan James oedd y person hwnnw.

Er hynny, teimlai rywfaint o bryder. Beth petai Ifan yn camddehongli pethau? Doedd Helen ddim wedi arfer ffonio dynion dieithr yn gofyn am eu cyfarfod. Person eithaf swil, preifat fuodd hi erioed... wastad wedi gwneud y pethau confensiynol, ac yn hen ffasiwn ei ffordd byddai rhai yn dweud. Wedi ei magu ar ffarm y tu fas i Gaerfyrddin, roedd hi wedi mynd i Goleg y Drindod i hyfforddi i fod yn athrawes gynradd ar ôl yr ysgol ac roedd yn ddigon hapus i fyw gartre tra'r oedd hi yn y coleg, yn hytrach na mynd i neuadd breswyl. Ei hesgus oedd bod ei hangen i helpu mas ar y ffarm, ond fe wyddai taw ei diffyg hyder oedd i gyfrif am y ffaith fod yn well ganddi ddiogelwch ei chartref. A doedd meddwi ar benwythnosau yn y Ceffyl Du ymysg ei ffrindiau coleg yn apelio dim iddi.

Roedd y ffaith ei bod yn canlyn John er eu dyddiau ysgol hefyd i gyfrif am ei hawydd i aros yn ardal Caerfyrddin i fynd i'r coleg. Tra'r oedd ei ffrindiau'n newid cariadon bob yn ail wythnos, doedd gan Helen mo'r awydd lleiaf i ganlyn yr un dyn arall heblaw am John.

Edrychodd ar y darn papur gyda rhif Ifan James arno unwaith yn rhagor. Beth allai fynd o'i le? meddyliodd. Mi fyddai'r dyn yn deall pam ei bod yn teimlo mor drist ac, o bosib, yn gallu ei helpu i dynnu ei hun allan o'i hiselder. Penderfynodd fentro.

Deialodd y rhif ar y papur, ond aeth yr alwad yn syth i'r lleisbost. "Gadewch neges." Adnabu Helen y llais ar unwaith. Roedd hi'n ddryslyd... ddim yn siŵr beth i'w ddweud ond gadawodd neges frysiog: "Helô... ym, Helen Morris sy 'ma. Meddwl y licet ti gwrdd am sgwrs rywbryd. Paid poeni os wyt ti'n rhy fisi. Hwyl."

Awr yn ddiweddarach, canodd ffôn Helen a gwelodd taw Ifan oedd yn galw.

"Haia Helen, sori 'mod i 'di methu dy alwad di."

"Na, dim problem. Mae'n rhaid 'mod i 'di ffonio ar adeg anghyfleus."

"Ddim o gwbwl. Gwranda, byddai'n braf cwrdd â ti. Wyt ti'n rhydd bore dydd Sadwrn?"

"Ydw," atebodd Helen ar unwaith. "Dim byd pwysig yn galw."

"Wel, fi'n siŵr nad wyt ti ishe crwydro'n rhy bell o gartre. Elli di awgrymu rhywle neis i ni fynd am dro?"

"Beth am gyfarfod ar draeth Llansteffan, 'te?"

"Ie, iawn. Mae'r tywydd i fod yn sych, dwi'n meddwl. Fydde un ar ddeg yn dy siwtio di? Ar waelod y maes parcio?"

"Bydde hynny'n lyfli."

"Wela i di bryd 'nny, 'te," meddai Emyr Hughes, gan ddiffodd yr alwad.

Roedd clywed llais Ifan a chael rhywbeth i edrych ymlaen ato wedi codi calon Helen yn syth. Roedd hi'n teimlo'n falch ei bod hi wedi mentro ei ffonio ac yn edrych ymlaen at fynd am dro yn un o'i hoff lecynnau hi, oedd ddim ond pum milltir o'i chartref.

+

Roedd Emyr yn eistedd ar fainc nid nepell o'r maes parcio pan gyrhaeddodd Helen toc wedi un ar ddeg. Meddyliai Helen ei fod yn edrych yn ddeniadol iawn yn ei siaced wêr a'i drowsus *cords* tywyll. Cododd ar ei draed pan welodd hi'n nesáu.

"Helen, mor neis i dy weld di eto. Dere i ishte lawr." Teimlai Helen yn falch ei bod hi wedi gwneud ymdrech i newid mas o'r dracwisg oedd wedi bod amdani ers tridiau a gwisgo ei jîns glas gorau, siwmper *fair isle* a'i chot Barbour. Er y gwyddai nad oedd hi'n fenyw hardd, roedd hi wastad wedi gwneud ei gorau i edrych yn smart pan fyddai hi'n cyfarfod â ffrindiau ac roedd ganddi lond wardrob o ddillad drud i ddewis ohonyn nhw.

"Ti'n edrych yn neis iawn, gyda llaw." Symudodd Emyr draw i wneud lle iddi eistedd yn ei ymyl ar y fainc.

"O, paid. Ddim gyda'r bagiau duon 'ma dan 'yn llyged i." Edrychodd Helen lan ar wyneb Emyr, gan deimlo ychydig o swildod.

"Ffaelu cysgu? Fi'n gwbod yn gwmws shwt ti'n teimlo. Cymerodd hi dri mis i fi allu cael noson iawn o gwsg ar ôl colli Anna. Ond dim ond rhywbeth dros dro yw e… gwneith e basio."

"Ti'n meddwl?" Cododd Helen ei haeliau. "Fi'n teimlo fel 'se fe byth yn mynd i basio ar hyn o bryd."

"Fi'n siŵr. Ond bydd tipyn o awyr iach yn help."

"Ti bownd o fod yn iawn."

Cododd y ddau a cherdded mewn distawrwydd i gyfeiriad y traeth. Dim ond un cwpl arall oedd i'w gweld yn y pellter, yn taflu pêl i'r môr i labrador du. Safodd Helen ac Emyr am ychydig ar y tywod melyn yn gwylio'r ci yn rhuthro i mewn i'r tonnau.

Ymhen ychydig, torrodd Helen ar y distawrwydd. "Mae mor neis cael mynd am dro," meddai gyda gwên. "Fi heb fod mas lot o gwbwl… ffaelu cael yr egni i symud o'r tŷ. Sai'n siŵr bod pobol yn deall, hyd yn oed y plant…" Roedd ychydig o gryndod yn ei llais.

Cymerodd Helen gip cyflym ar Emyr. Roedd yn gwrando'n astud arni felly aeth hithau yn ei blaen.

"Mae'r plant 'di hedfan y nyth erbyn hyn… y ddou yn byw yn Lloegr… er, maen nhw 'di bod 'nôl a mlân, whare teg. Felly fi ar ben 'yn hunan y rhan fwya o'r amser. Fi ddim yn barod i fynd nôl i'r gwaith eto, ond fi jyst ddim yn gwbod shwt i lenwi'r orie."

"Cymera dy amser… wnaiff neb dy feio di am hynny ar ôl beth wyt ti 'di bod drwyddo fe."

"Na, ti'n iawn. Ond fi'n teimlo 'mod i'n troi yn fy unfan. Mae pethe i fod i wella… ond rhywsut dydyn nhw ddim… A fi'n gyndyn o fynd mas i gwrdd â ffrindie rhag ofon i fi dorri i lawr i lefen o'u blaene nhw."

Edrychodd Emyr yn galed arni. "Gwranda Helen, mae'n bwysig bod ti'n gallu gofyn am help ar adeg fel hon, ti'n gwbod. Os wyt ti'n teimlo'n isel ac ofon gadael y tŷ, gelli di droi ata i pryd bynnag ti moyn. A sdim ots 'da fi os wyt ti'n teimlo fel llefen. Ti'n siarad gyda rhywun sy'n gwbod yn gwmws shwt mae'n teimlo."

Nodiodd Helen yn ara deg.

"Fel arfer, fi'n fisi gyda'r busnes yn ystod y dydd, ond os wyt ti'n gadel neges ar y ffôn, fi'n siŵr o dy alw di'n ôl."

"Ti'n garedig iawn," sibrydodd Helen.

Rhoddodd Emyr ei law yn dyner ar ei llaw hithau, dim ond am eiliad fach ond roedd yn deimlad braf.

"Nawrte, beth am i ni fynd am dro ac fe gei di weud hanes yr holl amseroedd da cest ti a John gyda'ch gilydd."

Cerddodd y ddau ar hyd y traeth am ryw hanner awr, Helen

yn rhannu straeon am John ac yn mân siarad am bethau dibwys ac Emyr yn gwrando'n amyneddgar. Wrth iddynt droi yn ôl tua'r maes parcio, roedd Helen yn dechrau poeni ei bod wedi rhannu ychydig gormod o'i hanes gyda'r dyn dieithr yma... wedi siarad fel pwll y môr, fel y byddai ei mam yn dweud. Ond, roedd cael sgwrsio'n rhydd yn deimlad da ar ôl yr wythnosau tawel hynny o alaru.

Erbyn iddi ddychwelyd at y car ar ôl ffarwelio ag Ifan, teimlai Helen fod ei hwyliau wedi codi o'r diwedd a bod y cwmwl du uwch ei phen yn dechrau diflannu. Roedd Ifan yn wrandäwr da ac roedd hi'n hapus ei bod hi'n medru agor ei chalon iddo, gan ei fod wedi dioddef yr un math o golled â hithau. Roedd e hefyd wedi rhoi'r hyder iddi gysylltu â Megan i drefnu mynd allan am bryd o fwyd er mwyn dechrau dod i weld ei ffrindiau y tu fas i'r tŷ unwaith eto.

Pan ddychwelodd Helen i Faesglas, ffoniodd Megan i wneud trefniadau i gyfarfod. Doedd hi ddim wedi sôn wrth neb ei bod hi'n bwriadu cyfarfod ag Ifan, ond nawr roedd hi wedi cael sgwrs hir gydag e ac wedi dod i'w adnabod yn well, teimlai'n ddigon hapus i rannu ei phrofiad gyda'i ffrind.

"Felly rwyt ti'n gweud 'tho fi bod ti 'di cwrdd â dieithryn llwyr ar dy ben dy hunan mewn lle tawel, heb lawer o bobol o gwmpas?" gofynnodd Megan yn chwyrn dros y ffôn.

"Wel... dyw e ddim yn ddieithryn llwyr. Roedd e'n nabod John yn eitha da, fi'n meddwl."

"Beth? Wedi prynu cwpwl o geir wrtho fe?"

"Mwy na hynny, fi'n siŵr... a mae e 'di colli ei wraig mewn damwain hefyd, felly mae e'n deall shwt fi'n diodde. Ac o'n i'n teimlo cyment gwell ar ôl sgwrsio gyda fe, Megan. Mae e i weld yn berson caredig iawn."

"Gwêd di," ochneidiodd Megan, "Y cwbwl fi'n gweud yw

bod ishe i ti fod yn ofalus. Dwyt ti ddim moyn i berson fel 'na gymryd mantais ohonot ti."

"Os rhywbeth, fi sy'n cymryd mantais ohono fe. Ond paid â phoeni, fi'n gallu edrych ar ôl 'yn hunan. Ta beth, wela i di nos Sadwrn... edrych mlân."

+

Teimlai Emyr Hughes yn reit fodlon ei fyd wrth iddo yrru'r hen gar Audi ar hyd y ffordd ddeuol o Gaerfyrddin yn ôl tuag at ei gartref. Am ryw reswm daeth y geiriau a ddysgodd yn yr Ysgol Sul i'w feddwl – Ffydd, Gobaith, Cariad. Roedd yn rhaid iddo gael ffydd yn ei gynllun, meddyliai, neu ni fyddai fyth yn gweithio ac roedd y ffydd hwnnw'n tyfu'n ddyddiol. Ac, wrth gwrs, roedd yn rhaid iddo fod yn obeithiol... sicrhau nad oedd yn dechrau digalonni fel yr oedd wedi gwneud sawl gwaith dros y misoedd diwethaf... peidio â gadael iddo'i hun gael ei lyncu gan yr hen demtasiynau. Ac yn olaf, ond yn bwysicaf oll, cariad tuag at ei deulu – wedi'r cyfan, er eu mwyn nhw oedd hyn i gyd.

Roedd yn dechrau teimlo'n llawer mwy hyderus y byddai'n gweld symiau reit sylweddol o arian yn cael eu trosglwyddo i gyfrifon Evan Arthur James yn yr wythnosau nesaf. Y cynllun wedyn oedd talu'r dyledion ac yna dilyn cynghorion ei gyfaill pennaf, Leo Kutz, dyn a allai ei i helpu i wneud miloedd dros nos. Ar hyn o bryd roedd popeth yn mynd bron yn union fel roedd wedi gobeithio. Ond gwyddai y byddai'n rhaid iddo fod yn ofalus ac yn amyneddgar.

Roedd Emyr yn tybio bod Mari a Helen yn ferched gweddol gyfoethog – eu gwŷr wedi rhedeg busnesau llwyddiannus ac, er nad oedd y naill na'r llall wedi cyfaddef hynny, yn amlwg wedi elwa ar yswiriant bywyd sylweddol. Nid oedd yn afresymol meddwl y byddent yn fodlon benthyg ychydig o'r miloedd oedd ganddynt yn eistedd yn y banc er mwyn helpu cyfaill ar adeg o gyfyngder yn ei fywyd, yn enwedig cyfaill oedd wedi bod mor garedig tuag atyn nhw. Ond byddai'n rhaid iddo droedio'n ofalus… bod yn gynnil… gadael iddyn nhw awgrymu'r peth.

Roedd Bethan, ar y llaw arall, yn fater gwahanol. Gwyddai na fyddai ei bersonoliaeth swynol yn cael unrhyw argraff ar honno. Roedd hi fel bloc o iâ. Felly, byddai'n rhaid iddo feddwl am dacteg ychydig yn fwy soffistigedig i'w pherswadio hi i adael iddo edrych ar ôl arian elusen Cronfa Plant Chris Young… dros dro yn unig, wrth gwrs. Ac os byddai'n llwyddo i fuddsoddi yn y cwmnïau Crypto cywir, byddai'n siŵr o allu ad-dalu'r merched a'r elusen mewn dim o dro.

10

"Wyt ti 'di clywed unrhyw beth pellach oddi wrth dy gyfreithiwr?" holodd Mari wrth gyd-gerdded gydag Emyr ar hyd traeth llydan Glan y Fferi. Roedd hi wedi dechrau pigo bwrw, felly ychydig o bobl oedd wedi mentro allan y bore hwnnw.

"Do. Ond doedd gyda fe ddim llawer i weud 'tho fi. Mae'r cwmni yswiriant yn dal i drafod manylion y *claim*. Gan fod y swm mor fawr, maen nhw'n treial talu mas cyn lleied â phosib. Ond y cwbwl fi moyn yw cael digon i dalu'r coste fi 'di gorfod eu hwynebu... 'na i gyd."

"Wel, dyw hynny ddim yn afresymol."

"Y broblem yw bod y cloc yn tician ac mae'r cwmni morgais yn swnian arna i i dalu'r ddyled. Beth bynnag, dyna ddigon amdana i... shwt ma pethe gyda ti?"

"Grêt, diolch, fi'n teimlo'n gyment gwell nawr fi 'di dechre mynd mas o'r tŷ i gerdded unwaith 'to... diolch i ti." Gwenodd Mari arno, ei llygaid gwyrdd yn cyfarfod â'i rai ef. "Mae mor braf gallu siarad am Hywel gyda rhywun sy'n deall yn union shwt fi'n teimlo. Ti wir 'di codi 'nghalon i. Dylet ti ystyried gyrfa fel cwnselydd, ti'n gwbod!"

"Dim diolch," ebychodd Emyr. "Mae gyda fi ddigon ar fy mhlât yn rhedeg y busnes. Colles i lot o gwsmeriaid 'nôl adeg Covid, cofia... neb yn poeni os oedd eu busnese nhw'n eco-gyfeillgar, dim ond yn rhydd rhag y feirws. Mae wedi cymryd blynyddoedd, ond mae pethe wedi gwella o'r diwedd."

"Mae'n beth da iawn bod pobol fel ti ar gael i helpu cwmnïau i ofalu am yr amgylchedd. Fi'n siŵr ei fod e'n dod â pleser mawr i ti."

"Ydy, a gweud y gwir... Ond rwyt ti'n neud swydd bwysig hefyd. Fi'n siŵr fod gwaith Swyddog Undeb yn gallu bod yn anodd weithie ond... mae'n rhaid bod ti'n mwynhau helpu pobol."

"Wel..." Roedd Mari'n feddylgar, "Falle bod trafod probleme pobol eraill yn fy helpu i i anghofio am fy mhryderon fy hunan..." Doedd hi ddim yn awyddus i ddilyn y trywydd hwnnw felly cerddodd ymlaen mewn distawrwydd am dipyn gan wrando ar gri'r gwylanod uwch ei phen, yn mwynhau teimlo'r gwynt yn ei gwallt a blas yr heli ar ei gwefusau.

Aeth rhai eiliadau heibio heb i'r un ohonynt yngan gair, yna, yn awyddus i newid y pwnc, trodd Mari ei hwyneb at Emyr a gofyn, "Beth bynnag, wyt ti 'di neud unrhyw beth diddorol ers i fi dy weld di ddwetha?"

"Chredi di ddim, ond cymeres i ran mewn ras hwyl penwthnos dwetha – pum cilometr, cofia. Hen ffrind i fi oedd yn trefnu'r peth at achos da, felly o'n i'n teimlo dyletswydd i'w chefnogi hi. Codon nhw dros dair mil o bunne i gyd."

"Whare teg i ti am wneud yr ymdrech. O'n i ddim yn sylweddoli bod ti'n gymaint o redwr," meddai Mari gyda gwên ddychanol.

Roliodd Emyr ei lygaid ac ysgwyd ei ben.

"Ta beth, oes gyda ti rywbeth i edrych ymlân ato fe yn yr wthnos nesa?" holodd Mari.

"Dim ond pen-blwydd dydd Gwener. Fydda i'n bedwar deg tri, cofia."

"O't ti'n ifanc yn priodi, 'te?"

"O'n... priododd Anna a fi bron yn syth ar ôl graddio – ffaelu aros. O'n ni'n gwbod bod ni'n iawn i'n gilydd. Ifanc, ie, ond fi'n falch nawr achos ein bod ni 'di mwynhau cymaint o flynydde gyda'n gilydd cyn i fi ei cholli hi."

"A beth wyt ti'n neud i ddathlu?"

"Dim trefniade. Mae Gwion yn treulio'i amser gyda'i ffrindie ar benwthnose, felly fydd e ddim ishe mynd mas am bryd o fwyd gyda'i hen ddyn."

"Tec-awê fydd hi, felly?"

"Digon tebyg. A bydden i'n licio dy wahodd di draw i Abertawe, ond fi ddim yn barod i fynd â menyw i'r tŷ rhag ofon bydd Gwion yn camddeall pethe. Fydde fe ddim yn hapus iawn i feddwl bod rhywun yn treial llenwi sgidie ei fam... er, fi'n gobeithio y bydd hynny'n digwydd rhyw diwrnod."

Sylwodd Mari ei fod wedi cochi rhywfaint a throdd ei llygaid i ffwrdd.

Yna cododd ei phen i edrych arno, ei llygaid yn bywiogi, "Wel, pam na ddoi di draw i'r Garreg Wen am bryd o fwyd?"

"I dy dŷ di?"

"Ie. Fi wastad 'di mwynhau coginio a licen i feddwl 'mod i'n dipyn o gwc. Roedd pawb 'di joio'r bwyd wnes i i'r dathliad i gofio am Hywel, ta beth. A gei di weud wrth Gwion bod ti'n dathlu dy ben-blwydd gyda hen ffrind – sdim rhaid iddo fe wbod taw menyw yw hi," chwarddodd.

"Fi ddim ishe creu trafferth i ti. Mi fydda i'n ddigon hapus gyda *ready meal* o flân y teledu, wir i ti."

"Fydd e ddim yn drafferth o gwbwl. Bydd yn rhywbeth i fi edrych mlân ato fe. Oes rhywbeth wyt ti ddim yn lico... bwyd môr falle?"

"Na. Fi'n gwbod 'mod i'n foi tene, ond fe fyta i rwbeth."

"Dyna ni, 'te... a gawn ni botel neu ddwy o win neis i fynd gyda'r pryd." Cododd ysbryd Mari wrth feddwl am y peth.

"Sori… Fi newydd gofio… fi 'di addo rhoi benthyg y car i Gwion i fynd mas gyda'i ffrindie nos Wener."

Roedd Emyr wedi llwyddo i gelu manylion ei gar oddi wrth y merched hyd yn hyn a doedd e ddim yn awyddus i hynny newid.

"Dyw hynny ddim yn broblem," gwenodd Mari. Daeth y cynnig nesa braidd yn rhy eiddgar o'i cheg. "Cymera fŷs neu dacsi draw… mae digon o stafelloedd sbâr yn y Garreg Wen i ti aros nos, ac af i â ti gartre i Abertawe yn y bore."

Cnoiodd ei gwefus, ond yn rhy hwyr.

"Ti'n garedig, ond mae'n iawn, caf fi fŷs yn ôl o Ryd-dderwen yn y bore."

"Iawn, 'te, dim problem. Os wyt ti'n ffansïo dod draw, wela i ti tua hanner awr 'di whech nos Wener."

Wrth iddi gerdded yn ôl tuag at y car, dechreuodd Mari amau a oedd hi wedi bod braidd yn fyrbwyll yn gwahodd Ifan James i'w thŷ, ond ceisiodd wthio'r pryder hwnnw i gefn ei meddwl. Doedd hi ond yn gobeithio ei fod yn cofio taw ffrindiau yn unig oeddent. Er… pwy a ŵyr, efallai rhyw ddiwrnod y byddai rhywbeth mwy na hynny'n datblygu rhyngddynt.

11

Roedd Emyr yn pwyso yn erbyn y giât o flaen y plasty pan gyrhaeddodd Bethan Barc Dinefwr. Pan welodd Bethan ef am y tro cyntaf ar ddiwedd y ras hwyl, roedd yn gwisgo siorts a fest, y dillad rhedeg yn amlygu ei gorff tenau. Ond nawr, mewn jîns du a siaced gerdded werdd gyda sgarff wedi ei chlymu'n llac o gwmpas ei wddw, roedd yn edrych yn llawer mwy apelgar.

Roedd Bethan ei hun yn ei gwisg arferol, crys chwys trwchus, *leggings* ac esgidiau rhedeg, gan ei bod yn bwriadu mynd i'r *gym* yn syth ar ôl y cyfarfod… hynny yw, pe bai'n gallu canfod ei hen frwdfrydedd.

Roedd yn brynhawn gwyntog a chymylog, felly doedd dim llawer o bobl o gwmpas wrth i'r ddau ddechrau ar eu taith o gwmpas y parc.

"Diolch am ddod draw." Roedd llais Bethan yn glir ac yn gwrtais. "Ac am gynnig rhoi help llaw i'r elusen."

"Dim problem o gwbwl. Ond bydd rhaid i fi wbod ychydig bach mwy am Gronfa Plant Chris Young yn gynta, yn enwedig yr ochor ariannol."

Dechreuodd y ddau gydgerdded ar hyd y llwybr, y gwynt yn fain ar eu hwynebau.

Gofynnodd Emyr, "Fi'n gwbod taw newydd ddechrau y'ch chi ond beth yw'r cynllunie?"

"Wel, fi'n mynd i ganolbwyntio ar yr ochor godi arian… hynny yw, trwy wahanol weithgaredde chwaraeon."

Roedd ei llygaid brown tywyll yn sgleinio wrth iddi amlinellu ei chynlluniau wrth Emyr. "Byddai'r rhain ddim yn unig yn codi arian at yr elusen ond yn help i bobol ddod at ei gilydd yn eu cymunede i gadw'n heini… felly bydd elfen gymdeithasol gref i'r holl beth."

Camodd y ddau i un ochr i osgoi pwll mawr o ddŵr ar y llwybr o'u blaenau.

Roedd y geiriau'n byrlymu wrth i Bethan fynd yn ei blaen. "Fi 'di mwynhau pob mathe o chwaraeon ers blynydde… rhedeg, nofio, rygbi, golff, yn ogystal â dringo. Felly, fi'n gwbod lot am y maes a licen i ddefnyddio'r profiad hwnnw i greu cyfleoedd i bobol o bob oed drwy Gymru gyfan i gynyddu eu ffitrwydd… Ac ar yr un pryd mi fyddai'r elusen yn elwa hefyd wrth reswm."

"Mae hynny'n swnio'n grêt, ond bydd yr elusen 'ma'n siŵr o'ch cadw chi'n fisi iawn. Beth am eich gwaith? Shwt y'ch chi'n bwriadu dod i ben â rhedeg yr elusen a gwneud bywolieth?"

"Fi 'di cymryd rhywfaint o seibiant o'r gwaith… fel Hyfforddwr Personol, hynny yw… ar ôl i fi golli Chris. Ac achos 'mod i'n hunan-gyflogedig, fi'n gallu bod yn eitha hyblyg. Felly fi'n bwriadu gweithio'n rhan amser er mwyn rhoi tipyn o egni i mewn i'r elusen. Gawn ni weld shwt mae pethe'n mynd wedyn."

"A beth am yr ochor weinyddol… trefnu'r gwylie i'r bobol ifanc ac ati? Pwy sy'n mynd i neud hynny? Mi fydd yn golygu lot o waith, cofiwch." Cododd Emyr ei aeliau.

"Na… fydda i ddim yn ymhél â'r ochor yna o bethe. Mae un o ffrindie gore Chris yn rhedeg Canolfan Awyr Agored yn Eryri, ar bwys Bethesda, ac mae e'n mynd i helpu mas i ddechre nes bod yr elusen yn gneud digon o elw i gyflogi gweinyddwr rhan-amser."

"Wel, mae'n edrych i fi fod gyda chi gnewyllyn cynllun busnes da iawn." Ceisiodd Emyr swnio'n frwdfrydig. "A chi 'di llwyddo i hel tipyn o arian yn barod, fi'n cymeryd."

"Dros ugen mil o bunne." Roedd y balchder yn amlwg yn llais Bethan

"Da iawn chi."

Roedd hi wedi dechrau pigo bwrw erbyn hyn, felly cododd Bethan ei chwfl dros ei phen ac estynnodd Emyr ei gap o'i boced. Prysurodd cwpl ifanc yn gwthio bygi heibio iddynt, yn awyddus i gyrraedd y maes parcio er mwyn cysgodi rhag y glaw.

"Nawr fi wedi dechre arni, fi'n ffaelu aros i weld yr elusen ar ei thraed." Swniai Bethan yn frwd unwaith eto.

"Pryd chi'n meddwl bydd hynny?"

"Y bwriad yw cael tipyn o arian y tu cefen i ni cyn gofyn am geisiade ar gyfer y gwylie," meddai. "Mae Paul, rheolwr y Ganolfan, yn tybio y bydd ishe tua saith mil o bunne i dalu i bob grŵp gael wthnos o weithgaredde a llety llawn. O'n i'n bwriadu cynnig hyn i bump grŵp i ddechre dros gyfnod o ryw dri mis. Felly byddwn ni angen o leia deugen mil o bunne yn y banc i fod yn saff."

"Mae hynny'n swnio'n rhesymol."

"Dwi i ddim ishe rhuthro pethe, felly ni am ofyn am geisiadau gan grwpie yn gynnar yn y flwyddyn newydd."

"A cyn hynny chi'n bwriadu cario mlân i godi mwy o arian?"

"Ie, dyna'r cynllun."

Rwbiodd Emyr ei ên cyn troi at Bethan a gofyn, "Chi ishe cynilo cymaint o arian â phosib i'r elusen yn y cyfamser, on'd y'ch chi?"

"Ydw, wrth reswm." Doedd Bethan dim yn rhy hoff o dôn nawddoglyd Emyr.

"Ac os yw'r arian yn mynd i ishte mewn cyfri am fisoedd, chi angen iddo fe weithio… ennill y llog gore posib."

"Wrth gwrs, fi'n gwbod 'na." Roedd yn dechrau poeni bod Ifan yn meddwl ei bod hi'n hollol ddiniwed. "Dyna pam o'n i'n meddwl y gallech chi helpu."

"Wel, mae digon o gyfrifon i gael sy'n gallu rhoi llog o bump i saith y cant… Ond mi allech chi neud lot gwell na hynny os y'ch chi'n buddsoddi'r arian yn graff… Cymeryd ychydig mwy o risg falle, ond fi'n siŵr bod chi'n deall hynny'n barod."

"Odw… Odw…" Roedd Bethan yn awyddus yn awr i glywed beth oedd gan y dyn yma i'w gynnig.

"Gwrandwch," aeth Emyr yn ei flaen. "Dwi ddim eisie busnesu ond… gallech chi gael *return* lot uwch petaech chi'n buddsoddi'r arian yn y mannau cywir… ac os byddech chi'n creu portffolio o fuddsoddiade, byddai modd gwasgaru'r risg ar y cyllid."

Anadlodd Bethan yn drwm. "Y broblem yw… a bod yn berffaith onest, mae hyn braidd yn ddieithr i fi." Roedd yn gyndyn o gyfaddef ei bod hi'n gwybod dim byd oll am y maes.

"Dyna pam y gallen i fod o rywfaint o help i chi," awgrymodd Emyr. "Os chi moyn, mi alla i fynd ati i greu portffolio i chi… fi 'di hen arfer neud hynny er mwyn helpu elusenne tebyg i'ch un chi." Yna aeth yn ei flaen i egluro mewn mwy o fanylder sut y gallai'r gwahanol fuddsoddiadau roi'r elw mwyaf i'r elusen.

Gwrandawodd Bethan yn astud, er ei bod hollol ar goll hanner yr amser.

"Fel chi'n gweld, mae gyda fi dipyn o brofiad yn y maes yma." Roedd Emyr yn falch ei fod wedi gwneud ei waith cartref. "Ond dim pwyse, wrth gwrs. Falle bod gyda chi rywun arall mewn golwg i neud y gwaith hyn."

"Na… ym, neb pendant ar hyn o bryd." Roedd Bethan yn ansicr sut i ymateb.

"Ie, wel… os chi'n buddsoddi'r arian yn ddoeth, gallai eich ugen mil chi droi'n bump ar hugen mewn dim o dro. A hynny heb i chi orfod neud dim byd oll."

Nodiodd Bethan. Roedd hyn yn swnio'n addawol, meddyliai.

"Dyma 'ngherdyn busnes i." Rhoes Emyr gerdyn bychan yn llaw Bethan. "Mae'r manylion arno fe. Evan yw f'enw bedydd gyda llaw, ond mae pawb yn fy ngalw i'n Ifan."

Edrychodd Bethan ar y cerdyn: **Evan A James DipFA, Ymgynghorydd Ariannol, Financial Advisor** a'i rif ffôn i ddilyn.

"Fel arfer, mae 'na ffi am fy nghyngor ariannol, ond gan fod eich achos chi'n un mor deilwng, fi'n fodlon gwneud hyn fel ffafr… *gratis* hynny yw."

"Chi'n hael iawn." Torrodd gwên ar draws gwefusau Bethan am y tro cyntaf, cyn i honno ddiflannu'n gyflym. "Ond bydd rhaid i fi feddwl dros y peth… peidio rhuthro pethe."

"Mae hyn lan i chi, cofiwch. Fi ddim yn rhoi unrhyw bwyse arnoch chi, ond os chi ishe i fi wneud y buddsoddiade ar ran yr elusen, yn naturiol bydd angen i chi drosglwyddo'r arian i mewn i gyfri'r cwmni… fy nghwmni ariannol hynny yw. Galla i decstio'r manylion i chi nes ymlân ar ôl i chi gael amser i feddwl am y peth."

"Ocê… diolch," meddai Bethan yn araf, gyda thinc o amheuaeth yn ei llais.

"Cofiwch, bydd angen i chi gael caniatâd ymddiriedolwyr yr elusen cyn gallwch chi symud yr arian… gan fod y swm yn un mor fawr. Fydd hynny'n broblem, chi'n meddwl?"

"Na, sa i'n credu. Fi'n siŵr byddan nhw'n ddigon bodlon ar ôl i fi egluro pethe iddyn nhw."

"Bydd ishe i chi e-bostio nhw i gael hynny'n ysgrifenedig cyn symud ymlân. Ond wnawn ni ddim byd nes bod chi'n berffaith siŵr am hyn," meddai Emyr yn rhesymol.

"Ie, wrth gwrs."

"Ac os chi'n penderfynu buddsoddi, gallwn ni gyfarfod eto i fynd trwy'r portffolio a cyfarfod yn achlysurol wedyn dros y misoedd nesa i weld shwt mae pethe'n mynd."

"O... cê. Jyst rhowch ychydig o amser i fi. Ond diolch am eich help beth bynnag, fi'n..."

"Peidiwch â diolch," torrodd Emyr ar ei thraws. Yna distawodd ei lais ac meddai'n dyner, "Achos 'mod i'n gwbod beth y'ch chi 'di bod trwyddo fe... colli partner mor ifanc... o'n i wir ishe'ch helpu chi."

"Beth ddigwyddodd, 'te?... Y ddamwain?"

Cymerodd Emyr anadl hir cyn ymateb. "Colles i Anna ar wylie yn Ffrainc. Cas hi ei tharo lawr gan yrrwr meddw ar y ffordd yn ôl i'r gwesty. Mae 'di cymryd sbel i fi ddechre dod dros y peth, ond mae siarad gyda pobol eraill sy 'di bod trwy'r un profiad wedi helpu."

"Fi'n siŵr," atebodd Bethan yn dawel.

"Ffoniwch os chi'n teimlo'n isel ac angen sgwrs." Mentrodd Emyr roi ei law ar ei hysgwydd.

Roedd Bethan yn teimlo braidd yn anghyfforddus a symudodd gam neu ddau i ffwrdd. Roedd y ddau yn dawedog am rai eiliadau felly ceisiodd Bethan ysgafnhau pethau. "O, a gyda llaw... bron i fi anghofio, shwt aeth y gêm rygbi bore 'ma?"

"O, da iawn, diolch. Enillodd tîm y coleg... Hei, gwell i fi fynd. Neis i'ch gweld chi eto."

Y tro hwn, gofalodd Emyr beidio â dweud gormod. Trodd ar ei sawdl a cherdded i ffwrdd. Gwyliodd Bethan ef yn camu'n gyflym i lawr y llwybr, ei gerddediad yn sionc ac yn gadarn, gan bendroni beth y dylai hi ei wneud nesaf.

12

Y prynhawn canlynol, derbyniodd Bethan neges destun gan Emyr gyda manylion y cyfrif yr oedd angen iddi drosglwyddo'r arian iddo, sef cyfrif ym manc Santander yn enw Evan Arthur James. Roedd hi eisoes wedi cael cadarnhad gan Josh, un o'r ymddiriedolwyr, ei fod yn rhoi caniatâd iddi fuddsoddi'r arian gyda chwmni ariannol, ond heb gael ymateb gan Ceri, y llall, ond roedd yn weddol ffyddiog y byddai honno'n cytuno hefyd.

Er bod Bethan yn teimlo ym mêr ei hesgyrn taw buddsoddi yng nghwmni Ifan James oedd y peth cywir er budd yr elusen, roedd rhyw rithyn o amheuaeth yn ei chnoi. Roedd llais rheswm yn dweud wrthi am oedi am nad oedd hi'n adnabod Ifan James ond ers ychydig dros wythnos. Ond roedd rhywbeth yn natur y dyn, y llais meddal, y llygaid caredig a'r ffordd ddeallus roedd yn trafod materion cyllidol, yn dweud wrthi y dylai ymddiried ynddo. Dechreuodd feddwl efallai ei bod hi'n gyndyn o symud ymlaen gyda'i gynllun am ei bod yn ofn mentro. Fel arfer roedd hi'n berson reit anturus, ond am fod rheoli elusen yn beth newydd iddi, efallai taw diffyg hyder oedd hyn i gyd, meddyliai.

Aeth Bethan i'r gegin ac estyn y botel jin o'r cwpwrdd. Yn yr wythnosau cyntaf, ar ôl iddi golli ei gŵr, roedd troi at y poteli gwin a jin wedi ei helpu i liniaru'r teimladau o rwystredigaeth a dicter oedd yn ei llethu. Erbyn hyn roedd y 'jin o'r gloch' yn digwydd yn gynharach ac yn gynharach yn wythnosol.

Tywalltodd wydraid mawr o'r hylif clir i'w gwydr a'i lenwi gyda rhew, lemwn a'r tonig gorau. Syrthiodd yn ôl ar y soffa a chau ei llygaid wrth sipian y ddiod oer. Dechreuodd ymlacio bron ar unwaith.

Gofynnodd iddi ei hun... beth fyddai Chris yn ei wneud pe bai'n cael cynnig buddsoddi gyda chwmni Ifan James? Person hyderus fu Chris erioed... rhy hyderus efallai. Dechreuodd Bethan sgrolio drwy'r lluniau ar ei ffôn, gan glicio ar yr albwm roedd hi wedi ei greu o luniau Chris a hithau ar eu gwyliau... yn cerdded ac yn dringo ym mynyddoedd y Pyrenees, yn gwenu ac yn chwerthin yng nghwmni ffrindiau mewn tafarndai yn Nulyn ac yn eistedd gyda'i gilydd yn yr haul ar draeth yn Ibiza.

Aeth i'r gegin i ail-lenwi ei gwydr, gan benderfynu nad oedd yn mynd i adael iddi'i hun gael ei llyncu gan iselder unwaith eto. Wrth edrych drachefn ar yr hunlun a dynnodd Chris ohono'i hun yn camu ar hyd Grib Goch yng nghanol yr eira, cofiodd gymaint yr oedd ei gŵr mentrus yn caru byw ar y dibyn. Mae'n bur debyg taw ei hoffter o gymryd risg oedd yn gyfrifol am ei farwolaeth, ond heb yr elfen honno o'i bersonoliaeth, meddyliai, nid Chris fyddai ef. Llyncodd Bethan weddill ei jin ac agorodd botel o win gwyn oedd yn oeri yn yr oergell. "Mynd amdani," fyddai Chris yn ei ddweud, penderfynodd. *"Nothing ventured, nothing gained,"* oedd un o'i hoff ddywediadau. Gwenodd Bethan iddi'i hun wrth dynnu'r corcyn o'r botel. Roedd yn siŵr ei bod hi wedi gwneud y penderfyniad iawn.

+

Awr yn ddiweddarach, pan geisiodd Bethan drosglwyddo ugain mil o bunnau o gyfrif Cronfa Plant Chris Young i gyfrif Evan Arthur James, cafodd neges gan ei banc yn gofyn iddi gysylltu â nhw. Roedden nhw eisiau gwirio'r ffaith ei bod hi'n bwriadu symud swm mor fawr a chadarnhad nad oedd neb wedi rhoi unrhyw bwysau arni i dalu'r arian iddyn nhw. Ar ôl iddi gadarnhau hynny a'u hargyhoeddi bod y ddau ymddiriedolwr arall yn cydsynio, bodlonwyd y banc ac ymhen yr awr, roedd yr arian wedi ei symud o'r cyfrif.

Y diwrnod canlynol, cododd Bethan yn gynnar, yn fwy bodlon nag oedd wedi teimlo ers wythnosau. Gwenodd wrth feddwl ei bod hi wedi llwyddo i fuddsoddi arian yr elusen yn hollol ddidrafferth a'i roi yn nwylo arbenigwr ariannol heb orfod talu ffi. Roedd yn mwmian iddi ei hun wrth baratoi brecwast pan ganodd ei ffôn. Ceri oedd yn galw.

"Sori 'mod i heb ateb dy neges ddoe… Wedi bod bant gyda'r merched ar *spa day* a heb siecio'n e-byst tan bore 'ma."

"Paid poeni. Fi 'di sortio pethe erbyn hyn. Fi 'di ffeindio Ymgynghorydd Ariannol sy'n mynd i helpu'r elusen i fuddsoddi'r arian ni wedi'i godi."

"Ymgynghorydd Ariannol? Shwt cest ti afel ynddo fe, 'te?"

Eglurodd Bethan sut yr oedd wedi cyfarfod ag Ifan James yn y ras hwyl ac wedi penderfynu y dylai hi dderbyn ei gynnig i helpu buddsoddi arian yr elusen.

"A ti'n siŵr fod y boi 'ma'n ddilys?" holodd Ceri, ychydig yn amheus.

"O, ydw, berffaith siŵr. Mae e'n brofiadol iawn… wedi hen arfer gweithio gydag elusenne ac mae busnes ariannol ei hunan gyda fe. Rhoiodd e ei garden i fi ac mae'r cymwystere i gyd gyda fe. Aros nawr… co ni… DipFA."

"A ti 'di sieco fe mas, fi'n cymeryd?… Bod e 'di cofrestru gyda'r awdurdode cywir ac ati?"

"O, do," atebodd Bethan yn gelwydd i gyd. Gwyddai y gallai Ceri fod yn orbryderus ar adegau.

"Wel, mae hynny ocê, 'te. Fe hala i'r e-bost yn cadarnhau fy nghaniatâd fel ymddiriedolwr a wedyn gei di fwrw mlân i drosglwyddo'r arian i'w gwmni fe."

Doedd Bethan ddim yn teimlo unrhyw euogrwydd ei bod hi wedi dweud celwydd wrth Ceri… roedd hi wedi perswadio ei hun erbyn hyn bod cwmni Ifan James yn un hollol ddilys. Fodd bynnag, er mwyn profi ei bod yn iawn, aeth ar y we i chwilio am y corff oedd yn rheoleiddio gwasanaethau ariannol. Chwiliodd i weld a oedd cwmni Evan A James wedi ei gofrestru ond methodd â chael hyd iddo. Ffoniodd y rhif ar y wefan i siecio, ond dim ond cadarnhad a gafodd nad oedd cwmni Evan A James ar eu cofrestr.

Dechreuodd Bethan anesmwytho, ond roedd yn siŵr fod rhyw esboniad syml am y peth ac roedd yn dal yn hyderus ei bod hi wedi gwneud y peth iawn. Er hynny, roedd hi am wneud yn sicr nad oedd Ifan James yn dweud celwydd wrthi, felly penderfynodd ei ffonio. Wrth iddi afael yn y garden, sylwodd am y tro cyntaf taw rhif ffôn yn unig oedd arno… dim e-bost na gwefan. Gafaelodd yn ei mobeil a phwyso'r rhif ar y garden. Cafodd ateb bron yn syth.

"Bethan. Shwt y'ch chi?" meddai llais cynnes Emyr Hughes. "Diolch am drosglwyddo'r arian mor glou. Popeth yn iawn?"

"Fi ddim yn siŵr a gweud y gwir." Roedd ei llais yn swnio'n bryderus.

"O, diar. Beth sy? Problem gyda'r banc?"

"Na. Jyst ishe gofyn cwestiwn, 'na i gyd." Ceisiodd Bethan swnio'n fwy awdurdodol.

"*Fire away.*"

"Os y'ch chi'n ymgynghorydd ariannol cymwysedig, fel chi'n

honni, pam chi ddim 'di cofrestru gyda'r awdurdode priodol? Fi wedi siecio a does dim Evan A James ar eu cofrestr."

Oedodd Emyr am eiliad rhy hir cyn ymateb. "Ym... o'n i ar fin adnewyddu'r cofrestriad," atebodd yn frysiog, "ac yn..."

"Ac yn... beth?" gofynnodd Bethan yn chwyrn.

Ymbalfalodd Emyr i chwilio am esgus.

"Chi'n gweld, fi 'di bod yn dost... ym... wedi cymryd amser bant... hynny yw, cyn ailddechre'r busnes." Gwyddai ar unwaith nad oedd yr esgus yn taro deuddeg.

"Ac a allwch chi roi'ch e-bost a manylion eich gwefan i fi plis?"

"... Ym, fi wrthi'n diweddaru manylion cyswllt y cwmni, ond heb gael cyfle..."

Roedd yr ansicrwydd yn ei lais yn ddigon i Bethan.

"Chi'n disgwyl i fi gredu 'na? Chi'n meddwl 'mod i'n dwp neu rwbeth?"

"Na, na, wir, Bethan..."

Chafodd e ddim cyfle i ddweud mwy.

"Fi 'di newid fy meddwl," meddai Bethan yn swta. "Fi ishe'n arian yn ôl."

Ar hynny, aeth y ffôn yn fud.

+

Ceisiodd Bethan gysylltu gyda ffôn Ifan James drosodd a thro. Doedd dim ateb am rai munudau ac yna fe gafodd y neges roedd hi'n ei disgwyl, *Unavailable*. Roedd yn amlwg fod y dyn un ai wedi ei blocio, neu wedi datgysylltu'r ffôn. Penderfynodd ffonio'r banc i esbonio beth oedd wedi digwydd. Fel yr oedd yn amau, chafodd hi fawr o gydymdeimlad gan y person ar ben arall y ffôn. Y cwbl a wnaeth hwnnw oedd ei hatgoffa bod y banc wedi ei rhybuddio i fod yn ofalus ond ei bod hi wedi awdurdodi'r trosglwyddiad... roedd hi wedi cadarnhau dros y ffôn bod y taliad yn un dilys a bod neb wedi rhoi pwysau arni i anfon yr arian iddyn nhw. Dywedodd nad oedd dim y gallen nhw ei wneud ac awgrymodd ei bod yn cysylltu â'r heddlu.

Roedd Bethan yn methu'n lân â stopio meddwl am oblygiadau colli ugain mil o arian yr elusen. Meddyliai am yr holl bobl oedd wedi cyfrannu arian tuag at y gronfa ac am Gapten y Clwb Golff oedd wedi gwneud yr holl waith trefnu i sicrhau fod y twrnament golff yn llwyddiant mawr. Doedd dim modd y gallai hi wynebu'r holl bobl 'ma a chyfaddef ei bod hi wedi colli cymaint o arian yr elusen.

Aeth ar lein i chwilio ym mhob man y gallai hi feddwl amdano i geisio cael hyd i Evan A James, Ymgynghorydd Ariannol o Cross Hands... Llanelli... Caerfyrddin, ond heb unrhyw lwc. Roedd hi'n damnio nad oedd hi wedi mynd i'r drafferth o siecio bod ei gwmni'n un dilys cyn trosglwyddo'r arian ond roedd hi'n rhy hwyr yn awr. Cafodd ei themtio i gysylltu â'r heddlu i weld os oedden nhw'n gwybod rhywbeth am yr Ifan James 'ma ond doedd hi ddim eisiau gwneud dim byd yn rhy fyrbwyll. Wedi'r cyfan doedd ei hymwneud â'r heddlu dros y blynyddoedd erioed wedi bod yn brofiadau positif. Byddai'n llawer gwell ganddi gael hyd i'r cythraul ei hunan, a mynnu ei fod yn ad-dalu arian yr elusen, felly penderfynodd ddisgwyl tan y bore.

+

"Damia'r blydi Bethan Young 'na," gwaeddodd Emyr, gan daflu'r *burner phone* at wal y gegin. Roedd yn siŵr ei fod wedi gwneud digon i'w darbwyllo i ymddiried ynddo'n llwyr...

roedd hyd yn oed wedi mynd i'r drafferth o ymchwilio i'r farchnad stoc a chreu carden busnes broffesiynol. Doedd e ddim yn disgwyl iddi fynd tu ôl i'w gefn i siecio ei gredensials ar ôl hynny. Wedi'r cyfan, y tu ôl i'r holl hunanhyder hwnnw roedd Bethan yn ei daro fel person eithaf di-glem mor bell ag oedd materion ariannol yn y cwestiwn. A pham ymchwilio i'w gefndir e ar ôl iddi drosglwyddo'r arian?

Pan laniodd yr ugain mil yng nghyfrif Evan A James y prynhawn blaenorol, roedd Emyr wedi rhwbio'i ddwylo mewn llawenydd, gan feddwl bod ei broblemau'n dechrau diflannu. Y peth cyntaf a wnaeth oedd trosglwyddo symiau o saith mil o bunnau yr un i ddau gyfrif arall yr oedd wedi eu hagor yn enw Evan James. Y cam nesaf fyddai gwagio'r cyfrifon hyn, gan sicrhau na allai neb olrhain y trosglwyddiadau yn ôl iddo ef drwy godi'r arian mewn symiau arian parod bychain. Gwyddai Emyr y byddai'n cymryd mwy o amser iddo gael gafael ar yr arian drwy ei godi fesul tipyn bach o'r peiriannau twll yn y wal, ond roedd yn llawer mwy diogel na cheisio ei godi o'r banc.

Y noson honno, roedd wedi gwisgo tair cot gaeaf, sbectol a chap a cherdded i lawr i'r garej leol lle y gwyddai fod y peiriant arian heb gamera cylch cyfyng. Tynnodd yr uchafswm posibl o arian allan o'r tri chyfrif, gan geisio osgoi'r camerâu o flaen y pympiau a cherdded gartref gyda bron i ddwy fil a hanner o arian parod yn ei boced. Roedd wedi bwriadu gwneud hyn bob dydd am y diwrnodau nesaf, gan ddefnyddio gwahanol beiriannau codi arian, hyd nes y byddai'r ugain mil yn ei feddiant.

Ond Bethan Young oedd y broblem yn awr. Doedd Emyr ddim wedi rhagweld y byddai pethau'n mynd o'i le fel hyn mor fuan. Mi fyddai hi'n siŵr o fynd at yr heddlu, meddyliai, er mwyn ceisio cael ei harian yn ôl. A phan fydden nhw'n ymchwilio i'r mater, bydden nhw'n darganfod y gwir am gyfrifon Evan A James a byddai'r cardiau banc yn cael eu canslo'n syth. Ni fyddai'n bosibl iddo ddefnyddio'r cyfrifon wedyn ar ôl ei holl waith gofalus yn eu hagor yn y lle cyntaf. Allai Emyr ond gobeithio y byddai'r heddlu'n cymryd diwrnod neu ddau arall i ddelio â'r mater er mwyn caniatáu iddo dynnu mwy o arian o'r peiriannau yn y cyfamser.

13

Eisteddodd Helen a Megan wrth fwrdd i ddau yng Nghornel bellaf bwyty bach Tsieineaidd yng nghanol tref Caerfyrddin. Er nad oedd ond newydd droi saith yr hwyr, roedd y lle wedi dechrau llenwi'n barod, yn bennaf gyda chyplau ifainc a chriwiau o ferched ar noson allan. Roedd Helen wedi gwneud ymdrech i edrych yn smart yn ei chrys sidan pinc a'i throwsus melfed du, gan ofalu gwisgo digon o golur i guddio'r cysgodion dan ei llygaid.

"Ti 'di bod yn cwrdd â'r Ifan 'ma eto, 'te?" holodd Megan mewn llais awdurdodol, wrth bori ar y fwydlen.

"Do, unwaith neu ddwy. A paid poeni, mae e'n ddigon diniwed." Cododd Helen ei gwydr gwin.

"Ocê, 'te," crychodd Megan ei thalcen. "Gwed 'tho fi beth ti'n gwbod amdano fe, achos fi'n bwriadu neud ychydig o waith cartre."

"Wel, os yw e'n neud i ti deimlo'n hapusach, Miss Marple... Ei enw fe yw Ifan James. Mae e yn ei bedwardege... mae'n byw rhywle tu fas i Gaerfyrddin... mae mab gyda fe o'r enw Gwion sy'n neud ei Lefel A... mae e'n ymgynghorydd busnes... rhywbeth i wneud â'r amgylchedd."

"A beth yw enw'r cwmni?"

"Ddim yn gwbod. Wedodd e ddim," atebodd Helen, gan gymryd llymaid arall o win.

"A prynodd e nifer o geir oddi wrth Garej Morris, medde fe? Pryd oedd hyn?"

"Dim syniad," Edrychai Helen yn ddifater. "Yn eitha diweddar siŵr o fod. Mae e'n edrych fel y math o foi sy'n newid ei gar yn weddol amal. A beth bynnag, roedd e 'di bod yn prynu ceir wrth John ers blynydde… ers pan oedd e'n ddeunaw oed, medde fe."

"A pwy fath o gar sy gyda fe, 'te?"

"Sa i'n gwbod. Fi eriôd 'di gweld ei gar e. Mae e wastad yn cyrraedd o mlân i ac wedyn yn fy hebrwng i i 'nghar wrth i fi adel. Mae e'n real gŵr bonheddig."

"Ocê, 'te." Roedd Megan, fel ci gydag asgwrn. "A ti'n gweud ei fod e 'di colli ei wraig mewn damwain ar ei wylie yn Nhwrci. Pryd oedd hyn?"

"O… bwyti blwyddyn yn ôl, medde fe."

"Gad di bethe i fi," meddai Megan yn bendant. "Fi moyn neud yn siŵr ei fod e'n saff i ti weld yr Ifan James 'ma."

Anadlodd Helen yn drwm a chymryd dracht hir o'i dŵr.

Wrth iddi adael y bwyty, meddyliai Helen gymaint yr oedd hi wedi mwynhau ei noson mas gyda Megan, er gwaethaf amheuon honno am Ifan. Roedd y bwyd yn flasus ac roedd y gwin wedi gwneud iddi ymlacio'n braf. Roedd hi hefyd wedi taro ar gwpl oedd yn hen ffrindiau iddi hi a John ac wedi ymuno â nhw ar ddiwedd y pryd. Yn hytrach na theimlo'n ofnus y byddai'n torri i lawr i lefain, roedd hi wedi gadael y bwyty'n chwerthin yn hapus. Teimlai'n siŵr fod ei chyfarfodydd diweddar gydag Ifan wedi ei helpu i ddod dros ei hofnau ac wedi rhoi'r hyder iddi fynd mas i gwrdd â phobl eto.

+

Deuddydd ar ôl y pryd bwyd, roedd Helen newydd gamu mas o'r gawod toc ar ôl naw y bore pan dderbyniodd neges ar ei ffôn gan Megan yn dweud ei bod hi ar ei ffordd draw i'w gweld. Sychodd ei gwallt a gwisgo'n gyflym, gan geisio pendroni beth oedd mor bwysig bod Megan eisiau ei gweld ar gymaint o frys. Roedd hi newydd roi'r peiriant coffi i fynd pan ganodd y gloch.

"Coffi?" gofynnodd Helen wrth i Megan frasgamu trwy'r drws.

"Ie, plis. Ac mi fyddi dithe angen rhwbeth tipyn cryfach na coffi ar ôl i ti glywed beth sy gyda fi i weud 'thot ti."

"O, diar. Dim byd rhy ddrwg gobeithio. Ond dere mlân, 'te… gwed 'tho i beth sy 'di digwydd."

"Sdim byd 'di digwydd… Heblaw mod i 'di ffeindio tipyn o bethe mas am Ifan James… os taw dyna yw ei enw iawn e."

"Beth ti'n meddwl… ei enw iawn e?" Estynnodd Helen y cwpanau ar gyfer y coffi.

"Dere â'r coffi 'ma a weda i 'tho ti."

Daeth Helen â'r cwpanau draw ac eistedd gyferbyn â Megan wrth fwrdd y gegin, gan godi ei golygon i edrych arni'n ddisgwylgar.

"I ddechre," meddai Megan, gan gymryd llwnc o'i choffi, "Dyw Garej Morris eriôd 'di gwerthu car i unrhyw Ifan James… nac Evan James o ran hynny… wel, ddim yn y deg mlynedd dwetha ta beth. Fi 'di edrych yn drwyadl trwy'n systeme a does dim cofnod bod y cwmni 'di derbyn taliad gan unrhyw un o'r enw hwnnw."

Crychodd Helen ei thalcen. "Wel… falle fod Ifan 'di prynu'r car yn enw ei gwmni fe, 'te," awgrymodd yn rhesymol.

"Ti'n meddwl? Fi 'di treulio orie'n edrych trwy'r holl gwmnïe sy 'di prynu ceir wrthon ni. A doedd dim un yn gwmni amgylcheddol."

"Mae hynny'n beth rhyfedd iawn," cnodd Helen ei gwefus. "Ond mae'n rhaid bod 'na esboniad call am y peth."

"Sa i'n credu," gwgodd Megan ar ei ffrind. "A gwranda, os bydde rhywun o ardal Caerfyrddin yn colli ei wraig mewn damwain ar ei wylie, byddet ti'n disgwyl bod rhyw gyfeiriad at y peth yn y wasg, on'd byddet ti?"

"Fi'n siŵr fod 'na."

"Dim gair," swniai Megan yn bendant. "Fi 'di gwglo popeth galla i feddwl amdano i dreial dod o hyd i hanes y ddamwain... wedi edrych trwy'r newyddion yn y *Carmarthen Journal* ar gyfer y flwyddyn ddwetha... ond dim byd."

"Ti'n siŵr?" Roedd golwg ddryslyd yn llygaid Helen. "Dyw Ifan ddim y teip o foi i weud celwydd."

"Ond mae'n rhaid ei fod e, Helen. Does dim dwywaith amdani. Os yw e 'di gweud celwydd am brynu ceir gan John ac am ddamwain ei wraig, pa anwiredd arall mae e'n golygu gweud 'thot ti?"

"Ond pam? Pam byddai fe'n neud shwt beth?"

"Pam ti'n meddwl?" Cododd Megan ei haeliau. "Ti'n fenyw sengl, gyfoethog, mewn sefyllfa fregus... Ydy e 'di gofyn i ti am arian o gwbwl?"

"Naddo." Roedd Helen, yn gyndyn o gredu'r hyn roedd hi'n ei glywed gan ei ffrind. "Mae Ifan yn berson caredig... fydde fe ddim yn neud dim byd fel'na. Ond... wedi gweud 'nny, mae e 'di cyfadde ei fod e mewn tipyn o gyfyng gyngor yn ariannol. Ond dyw e ddim 'di gofyn i fi am arian... ddim eto, ta beth."

Ochneidiodd Megan yn drwm a syllu i wyneb Helen.

"Ti'n gweld, mae e'n cael trafferthion gyda'r cwmni yswiriant sy'n delio â'r *claim* ar ôl marwoleth ei wraig," cyfaddefodd Helen. "Maen nhw'n pallu talu mas ac mae Ifan 'di gorfod wynebu'r costau i gyd ar ei ben ei hunan, druan... a 'di mynd i ddyled."

"A ti'n ei gredu fe? Mae'r boi yn dwyllwr, Helen." Edrychodd i fyw ei llygaid. "A ti'n lwcus mod i 'di ffeindio hynny mas cyn ei bod hi'n rhy hwyr."

Edrychodd Helen i lawr ar ei chwpan am dipyn cyn cymryd llwnc o'i choffi, oedd wedi dechrau oeri erbyn hyn.

"Mae'r holl beth yn od iawn." Teimlai ei gwefus isaf yn crynu. "Ti'n siŵr o dy ffeithie, Megan?"

"Berffaith siŵr. Mae'n amlwg fod y dyn yn gelwyddgi. A nawr ti 'di sôn am ei brobleme ariannol e, galla i fentro ei fod e ar ôl dy arian di."

"Ond beth fi fod i neud nawr, 'te?"

"Fi'n cymeryd taw ar dy ffôn ti 'di bod yn cysylltu ag e?"

"Ie, wrth gwrs."

"Wel blocia fe'n syth bin, 'te," meddai Megan yn daer. "*Go on*. Gwna fe nawr."

Estynnodd Helen ei ffôn, chwiliodd am rif Ifan James yn ei *Contacts*. Oedodd am eiliad neu ddwy cyn pwyso *Block Caller.*

"Da iawn. Ac os yw'r bastad digwilydd yn mentro dod yn agos at y tŷ 'ma eto, galwa'r heddlu'n syth."

14

Wrth iddo gerdded o gwmpas y parc ger ei gartref yn ystyried ei sefyllfa, dechreuodd Emyr Hughes deimlo'n bur ddigalon. Gollyngodd y ci – cocapŵ bach brown, bywiog – oddi ar ei dennyn a'i wylio'n rhedeg o'i flaen yn hapus, ei gynffon yn chwifio fel y gwynt, yn mwynhau ei ryddid. Braf arno, meddyliai Emyr, gan gofio'r dywediad eironig am fywyd y ci. Yn anffodus, doedd pethau ddim yn mynd cystal iddo fe o bell ffordd. Roedd digwyddiadau'r dyddiau diwethaf wedi peri iddo ddechrau amau a fyddai ei gynlluniau'n gweithio wedi'r cyfan ac roedd yr hunan-amheuaeth yn tyfu'n ddyddiol.

Roedd tridiau wedi pasio ers i Bethan Young drosglwyddo arian yr elusen i gyfrif Evan James ac roedd y tri cherdyn banc yn dal i weithio, gan ganiatáu iddo dynnu dros saith mil o bunnau o'r cyfrifon. Roedd yn ymddangos felly, nad oedd Bethan wedi mynd at yr heddlu i'w hysbysu am y twyll, oedd yn beth od iawn, meddyliai Emyr. Dechreuodd deimlo rhyw anesmwythyd mawr, yn poeni bod Bethan wedi rhoi'r mater yn nwylo'r heddlu wedi'r cyfan a bod ganddyn nhw gynllun dirgel ar waith i geisio ei ddal. Ond ceisiodd gysuro ei hun bod dim modd iddyn nhw ei gysylltu ef ag Evan James.

Teimlodd Emyr awydd sydyn i fynd draw i gartref Evan James i'w holi a oedd yr heddlu wedi bod mewn cysylltiad ynghylch ei gyfrifon banc, ond gwyddai na fyddai hynny'n beth call. Beth bynnag, yn ôl Siân, doedd yr hen ddyn ddim wedi bod yn hwylus yn yr wythnosau diwethaf a doedd Emyr ddim eisiau ei ddychryn. Penderfynodd ei fod yn codi bwganod ac mai'r peth callaf oedd cario ymlaen i wagio'r cyfrifon tra oedd y cardiau banc yn dal i weithio.

Ar ben hynny, roedd Helen wedi cael traed oer. Roedd e wedi ei siomi, roedd rhaid iddo gyfaddef, ei bod hi, o bawb, wedi ei flocio. O'i "ferched", hi oedd y fwyaf diniwed a bregus ohonynt, ac roedd yn weddol ffyddiog y byddai hi wedi cynnig benthyg arian iddo ymhen rhyw wythnos arall. Roedd e'n amau'n gryf bod y gyfeilles fusneslyd honno... Megan... wedi bod yn codi bwganod. Doedd e ond yn gweddïo na fyddai hi'n gwneud mwy o waith ditectif ac yn ceisio dial arno.

A wedyn Mari. Roedd yn hoff iawn o Mari, roedd yn rhaid iddo gyfaddef, ond, yn anffodus, roedd hi'n ymddangos yn berson tipyn mwy synhwyrol na'r lleill. Roedd Emyr yn llongyfarch ei hun ei fod wedi llwyddo i ffurfio perthynas mor agos gyda hi ac roedd yn cael yr argraff efallai ei bod hithau'n gobeithio y byddai rhywbeth mwy na chyfeillgarwch yn datblygu rhyngddynt. Cododd ei galon wrth iddo feddwl am y peth. Roedd ganddo un cerdyn ar ôl i'w chwarae wedi'r cyfan a doedd e ddim yn bwriadu cymryd cam o'i le.

Ar ôl ei chyfarfod y penwythnos cynt, roedd Emyr yn tybio bod Mari wedi cynnig y cyfle euraid iddo allu ei pherswadio i roi benthyciad reit sylweddol iddo. Gwenodd wrth feddwl am y peth... pryd neis o fwyd, digonedd o win ac mi fyddai'n agor ei galon eto. Efallai y tro yma y gallai ei darbwyllo ei fod ar fin colli ei gartref ac y byddai hithau'n cynnig rhoi benthyciad iddo... Ac roedd ganddo un cyfrif banc ar ôl yn enw Evan James oedd eto heb ei ddefnyddio.

15

Treuliodd Bethan weddill y diwrnod yn chwilio'n ofer am unrhyw gliwiau fyddai'n ei helpu i gael hyd i Ifan James. Edrychodd ar wefan yr elusen rhag ofn fod rhywun wedi postio llun ohono yn y ras hwyl, ond na... mae'n rhaid ei fod wedi cadw mas o olwg unrhyw gamerâu. Roedd hi'n dechrau amau a oedd e wedi cymryd rhan yn y ras o gwbl. Wedi'r cyfan doedd hi ddim yn cofio ei weld ar ddechrau nac yn ystod y ras a doedd dim math o ôl chwys arno pan ddaeth ati wrth y llinell derfyn. Ystyriodd ofyn i'w ffrind Jac, oedd wedi ei helpu i drefnu'r ras, am restr o'r rhedwyr oedd wedi cofrestru, ond ofnai na fyddai hynny'n fawr o help iddi.

Y bore hwnnw, roedd Bethan wedi gyrru i Cross Hands ac wedi holi pawb a welai yn y Parc Busnes yno a oedden nhw'n gwybod rhywbeth am Ifan James, Ymgynghorydd Ariannol o'r ardal. Roedd hi'n difaru ei henaid nad oedd hi wedi tynnu llun ohono er mwyn cael rhywbeth gwell na disgrifiad bras... dyn tal, main, gwallt tywyll... i'w helpu i gael hyd iddo. Dychwelodd i'w chartref awr yn ddiweddarach heb fod fawr callach. Erbyn gyda'r nos, teimlai gyfuniad o rwystredigaeth a dicter pan sylweddolodd ei bod yn gorfod wynebu'r posibilrwydd bod holl arian yr elusen yr oedd hi wedi gweithio mor galed i'w gasglu wedi diflannu. Aeth i'r oergell a thywallt gwydraid mawr o win iddi'i hun cyn syrthio i'r soffa mewn digofaint. Wrth iddi lyncu'r ddiod, cynyddodd ei dicter nes ei bod hi'n teimlo llid cynddeiriog yn corddi y tu mewn iddi tuag at y cythraul drwg, Ifan James.

Mynd at yr heddlu oedd cyngor y banc, ond roedd Bethan wedi meddwl yn fanwl am oblygiadau hynny. Byddai'r heddlu'n cynnal ymchwiliad… yn holi pawb oedd yn ymwneud â'r ras hwyl ac â'r elusen ac fe fyddai'n rhaid iddi hi gyfaddef i'r byd a'r betws ei bod hi wedi rhoi ugain mil o arian yr elusen i berson o'r enw Ifan James o'i gwirfodd, heb siecio a oedd ei gwmni ariannol honedig yn un dilys… ac edrych fel real ffŵl. Pe bai hynny'n digwydd, fyddai neb yn ymddiried ynddi fyth wedyn i redeg yr elusen ac mi fyddai hi ar ben ar Gronfa Plant Chris Young. Felly, doedd hynny ddim yn opsiwn.

Agorodd Bethan botel arall o win a daeth yn fwy penderfynol o wneud popeth posibl i gael ei harian yn ôl… a mwy efallai.

Wrth iddi wagio ei gwydr mewn un llwnc dychmygai Bethan fod Ifan James yn chwerthin ar ei phen hi yr eiliad honno, yn ymfalchïo yn y ffaith ei fod wedi ei thwyllo mor hawdd. A doedd neb yn cael gwneud hynny, yn ei meddwl hi.

"Ifan James, mêt," meddai'n uchel, gan godi ei gwydr, "Os chi'n meddwl bod chi 'di cael y gore ar Bethan Young, cewch chi feddwl eto."

+

Cododd Bethan yn gynnar bore dydd Mercher ar ôl noson aflonydd o gwsg. Doedd hi ddim wedi teimlo fel bwyta dim byd y noson gynt gan fod cnoad tynn yn ei stumog. Yn lle hynny, estynnodd y botel chwisgi a gorffen honno wrth geisio llunio cynllun i gael hyd i Ifan James a dial arno. Erbyn y bore, roedd ei cheg yn sych a'i phenglog yn drybowndian.

Yng ngoleuni'r bore, gallai Bethan weld yn amlwg ei bod hi'n dechrau dychwelyd i'w hen arferion drwg. Gwyddai taw ei gwendid pennaf oedd y ddiod a'i bod wedi syrthio i mewn i'r pwll diwaelod hwnnw unwaith eto... ond gwyddai hefyd mor anodd oedd ymatal unwaith yr oedd hi wedi dechrau.

Safodd o dan y gawod am sbel yn gadael i'r dŵr cynnes ymlacio ei hysgwyddau gan rwbio'r swigod persawrus dros ei chorff fel petai'n ceisio sgwrio'i phryderon i ffwrdd. Sychodd ei gwallt hir a gwisgo'n gyflym. Edrychodd arni ei hun yn y drych, ei hwyneb yn benderfynol a'i llygaid tywyll yn galed. Doedd hi ddim am oedi dim cyn dechrau chwilio am y bastard, Ifan James.

Wrth iddi eistedd yn y lolfa yn sipian cwpaned o de, ceisiodd Bethan atgoffa ei hun o'r sgyrsiau a gafodd gydag Ifan James, rhag ofn ei fod wedi rhoi unrhyw gliwiau iddi am ei fywyd personol a fyddai'n help i gael hyd iddo. Roedd hi'n methu peidio â meddwl am yr hyn a ddywedodd am ei fab... ei fod yn astudio cwrs Chwaraeon mewn coleg yn rhywle ac yn chwaraewr rygbi brwd. Roedd posibilrwydd cryf bod hyn yn gelwydd noeth, wrth gwrs, ond roedd ei lais mor frwdfrydig wrth siarad am ei fab, roedd Bethan yn siŵr fod rhyw wirionedd yn yr hyn yr oedd yn ei ddweud. Beth bynnag, doedd ganddi ddim trywydd arall i'w ddilyn.

Coleg Sir Gâr oedd y Coleg Addysg Bellach lleol felly cododd ei ffôn a gwglo gwefan y coleg. Ar y dudalen gartref roedd manylion am Noson Rieni yng Nghampws y Graig ac roedd Bethan yn methu â chredu ei lwc wrth weld bod honno i'w chynnal am chwech o'r gloch y noson ganlynol. Os oedd Ifan James yn dweud y gwir, meddyliai, ac roedd ei falchder yn ei fab yn swnio'n ddigon dilys, yna roedd yn siŵr o fynychu'r Noson Rieni i glywed y darlithwyr yn sôn am gampau ei fab ar y cae rygbi. Beth bynnag, doedd ganddi ddim byd i'w golli o fynd yno i siecio'i stori.

+

Am chwarter i chwech y noson ganlynol, eisteddai Bethan yn ei char ym maes parcio Campws y Graig, yn gwylio'r bobl ifainc a'u rhieni yn cerdded tuag at y Dderbynfa. Roedd hi wedi cael amser i feddwl am ei chamau nesaf ac wedi penderfynu taw'r cwbl y byddai hi'n ei wneud y noson honno oedd gwylio i weld a fyddai Ifan James yn ymddangos. Cael hyd iddo oedd ei hunig nod ar gyfer y noson ac, os oedd hi'n ddigon ffodus i'w ffeindio, darganfod lle'r oedd e'n byw. Pwyll piau hi, meddyliai.

Eisteddodd Bethan yn ei char am ryw bum munud, yn amau a oedd hi'n wastio'i hamser, ond cyflymodd ei chalon pan welodd Ifan James yn camu o gar Audi reit oedrannus. Wrth iddi wylio'r dyn yn cerdded tuag at y Dderbynfa yng nghwmni menyw ddeniadol gyda gwallt du, sgleiniog a llanc oedd cyn daled ag e, roedd yn dechrau amau a oedd hi wedi gwneud camgymeriad. Roedd yn amlwg fod yr hanes am y mab yn wir ond, pan glosiodd y dyn at y fenyw a sibrwd rhywbeth yn ei chlust, sylweddolodd Bethan fod stori Ifan James am fod yn ŵr gweddw, oedd yn dal i alaru ar ôl ei wraig, yn gelwydd noeth. Roeddent yn edrych fel teulu hollol normal, hapus wrth iddynt ddiflannu drwy'r drysau mawr ac i mewn i'r adeilad.

Teimlai Bethan ei dyrnau'n tynhau a'i stumog yn corddi wrth iddi ddal i syllu ar y rhieni a'u plant yn cerdded ar draws y maes parcio. Dechreuodd amau a oedd gan Ifan James bartner newydd neu... na, roedd yn amlwg mai'r ddynes ddeniadol hon oedd ei wraig.

Roedd Bethan ar bigau'r drain am yr awr nesaf, ond am bum munud i saith, cerddodd Ifan James a'i deulu ar draws y maes parcio yn ôl at eu car. Roedd hi'n barod i'w dilyn yn ei char hithau y munud y byddent yn gyrru i ffwrdd. Ar ôl gadael safle'r Graig, aeth yr Audi yn ei flaen am ryw filltir cyn troi i mewn i stad o dai ar gyrion Llanelli a pharcio o flaen rhif 24, Cae'r Gors. Roedd yn amlwg taw celwydd hefyd oedd y stori bod y dyn yn byw yn Cross Hands. Parciodd Bethan ei char ychydig o lathenni i ffwrdd ac, ar ôl i Ifan, y fenyw y tybiai oedd yn wraig iddo a'i fab ddiflannu i mewn trwy ddrws ochr y tŷ, eisteddodd Bethan yno am funud neu ddwy, yn llongyfarch ei hun yn ddistaw bach am beth roedd hi wedi llwyddo i'w wneud.

Wrth aros yno'n dawel, daeth y teimladau o ddicter drosti unwaith eto wrth feddwl sut roedd Ifan James, baw isa'r domen, wedi ceisio chwalu ei breuddwydion o sefydlu'r elusen ac wedi sarhau enw ei gŵr. Ond nid yn unig hynny, roedd wedi ceisio gwneud iddi hi edrych fel pe bai'n hollol analluog i redeg yr elusen. Roedd Bethan yn teimlo fel camu'n syth at y tŷ i'w herio pan welodd fenyw oedrannus yn dod mas o rif 22 a cherdded i lawr y stryd i gyfeiriad ei char. Agorodd y ffenest a galwodd arni,

"Sgiwswch fi. Ife fanna mae Ifan James yn byw, yn rhif dau ddeg pedwar?" gan bwyntio at y tŷ, ei bys yn crynu gyda dicter.

"Na, bach," atebodd y wraig gan ysgwyd ei phen. "Siân ac Emyr sy'n byw yn *number twenty four*. Emyr Hughes, hynny yw."

"Diolch yn fawr."

Gyrrodd Bethan i ffwrdd â gwên fawr ar ei hwyneb. Nawr ei bod hi'n gwybod beth oedd enw iawn Ifan James a ble'r oedd yn byw, penderfynodd beidio â gwneud dim byd byrbwyll ond mynd gartre i lunio cynllun i wneud iddo dalu am ei thwyllo.

Y noson honno, wrth agor ei hail botel o win coch, aeth Bethan dros ei chynllun am y degfed tro. Nid yn unig y byddai angen i Emyr Hughes ddychwelyd ugain mil o bunnau o arian yr elusen iddi, ond mi fyddai hi hefyd eisiau ugain mil arall ganddo i gadw'n dawel am ei dwyll. Ac os oedd e'n gwrthod, mi fyddai'n bygwth dweud wrth ei wraig a'i fab gymaint o gelwyddgi digywilydd oedd y gŵr a'r tad roedden nhw'n meddwl cymaint ohono… ac yn rhoi datganiad llawn i'r heddlu am y modd y dygodd e arian yr elusen.

16

Roedd Mari wedi gobeithio cwpla'i gwaith yn gynnar y prynhawn hwnnw er mwyn mynd gartre i ddechrau paratoi'r pryd bwyd iddi hi ac Ifan. Ei chyfarfod olaf y prynhawn Gwener hwnnw oedd ymweliad â Llio, aelod Undeb a weithiai fel gweinyddwraig i gwmni Hyfforddiant Myrddin. Roedd hithau wedi gofyn am ei chyngor ar fater personol, felly cerddodd Mari draw i swyddfa'r cwmni i'w gweld. Roedd Llio'n ferch benfelen brydferth yn ei hugeiniau cynnar, ond roedd cochni o gwmpas ei llygaid glas a gafaelai'n dynn mewn hances bapur.

Pan ddechreuodd Mari holi am natur y cyfarfod, roedd yn amlwg fod Llio wedi ypsetio'n lân. Ymhen hir a hwyr, datgelodd ei bod wedi dioddef aflonyddu rhywiol gan ei rheolwr ers rhai misoedd. Gwrandawodd Mari'n astud arni wrth iddi egluro sut roedd y rheolwr, Emlyn Hughes, dyn yn ei bumdegau, yn mynnu ei bod yn mynd gydag e yn ei gar i gyfarfodydd allanol. Roedd hyn yn rhan bwysig o'i hyfforddiant, meddai, ac yn gyfle iddi ehangu ei gorwelion. Ond, bron yn ddieithriad, byddai'r rheolwr yn stopio ar y ffordd gartref o'r cyfarfodydd i gael diod mewn tafarn ac weithiau'n cyffwrdd yn amhriodol â hi. Roedd Llio'n teimlo'n anghyfforddus iawn, yn enwedig pan fyddai'r dyn yn archebu potel o win iddynt ei rhannu ac yntau'n gyrru wedyn.

Yn ddiweddar roedd ei rheolwr wedi awgrymu eu bod yn mynychu cynhadledd yng Nghaerdydd gyda'i gilydd, gan aros mewn gwesty dros nos. Roedd Llio'n ofni i ble y byddai hynny'n arwain, ond doedd hi ddim yn gwybod sut i wrthod. Ac roedd yn gyndyn o wneud cwyn yn erbyn Emlyn Hughes rhag i hynny effeithio ar ei gyrfa. Roedd hi'n amau bod cwynion wedi eu gwneud ynglŷn ag ymddygiad ei rheolwr yn y gorffennol ond doedd hi ddim yn gwybod a oedd unrhyw gamau wedi eu cymryd.

Roedd Mari'n gwybod yn union sut roedd Llio'n teimlo gan iddi gael profiad tebyg pan oedd yn gyfreithwraig ifanc yn gweithio i gwmni mawr yn Abertawe, yn arbenigo ar faterion cyflogaeth. Roedd yn amlwg fod un o'r partneriaid wedi cymryd ati ac yn mynnu eu bod yn cael "*working lunch*" yn rheolaidd. Ond gwyddai Mari'n iawn nad oedd y dyn canol-oed, boliog hwnnw ddim ond eisiau cael ei weld ym mwytai'r ddinas gyda merch ifanc, brydferth ar ei fraich. Ni pharodd hi'n hir yn y swydd ac erbyn hyn roedd hi'n falch iawn ei bod hi wedi newid gyrfa a mynd i weithio i'r Undeb. Oherwydd y profiad hwnnw, teimlai'n benderfynol o wneud popeth o fewn ei gallu i helpu Llio i wneud cwyn yn erbyn Emlyn Hughes.

Eglurodd Mari'r holl brosesau'n fanwl i Llio, gan ei sicrhau y byddai'r Undeb yn ei chefnogi bob cam o'r ffordd. Yn y diwedd, cytunodd y ferch i wneud cwyn ffurfiol ac i fynd gyda Mari i weld Jane Lloyd, y Swyddog Adnoddau Dynol. Gwyddai Mari y gallai hyn gymryd tipyn o amser a doedd hi ddim am ruthro pethau. Er hynny, teimlai braidd yn rhwystredig na fyddai hi gartre mewn da bryd i ddechrau paratoi bwyd, felly anfonodd neges destun at Ifan:

> Rhywbeth wedi codi yn y gwaith. Bosib bydda i'n hwyr yn cyrraedd gartre. Os na fydda i nôl mewn pryd, cer rownd i'r drws cefn. Mae keybox ar bwys y drws, rhif 6292. Helpa dy hun i rywbeth i yfed a phecyn o gnau!!

Roedd Llio'n ddagreuol iawn yn ystod y cyfarfod ac eisteddodd Mari gyda hi am dros awr, gan ei helpu i wneud datganiad. Roedd yn falch o glywed Jane Lloyd yn egluro y byddai ymchwiliad manwl yn cael ei gynnal i'r mater cyn gynted â phosibl.

Ar ddiwedd y cyfarfod, awgrymodd Mari fod Llio'n mynd i'r toiledau i olchi ei hwyneb cyn iddyn nhw adael ac esgusododd Jane ei hun er mwyn cael sgwrs gyflym gyda chydweithiwr. Tra oedd Mari ar ei phen ei hun yn y swyddfa sylwodd, drwy gil ei llygaid, fod y bas data staff yn agored ar sgrin cyfrifiadur Jane Lloyd. Doedd hi ddim yn siŵr beth ddaeth drosti yn yr eiliad honno… roedd yn gwybod yn iawn ei fod yn gwbl groes i'r rheolau i edrych ar fanylion personol aelod o staff… ond roedd yn awyddus i weld a oedd unrhyw gamau disgyblu wedi eu cymryd yn erbyn Emlyn Hughes yn y gorffennol.

Aeth chwilfrydedd Mari'n drech na hi a gafaelodd yn y llygoden, gan wybod taw eiliadau'n unig oedd ganddi cyn y byddai'r manylion yn diflannu oddi ar y sgrin. Aeth i glicio ar enw Emlyn Hughes i agor ei ffeil, ond yn ei brys, cliciodd ar yr enw nesaf oddi tano, sef ffeil Emyr Hughes a'r statws "Wedi Cau" wedi ei nodi arni.

Ni allai gredu'r hyn a welodd pan ymddangosodd llun bach o Ifan James ar dop y ffeil a'r enw Emyr Hughes wrth ei ymyl. Dechreuodd ei chalon guro'n gyflymach a theimlai ei llaw yn crynu wrth iddi symud y llygoden.

Craffodd Mari'n galed ar y sgrin, pwysodd yn nes at y cyfrifiadur i wneud yn siŵr, ond doedd ganddi ddim amheuaeth taw wyneb Ifan James a welai.

Yr eiliad nesaf clywodd ôl traed yn dychwelyd ar hyd y coridor. Gollyngodd y llygoden ac eistedd yn ôl yn ei sedd yn gyflym gan ddechrau sgrolio drwy ei ffôn.

Erbyn i Mari gamu i'w char i gychwyn am Nantglas, roedd hi'n tynnu am chwech o'r gloch – jyst digon o amser iddi yrru gartre, meddyliai, cyn i'w gwestai gyrraedd tua hanner awr wedi, yn ôl y trefniant. Deng munud yn ddiweddarach, cafodd Mari ei hun mewn rhes o draffig oedd yn symud yn araf tua'r dwyrain. Suddodd ei chalon pan welodd, yn y pellter, fod damwain ar y ffordd a bod y ceir yn cael eu dargyfeirio. Gwyddai y byddai hi'n hwyr yn cyrraedd ei chartref felly dechreuodd boeni ei henaid. Roedd hi wedi caniatáu i rywun o'r enw Emyr Hughes, oedd yn cymryd arno ers wythnosau i fod yn rhywun arall, i gael mynediad i'w thŷ. Dechreuodd deimlo'n sâl wrth feddwl am beth fyddai'n ei disgwyl pan gyrhaeddai'r Garreg Wen, ond roedd yn rhaid iddi gael y gwirionedd am yr hyn a welodd ar gyfrifiadur Jane Lloyd.

17

Gollyngodd Mari ei bysedd oddi ar y gyllell. Roedd hi'n ofn symud am rai eiliadau, ond yn ara deg, plygodd ei chlust yn nes at wyneb Ifan… neu Emyr Hughes… neu beth bynnag oedd ei enw. Doedd dim sŵn anadlu i'w glywed. Roedd ei lygaid ar agor ac yn ddifywyd ond… na, wrth iddi syllu arno eto, roedd hi'n siŵr iddi weld symudiad bach am lai nag eiliad yn un o'r llygaid glas. Roedd aroglau chwisgi ar y dyn ac roedd ei grys yn wlyb. Roedd gwydr wedi ei falu ar lawr a phwll bach o'r hylif melyn yn ei amgylchynu.

Pwysodd Mari ddau fys yn erbyn gwddf Emyr Hughes a'u dal nhw yno am dipyn cyn rhoi'r gorau iddi. Ar ôl rhai eiliadau gafaelodd yn ei arddwrn i weld a oedd unrhyw arwydd o fywyd, ond doedd dim curiad i'w deimlo. Chwiliodd am y symudiad lleiaf – codiad yn y frest, anadl o'r ffroenau – sy'n dangos bod rhywun yn fyw, ond doedd dim i'w weld.

Eisteddodd Mari ar y llawr am rai munudau, fel pe bai hi wedi'i rhewi i'r man a'r lle. Doedd hi ddim eisiau symud ond gorfododd ei hun i godi i fynd i edrych ar gorff Emyr Hughes eto, ond gwyddai, o weld lle y cafodd ei drywanu, ei fod e wedi cael anaf farwol.

Aeth i 'nôl ei ffôn o'i bag a phwyso rhif 999.

"Helô," meddai'r llais ar y ffôn. "Sori, o'n i ddim wedi'ch clywed chi'n iawn. Wedoch chi fod rhywun wedi cael ei ladd?"

"Do," atebodd Mari gan lyncu ei phoer cyn i'r geiriau fyrlymu o'i cheg, "Yn y gegin… mae e mewn pwll o waed ar y llawr… a cyllell yn ei frest."

"Oes posib ei fod e'n dal yn fyw? Ydyw e'n anadlu?" gofynnodd y llais ar ben arall y ffôn.

"Na, sa i'n credu," mwmblodd Mari. "Fi 'di treial whilo am *pulse* ond... na, mae e 'di mynd."

Rhoes fanylion ei chartref i'r derbynnydd a chafodd wybod y byddai'r heddlu a'r ambiwlans ar eu ffordd cyn gynted â phosib.

"Yn y cyfamser, arhoswch ar y lein os gwnewch chi," meddai'r derbynnydd.

Edrychodd Mari draw unwaith eto ar wyneb y corff marw o'i blaen ac yna teimlodd ei bol yn dechrau troi.

"Sori, rhaid i fi fynd," meddai dros y ffôn.

"Na, arhoswch," meddai'r derbynnydd,

Yr eiliad honno, diffoddodd Mari'r alwad, rhuthrodd i'r tŷ bach a chwydu. Sychodd ei hwyneb ac eistedd ar glawr y toiled am rai eiliadau. Edrychodd ar ei dwylo a gweld bod y gwaed wedi dechrau caledu ar ei bodiau a rhwng ei bysedd. Aeth at y sinc i geisio ei olchi i ffwrdd, yna safodd yn llonydd yn gwylio'r dŵr yn llifo i lawr y draen, gan geisio gwneud synnwyr o'r hyn oedd newydd ddigwydd.

Clywodd sŵn ei ffôn yn canu yn y gegin a gwyddai mai derbynnydd yr heddlu oedd yn ei galw'n ôl, ond am ryw reswm doedd arni ddim awydd siarad â hi. Anwybyddodd y peiriant ateb yn gofyn am adael neges a llais y derbynnydd yn gofyn unwaith eto am iddi gadw mewn cysylltiad. Ceisiodd gysuro ei hun o gofio bod yr heddlu ar y ffordd, ac mi fydden nhw'n rhoi trefn ar bethau unwaith y bydden nhw wedi cyrraedd.

Aeth yn ôl i'r gegin a phenderfynodd fod yn rhaid iddi ffonio rhywun i wybod beth i'w wneud nesaf a'r person cyntaf a ddaeth i'w meddwl oedd Sara. Roedd Sara'n gryf ac yn gall, meddyliai, ac mi fyddai hi'n gallu ei helpu. Atebodd Sara'r alwad bron yn syth ond cymerodd rai eiliadau cyn y gallai Mari yngan unrhyw eiriau.

Eglurodd sut yr oedd hi wedi gwahodd Ifan draw am bryd o fwyd a gadael iddo gael mynediad i'r tŷ cyn iddi hi gyrraedd o'i gwaith.

"O, Mari," ebychodd Sara. "O'n i'n ame bod rhywbeth od am yr Ifan 'na... Ym... ti'n siŵr ei fod e 'di marw?"

"Gwnes i dreial whilo am guriad calon... Ond o'n i'n gwbod bod dim gobaith."

"Wnest ti gyffwrdd ag e, 'te?"

"Do. Gafaeles i yn y gyllell a rhoies i 'mysedd ar ei wddw a'i arddwrn."

"O, na! Wel, bydd rhaid i ti egluro hynny wrth yr heddlu'n syth, cyn iddyn nhw ddechre meddwl bod gyda ti rywbeth i wneud â hyn."

"Ti ddim yn meddwl y byddan nhw'n f'ame i, wyt ti?" Dechreuodd calon Mari gyflymu.

"Fi ddim ishe mynd o flân gofid, Mari," roedd llais Sara'n dawel, "ond bydd yr heddlu'n siŵr o edrych ar bob posibilrwydd. Bydd rhaid i ti roi datganiad, wrth gwrs, ond jyst bydda'n hollol agored gyda nhw a gwna beth bynnag maen nhw ishe. A, Mari..."

"Ie," meddai Mari drwy ei dagrau.

"Bydd angen cyfreithiwr arnat ti – i fod gyda ti yn Swyddfa'r Heddlu. Wyt ti'n gwbod am rywun?"

"Sori, fi'n ffaelu meddwl yn strêt."

"Wyt ti ishe i fi ffonio Ffion... ti'n gwbod, fy nghyfnither? Mae hi'n fargyfreithiwr yng Nghaerfyrddin. Fe weda i'r cwbwl wrthi a fi'n siŵr gall hi hala rhywun draw i fod gyda ti yn y stesion."

"Ocê. Diolch i ti, Sara. Ti'n werth y byd."

"Ti ishe i fi ddod draw i'r Garreg Wen? Galla i fod yna mewn pum munud."

"Na. Gwranda, gwell i fi fynd… Fi'n siŵr 'mod i'n clywed yr heddlu'n cyrredd."

Diffoddodd Mari ei ffôn ac aeth i eistedd yn ddisymud yn yr ystafell fyw rhag iddi orfod edrych eto ar gorff marw Emyr Hughes.

+

Roedd y munudau nesaf fel breuddwyd i Mari wrth i'r heddlu gymryd rheolaeth o'r sefyllfa. Wedi iddi ateb y drws, gofynnwyd iddi gadw mas o'r gegin ac aros yn yr ystafell fyw er mwyn gadael iddyn nhw ddiogelu'r ardal o gwmpas y corff.

Aeth DS Mike Harris o Swyddfa Heddlu Rhyd-dderwen i'r gegin i edrych ar y corff. Roedd e wedi gweld nifer o gyrff marw yn ystod ei yrfa, ond roedd e wastad yn ei synnu faint o waed y gallai'r person arferol a laddwyd drwy drywaniad ei golli. Roedd yn amlwg iddo fod y dyn hwn wedi marw'n ddiweddar iawn am fod y gwaed ond newydd geulo a'r wyneb heb welwi. Ymhen rhyw bum munud, aeth y ditectif drwodd i'r lolfa at Mari a chyflwyno ei hun iddi. Roedd yn ddyn mawr, llond ei groen gyda gên sgwâr a thybiai Mari ei fod yn ei bedwardegau hwyr.

"Helô, DS Mike Harris," meddai mewn llais caredig. "A chi yw Mari Llywelyn, perchennog y tŷ, fi'n cymeryd."

"Ie… Sori." Teimlai Mari'r dagrau'n dechrau llifo. "Fi ddim yn gwbod pwy wnaeth hyn… ond beth sy'n digwydd nawr?"

"Bydd rhaid i chi ddod i'r stesion gyda ni, wrth gwrs… er mwyn i ni allu'ch holi chi am y digwyddiad. Cawn ni well syniad o bethe wedyn." Roedd goslef llais y ditectif yn gadarn ond yn gyfeillgar.

"Iawn... Af i lan lofft i molchi a newid... Mae gwaed dros fy nillad."

"Arhoswch am funud bach." Galwodd DS Harris ar un o'r heddweision eraill i ddod drwodd i'r lolfa gyda siwt wen i'w rhoi dros ddillad Mari.

"Bydd rhaid i ni wneud rhai profion fforensig yn y stesion, felly bydd ishe i chi ddod fel y'ch chi, mae arna i ofon. Fe gymerwn ni eich dillad ar ôl i chi gyrraedd ac fe gewch chi ddillad glân i'w gwisgo wedyn."

Crynodd Mari, gan deimlo rhyw oerni sydyn yn llifo drwy ei chorff.

+

Pan gyrhaeddodd Mari Swyddfa'r Heddlu yn Rhyd-dderwen aed â hi i ddiosg ei dillad, cymerwyd ei heiddo personol, gan gynnwys ei ffôn a thynnwyd ei llun, swab ceg ac olion ei bysedd. Cafodd dracwisg i'w gwisgo ac aed â hi i un o'r ystafelloedd cyfweld lle y gadawyd hi ar ei phen ei hun.

Tra oedd hi'n disgwyl i'w chyfreithiwr gyrraedd, cafodd Mari amser i feddwl dros y stori y byddai hi'n ei hadrodd yn ei chyfweliad. Tan ychydig oriau ynghynt, Ifan James oedd enw'r dyn roedd hi wedi treulio cymaint o amser yn ei gwmni ac wedi agor ei chalon iddo. Ond, os byddai hi'n datgelu ei enw iawn i'r heddlu, sef Emyr Hughes, yna byddai'n rhaid iddi gyfaddef iddi gael gafael ar ei fanylion ar gyfrifiadur Jane Lloyd, ac yn sicr, doedd hi ddim eisiau gwneud hynny. Er hynny, meddyliai, byddai'r heddlu'n siŵr o ganfod ei enw cywir wrth iddynt archwilio'r corff. Siawns bod ei fanylion personol ar gardiau credyd neu ar ei iPhone. Felly penderfynodd na fyddai'n rhaid iddi ddatgelu ei bod yn gwybod y gwir am Emyr Hughes. Ifan James oedd ei enw hyd y gwyddai hi.

Tua chwarter awr yn ddiweddarach clywodd gnoc ar y drws a daeth Siôn Elias i mewn. Roedd yn ddyn tal yn ei bedwardegau cynnar gyda gwallt brown golau a llygaid glas ac roedd golwg arno fel pe bai wedi gwisgo'i ddillad gwaith yn frysiog gan fod ambell botwm ar ei grys heb ei gau. Roedd rhywfaint o stybl ar ei ên ac roedd ei wallt angen ei gribo.

"Helô," estynnodd ei law ati, "Ym… Siôn yw'r enw, Siôn Elias. Fi'n gweithio ym mhractis Ffion Morgan. Mae hi 'di gweud beth ddigwyddodd heno, yn fras, hynny yw… a fi yma i'ch cefnogi chi gymaint ag y galla i."

"Wel, diolch am ddod. Fi'n dal yn ffaelu credu'r peth." Roedd golwg ofnus yn llygaid Mari.

"Fi'n siŵr." Nodiodd Siôn ei ben mewn cydymdeimlad. "Dyna pam ei fod e mor bwysig eich bod chi'n cael cymorth cyfreithiwr mewn sefyllfa fel hyn. Mae'n amlwg fod beth ddigwyddodd yn eich cartre heno'n edrych fel llofruddieth, felly mae dau dditectif o bencadlys yr heddlu yng Nghaerfyrddin ar eu ffordd draw i Ryd-dderwen i gymryd gofal o'r achos."

"Llofruddieth?" Agorodd llygaid Mari yn fawr. "A beth fydd yn digwydd wedyn … pan gyrhaeddan nhw?"

"Mi fyddwch chi'n cael eich cyfweld. Bydda i wrth eich ochor chi, ac os ydw i'n meddwl bod yr heddlu'n gofyn unrhyw beth afresymol neu'n eich trin chi'n annheg, bydda i'n eu stopio nhw ar unwaith. Cofiwch taw eich cyfweliad chi yw hwn a chi sy'n penderfynu beth y'ch chi'n ei weud… neu'n peidio â'i weud. A… Mari?" Edrychodd arni'n ddifrifol. "Byddwch yn agored, os gallwch chi."

"Does gyda fi ddim byd i gwato," meddai Mari, gyda thipyn

mwy o hyder nag a deimlai. "Fi jyst moyn helpu'r heddlu." Yna dechreuodd y dagrau gronni yn ei llygaid. "Sori. Fi'n ffaelu cael ei wyneb e mas o'm meddwl i."

"Mae hynny'n naturiol. Nawr, fi'n deall taw dim ond ers ychydig o wythnose chi'n nabod y dyn 'ma."

Eglurodd Mari sut yr oedd hi ac Emyr Hughes wedi cyfarfod, sut yr oedd eu cyfeillgarwch wedi datblygu a pham ei bod hi wedi ei wahodd e draw am bryd o fwyd.

"A weloch chi neb arall yng nghyffinie'r tŷ pan gyrhaeddoch chi gartre?"

"Naddo, neb," atebodd Mari'n daer. "Parcies i'r car yn y dreif o flaen y tŷ... roedd gole mlân yn y gegin. Es i mewn i'r tŷ trwy'r cefen a... a ffeindies i gorff Ifan James ar lawr gyda cyllell yn ei frest."

"A... wnaethoch chi gyffwrdd â'r gyllell?"

Nodiodd Mari. "Fi'n gwbod nawr... roedd e'n beth dwl i neud... ond o'n i mewn panig."

"A wedyn trïoch chi ffeindio *pulse*?"

"Do. 'Na shwt ces i'r gwâd dros fy nillad a'n ddwylo." Cnodd ei gwefus i geisio atal y dagrau.

"Wel, byddwch yn barod i esbonio hynny'n llawn wrth yr heddlu, achos mi fydd gyda nhw ddiddordeb mawr yn hynny."

Edrychodd Mari ar Siôn â golwg ofnus yn ei llygaid. "Fyddan nhw ddim yn fy ame i, fyddan nhw?" gofynnodd mewn llais crynedig. "... mae pobol mewn sioc yn neud pethe heb feddwl... on'd y'n nhw?"

"Rhaid i chi egluro hynny i gyd wrth yr heddlu. Nawr, os y'ch chi'n barod, maen nhw'n disgwyl amdanon ni."

18

Cymerodd Mari a Siôn eu seddi ar y cadeiriau plastig anghyfforddus yn yr ystafell gyfweld. Crwydrodd llygaid Mari o gwmpas y welydd, gan geisio llonyddu ei hanadl cyn i'r heddlu gyrraedd. Agorwyd y drws a daeth dyn tal, cyhyrog, gyda gwallt brown golau i mewn gyda merch yn ei thridegau, â gwallt byr, melyn, yn ei ddilyn. Roedd golwg ddifrifol ar wynebau'r ddau wrth iddynt gymryd eu seddi yr ochr arall i'r bwrdd.

"Gwnewch eich hunain yn gyfforddus," meddai'r ditectif. Ymlaciodd Mari rywfaint o weld bod ei ymagwedd yn broffesiynol ac yn gwrtais.

"DI Aaron Jones, gyda llaw, a dyma DS Melissa Davies."

Pwysodd DI Aaron Jones y peiriant i ddechrau'r recordiad.

Cyflwynodd pawb eu hunain, yna eglurodd y ditectif, "Bydd DS Davies yn fy helpu heno ac mae'n siŵr y bydd gyda hi ychydig o gwestiynau i chi nes ymlân." Roedd ei lais yn bwyllog ac yn garedig, fel pe bai'n gwneud ei orau i wneud i Mari deimlo'n gartrefol er mwyn ei chael i ymateb yn agored i'w gwestiynu.

Edrychodd Mari ar DS Davies, oedd wrthi'n ysgrifennu mewn llyfr nodiadau, ond ni chododd ei phen. Sylwodd ar y tatŵ pili-pala ar flaen ei llaw dde.

"Felly, Mari... Ga i alw chi'n Mari, caf?"

"Wrth gwrs."

“Dan yr amgylchiade, mae arna i ofon y bydd rhaid i ni eich holi chi dan rybudd… hynny yw, y gallai unrhyw beth y byddwch chi’n ei weud gael ei ddefnyddio mewn achos llys yn nes ymlân.”

Trodd Mari i edrych ar Siôn Elias. Nodiodd hwnnw, yna aeth y ditectif yn ei flaen i ddarllen y rhybudd ffurfiol.

“Mari, ar gyfer y cofnod, gallwch chi gadarnhau taw chi yw perchennog y tŷ, Y Garreg Wen, Nantglas, y tu fas i dre Rhyd-dderwen?”

“Ie, fi sy biau’r tŷ,” sibrydodd, gan geisio chwilio am ei hunanhyder arferol… ceisio tawelu ei nerfusrwydd a chadw’r cryndod o’i llais.

“A dyna ble y cesoch chi hyd i berson wedi ei drywanu yn ei frest yn gynharach heno?”

“Ie… chi’n gwbod hynny. Roedd e’n farw ar lawr y gegin pan gyrhaeddes i gartre o’r gwaith.”

“A chi’n byw ar eich pen eich hunan?”

“Ydw. Ers i fi golli ’ngŵr ychydig dros flwyddyn yn ôl.”

Edrychodd Mari i lawr ar ei dwylo a dechrau troi ei modrwy briodas o amgylch ei bys.

“Mae’n wir ddrwg ’da fi am hynny,” meddai DI Jones yn araf. “Felly, Mari, ydych chi’n barod i weud wrthon ni beth yn union ddigwyddodd heno? I ddechre, pryd wnaethoch chi adel eich gwaith? Fi’n deall eich bod chi’n swyddog Undeb Llafur yng Nghaerfyrddin.”

“Ydw. Gadewes i’r gwaith tua whech o’r gloch, yn hwyrach o lawer nag o’n i ’di bwriadu. O’n i wedi meddwl gadel bwyti hanner awr wedi pedwar i ddechre paratoi’r pryd bwyd ond buodd rhaid i fi ddelio gydag argyfwng gan aelod o’r Undeb. Fel rheol mae’n cymryd hanner awr i fi gyrraedd gartre, ond roedd damwain ar y ffordd.”

Oedodd am ychydig gan ystyried beth i'w ddweud nesa. Roedd y ddau dditectif yn syllu arni'n ddisgwylgar.

"O'n i 'di trefnu i Ifan... Ifan James hynny yw... ddod draw am fwyd am ei fod yn dathlu ei ben-blwydd. Roedd e fod i gyrraedd erbyn tua hanner awr 'di whech. O'n i'n poeni y bydden i'n hwyr yn cyrredd gartre, felly hales i neges yn rhoi rhif y *keybox* iddo fe ac yn gweud 'tho fe am fynd mewn trwy'r drws cefen."

"A beth yw pwrpas y *keybox*?"

"Fi'n ei ddefnyddio fe er mwyn i'r lanhawraig a'r garddwr gael mynd a dod pan fydda i yn y gwaith."

Gwenodd DI Jones. *How the other half live,* meddyliodd.

"Ac heblaw am y ddou berson yma, pwy arall sy'n gwbod beth yw rhif eich *keybox* neu sy'n gallu cael mynediad i'r tŷ mewn ffordd arall?"

"Dim ond fy ffrind Sara... Sara Price."

Nodiodd DI Aaron Jones ei ben yn araf, gan awgrymu i Mari ei fod wedi dod ar draws Sara yn rhinwedd ei swydd wrth ddelio â'r wasg.

"Gwnewch chi roi rhif a manylion cyswllt y ddou yna i DS Davies ar ddiwedd y cyfweliad plis – ac hefyd manylion eich ffrind, Sara?"

Roedd yr ystafell yn fach a heb unrhyw olau naturiol a dechreuodd Mari deimlo'n boeth, gan synhwyro bod y croen dan ei cheseiliau'n glynu wrth ddeunydd rhad y dracwisg. Estynnodd hances bapur o'r bocs o'i blaen a sychu ei gwefus uchaf.

"A doedd Ifan James ddim yn gwbod beth oedd rhif y *keybox* cyn heno?"

"Nac oedd. Rhoies i'r rhif yn y tecst hales iddo fe bwyti hanner awr wedi pump."

"A does dim larwm ar y tŷ, rwy'n cymeryd?"

"Nac oes. Roedd gyda ni larwm pan symudon ni mewn dros ddeg mlynedd yn ôl ond roedd e 'di mynd yn hen a 'di dechre mynd bant heb reswm. Felly ces i rywun i'w ddatgysylltu e. O'n i wedi bwriadu ffitio un newydd, ond heb ddod rownd i neud 'nny."

"A shwt o'ch chi'n disgwyl i Ifan James gyrredd eich cartre? Dim ond eich car chi welson ni o flân y tŷ gynne."

"Wel, chi'n gweld, dwedodd Ifan ei fod e 'di rhoi benthyg ei gar i'w fab am y noson, felly roedd e am gymeryd bws neu dacsi."

"O ble?"

"O Abertawe."

"A tacsi gartre heno wedyn?"

"Na, na... Ym, doedd e ddim yn golygu mynd gartre heno."

"O? Aros y nos felly?" Cododd DI Jones ei aeliau, gan dybio bod y berthynas rhwng Mari Llywelyn ac Ifan James yn amlwg yn un agos.

"Ie, aros nos mewn stafell sbâr." Teimlai Mari'n anghyfforddus ei bod yn gorfod rhannu manylion ei bywyd personol gyda'r dieithryn hwn.

"A faint o'r gloch wnethoch chi gyrredd y tŷ?"

"Fi ddim yn hollol siŵr ond roedd hi tua deg munud i saith, fi'n credu."

"Fi'n gweld. Felly, chi'n meddwl bod y *deceased* yn eich tŷ chi am bwyti ugen munud cyn i chi gyrredd?"

"Siŵr o fod."

"Nawrte, ewch â ni drwy beth ddigwyddodd pan gyrhaeddoch chi gartre. Gwedwch bopeth gallwch chi gofio os gwnewch chi, plis."

Trodd Mari i edrych i wyneb Siôn Elias, oedd yn syllu arni'n amyneddgar. Anadlodd yn ddwfn ac edrych o gwmpas yr ystafell foel cyn cychwyn ar ei stori.

"Ar ôl parcio'r car yn y dreif o flaen y tŷ, gweles i fod y gole mlân yn y gegin. Dyna beth o'n i'n disgwyl, achos mod i 'di gweud wrth Ifan am fynd mewn i'r tŷ trwy'r drws cefen."

"Oes camera gyda chi ar gloch eich drws ffrynt?"

"Oes, ond dyw e ddim yn un drud iawn, dyw e ond yn ymestyn tua deg llath o'r tŷ."

"Byddwn ni angen mynediad at y camera, felly wnewch chi roi'r manylion i DS Davies wedyn plis?"

"Wrth gwrs."

"Iawn, ewch ymlân. Ethoch chi i gefen y tŷ?"

"Do. Agores i'r drws a mynd mewn i'r gegin… a dyna ble'r oedd e…" Rhoes Mari ei llaw dros ei cheg.

"Cymerwch eich amser, Mari," meddai'r DI yn bwyllog, "Fi'n gwbod bod hyn yn anodd i chi."

"Na, fi'n iawn," Ceisiodd reoli ei theimladau. "Fi jyst ishe gweud y cwbwl wrthoch chi… i gael hyn drosodd a mynd gartre."

"Ym… fydd mynd nôl i'ch cartre ddim yn opsiwn ar y funud, mae arna i ofon. Mae'r tîm fforensics yn archwilio'r adeilad, felly, bydd rhaid i chi aros gyda ffrind neu berthynas am ychydig."

Trodd Mari i edrych ar ei chyfreithiwr. Nodiodd Siôn.

"Iawn, 'te, ydych chi'n iawn i gario mlân?" gofynnodd y ditectif. "Chi ishe diod o ddŵr?"

"Dim diolch."

"Ymlân â chi, 'te."

"Pan weles i Ifan yn gorwedd ar lawr gyda cyllell yn ei frest, y peth cynta oedd ar fy meddwl i oedd treial achub ei fywyd e. Ond, heb feddwl, gafaeles i yn y gyllell… ond gollynges i'r peth yn syth. Trïes i whilo am guriad calon… yn ei wddw a'i arddwrn…"

Oedodd am ychydig fel pe bai'n chwilio am y geiriau iawn.

"… Ond roedd yn amlwg ei fod e 'di marw."

"A dyna shwt cesoch chi'r gwaed ar eich dwylo a'ch dillad, fi'n cymeryd?"

"Ie, wrth benlinio ar lawr ac wrth gyffwrdd â'i gorff."

"Ac yna galwoch chi'r heddlu?"

"Ddim yn syth. O'n i mewn sioc a ddim yn gwbod beth i neud… eisteddes i ar lawr am rai munude cyn ffonio 999."

"A beth wnethoch chi ar ôl ffonio'r heddlu?"

"Ffonies i fy ffrind, Sara."

"Sara Price, chi'n meddwl?" holodd DS Davies.

"Ie… Wedodd hi 'tho fi am beidio cyffwrdd â dim byd ac i ddisgwyl i'r heddlu gyrredd."

"Ac mae ein cofnodion ni'n dangos bod yr alwad i'r heddlu wedi ei gwneud am union saith o'r gloch, tua deg munud ar ôl i chi gyrredd y tŷ. Beth wnethoch chi tra oeddech chi'n aros i'r heddlu gyrredd?"

"Es i i ishte yn y stafell fyw, yn lle gorfod edrych ar gorff Ifan… a whare teg, cyrhaeddodd yr heddlu mewn bwyti chwarter awr wedyn."

"Iawn, 'te, gawn ni ofyn ychydig o gwestiynau i chi am yr Ifan James yma? Shwt o'ch chi'n ei nabod e?" gofynnodd y ditectif.

Edrychodd Mari i lawr ar y ddesg o'i blaen yn teimlo'r poethder yn ei bochau.

"Wel, i ddechre, cwrddon ni ar fforwm ar gyfer pobol sy 'di colli partneriaid."

"A beth yw enw'r fforwm?" gofynnodd DS Melissa Davies, ei llais yn uchel ac yn awdurdodol.

Syllodd Mari i wyneb y ditectif ifanc i geisio synhwyro beth oedd yn mynd trwy ei meddwl ond roedd yn anodd iawn ei ddarllen.

"Bereaved Partners. Mae'n wefan ar gyfer pobol sy 'di colli partner mewn damwain."

"A fi'n deall bod eich gŵr 'di marw mewn damwain seiclo," meddai DI Jones.

"Do, jyst dros flwyddyn yn ôl. Fel wedes i, cwrddes i ag Ifan drwy'r fforwm a wedyn dechreuon ni decstio'n gilydd... Wedodd e 'tho fi ei fod e 'di colli ei wraig."

"A shwt buodd ei wraig e farw, 'te?" gofynnodd DS Davies.

"Mewn damwain ffordd tra o'n nhw ar wylie ym Mallorca, medde fe. Roedd hynny tua blwyddyn yn ôl hefyd."

"A shwt o'ch chi'n cysylltu â'ch gilydd?"

"I ddechre ar WhatsApp a wedyn – ar ôl i ni gwrdd â'n gilydd am y tro cynta, yn y cnawd, hynny yw – wedodd Ifan fod yn well gyda fe gysylltu drwy neges destun ar ffôn arall yn hytrach na WhatsApp am ryw reswm."

"A bydd y rhif o'ch chi'n ei ddefnyddio i gysylltu â'r dyn 'ma yn *Contacts* eich ffôn, fi'n cymeryd?" holodd DI Jones.

"Bydd, dan yr enw IfanJ."

Trodd DI Aaron Jones at y DS, "Elli di siecio'r *account* WhatsApp mas i ni plis, Mel?"

"A beth yw cyfeiriad ei gartre 'te?" gofynnodd y ditectif.

"Ei gyfeiriad?" gofynnodd Mari. "Wedodd e ei fod e'n byw rhywle yn yr Uplands, Abertawe, ond fi ddim yn siŵr ble. Ym, sori."

"Chi ddim yn gwbod ble'r oedd y dyn 'ma'n byw?" gofynnodd DS Davies, ei llais yn swnio braidd yn chwyrn.

"Na," meddai Mari, gan deimlo ychydig o embaras.

"Ac ers faint o'ch chi'n nabod eich gilydd, 'te?" holodd DI Aaron Jones.

"Ers bwyti whech wthnos. Cysylltu ar y ffôn i ddechre ac wedyn cwrddes i â fe am y tro cynta bedair wthnos yn ôl. A cyfarfod â'n gilydd ychydig o weithie wedi hynny."

"A ble'r oedd y cyfarfodydd hyn?"

"Parc Singleton... traeth Glan y Fferi... Cefn Sidan... llefydd fel'na... jyst i fynd am dro."

"Welodd rhywun arall chi gyda Mr James? Rhywun o'ch chi'n ei nabod sy'n gallu tystio i hyn?"

"Fi ddim yn hollol siŵr. Sylwes i ddim ar neb."

"Fi'n cymeryd bod Ifan James yn cyrredd mewn car i'r llefydd hyn. Pwy fath o gar oedd gyda fe? Chi'n cofio'r rhif? Chi'n gweld, ni'n treial dod o hyd i deulu'r dyn."

"Weles i ddim o'i gar e eriôd... Ym, pam chi'n gofyn hyn i fi? Os bosib bod chi'n gallu cael ei fanylion oddi ar ei gorff... i ffeindio ei gyfeiriad."

"Dyna yw'r broblem, chi'n gweld. Does dim byd ar y corff i gadarnhau pwy yw'r dyn cesoch chi hyd iddo fe wedi marw ar lawr eich cegin."

Doedd Mari ddim yn siŵr iawn sut i ymateb i hyn. Crychodd ei thalcen.

"Doedd dim cardie credyd na ffôn ar y corff. Y cwbwl ffeindion ni oedd un allwedd Yale, can punt mewn arian parod, allwedd car Audi... a, o ie, brws dannedd. Ac mae'r ffaith eich bod chi'n methu rhoi ei gyfeiriad i ni ond yn cymhlethu pethe."

"Ffaelu ffeindio rhif IfanJ ar WhatsApp," meddai DS Davies. "Rhaid ei fod e 'di dileu'r *account*."

"A beth y'ch chi'n gwbod am Ifan James 'te?" gofynnodd DI Aaron Jones, gan droi yn ôl at Mari, "...ei waith, ei deulu?"

Edrychai Mari'n ddryslyd wrth ymateb, yn ansicr faint y dylai hi ddatgelu. "Roedd e'n byw yn Abertawe… yn bedwar deg tri oed… roedd gyda fe fab o'r enw Gwion, sy'n gwneud ei Lefel A… Roedd e'n ymgynghorydd busnes, yn cynghori ar faterion yr amgylchedd."

Yna distawodd ei llais, "Beth bynnag, dyna beth wedodd e 'tho fi."

Edrychodd y ddau dditectif ar ei gilydd am eiliad neu ddwy.

"Gwrandwch," meddai Siôn, gan droi at DI Jones. "Mae'n amlwg i fi fod fy nghleient dan straen. Cofiwch taw ond ers ychydig o wthnose mae hi'n nabod y dyn 'ma."

"Fi'n deall hynny. Ond ein cyfrifoldeb ni yw treial ffeindio mas pwy yn union yw'r dyn gafodd ei ladd ar lawr ei chegin hi," atebodd yn bendant.

"Nawr, Mari, meddyliwch yn ofalus." Roedd ei lais ychydig yn fwy meddal. "Fedrwch chi roi unrhyw wybodeth bellach i ni am yr Ifan James 'ma er mwyn i ni dreial cael hyd i'w deulu i adel iddyn nhw wbod ei fod e 'di marw?"

Sylweddololodd Mari yr eiliad honno na allai hi bellach gadw'r cyfrinach ynghylch twyll Emyr Hughes rhag yr heddlu. Roedd yn rhaid iddi eu helpu i gael hyd i'w deulu. Cododd ei phen ac edrych ar DI Aaron Jones am rai eiliadau. "Fi'n credu taw Emyr Hughes yw ei enw iawn e…"

Syllodd Siôn Elias yn syn ar Mari.

Yna, clywodd Mari'r ditectif yn gofyn y cwestiwn roedd hi wedi bod yn ei ofni.

"A shwt a pryd ffeindioch chi mas bod y dyn 'ma 'di bod yn defnyddio enw ffug… taw Emyr Hughes oedd ei enw iawn e ac nid Ifan James?"

"Ym… prynhawn 'ma." Oedodd Mari am eiliad. "Cyn i fi gyrredd gartre."

"A… fedrwch chi weud wrthon ni shwt yn union ffeindioch chi mas am hyn?"

"Na… sori." Gwridodd Mari, gan wybod yn iawn bod yr hyn a wnaeth yn swyddfa Jane Lloyd yn fater difrifol ac y gallai hi golli ei swydd.

Anadlodd y ditectif yn drwm, "Chi'n sylweddoli ein bod ni'n delio gydag achos o lofruddieth, on'd y'ch chi? Mae gyda chi hawl i beidio ag ateb unrhyw gwestiwn, wrth gwrs, ond falle eich bod chi ishe ystyried oblygiade hynny. Gofynna i'r cwestiwn eto… shwt ffeindioch chi mas bod y *deceased* yn defnyddio enw ffug?"

Ystyriodd Mari ddweud celwydd cyn penderfynu peidio.

"*No comment*," meddai, gan edrych i lawr ar ei dwylo.

"Efalle, Mari, eich bod chi angen cymeryd cyngor eich cyfreithiwr ar y mater hwn. Felly, mi wnawn ni derfynu'r cyfweliad am y tro."

Diffoddodd y peiriant recordio.

"Ond ga i fynd wedyn, ond caf?" Roedd llais Mari'n ymbilgar. "Os na alla i fynd gartre, galla i fynd i westy."

"Mae'n ddrwg 'da fi. Ond dyw hynny ddim yn opsiwn ar hyn o bryd. Mi fyddwn ni angen eich holi ymhellach, mae arna i ofn."

"Does posib eich bod chi'n bwriadu cadw Mrs Llywelyn yma?" gofynnodd Siôn mewn llais awdurdodol. "Mae hi 'di cydweithredu'n llawn gyda chi… mae hi'n amlwg dan straen… a fi'n siŵr y bydd hi'n fodlon dod yn ôl bore fory i gael ei holi eto."

"Fel y gallwch chi werthfawrogi, Mr Elias," meddai DI Aaron Jones yn bwyllog, "mae hon yn sefyllfa ddifrifol iawn… Mae dyn wedi cael ei lofruddio yng nghartre eich cleient a does neb yn gallu cadarnhau pwy yn union yw e."

Roedd Siôn yn gallu dychmygu beth oedd yn mynd trwy feddwl y ditectif. Gwyddai o brofiad fod yr heddlu'n aml yn credu taw'r ateb syml oedd yr un cywir... a'r ateb syml yn yr achos hwn oedd taw Mari Llywelyn laddodd y dyn ar lawr ei chegin.

Trodd DI Jones at Mari, gan syllu arni'n galed. Roedd goslef ei lais yn dawel ac yn ddi-emosiwn, ond roedd ei lygaid yn dweud stori arall.

"Wel, Mari, chi wedi rhoi eich fersiwn chi o'r hyn ddigwyddodd heno a, hyd yn hyn, does gyda ni ddim rheswm i ame eich gair. Fodd bynnag, does gyda ni ddim tystion i gadarnhau na gwrthbrofi eich stori. Ac ar ddiwedd y dydd, mae'n debyg y bydd olion eich bysedd ar y gyllell a laddodd y gŵr gawson ni hyd iddo fe yn eich cegin... Ac hefyd roedd ei waed dros eich dillad."

Syllodd Mari'n syn ar y ditectif wrth glywed y geiriau hyn.

"Hyd nes byddwn ni'n gallu darganfod mwy am amgylchiade marwoleth y person ry'ch chi'n ei alw'n Ifan James... neu Emyr Hughes... mae arna i ofon y bydd yn rhaid i ni eich cadw chi yn y ddalfa dan amheuaeth o lofruddiaeth."

Teimlai Mari fel pe bai'n breuddwydio... ei bod hi'n gwylio hyn oll yn digwydd i rywun arall. Edrychodd yn anghrediniol ar wyneb Siôn. "Sori, ond fi'n ffaelu credu bod hyn yn digwydd. Oes dim byd gallwch chi wneud, Siôn?"

Edrychodd y cyfreithiwr fel petai ar fin protestio, yna newidiodd ei feddwl. Y cwbl a wnaeth oedd ysgwyd ei ben.

Sylweddolodd Mari y byddai'n amlwg i'r heddlu fod yna dystiolaeth ddamniol yn ei herbyn a dechreuodd deimlo'n sâl. Yna, wrth iddi ddygymod â realiti'r sefyllfa, plygodd ymlaen i wynebu DI Aaron Jones ac edrych i fyw ei lygaid.

"Iawn 'te." Roedd yn amlwg ei bod wedi darganfod rhyw

nerth o rywle. "Galla i eich sicrhau chi taw ddim fi laddodd Emyr Hughes... roedd e 'di dweud celwydd 'tho fi, fi'n gwbod, ond dyw hynny ddim yn ddigon o reswm i ladd neb... Yr unig esboniad call yw bod rhywun arall wedi dod i'r tŷ cyn i fi gyrraedd gartre... wedi lladd y dyn a 'di dianc o' na... a'ch gwaith chi yw ffeindio mas pwy wnaeth 'nny."

"A galla i eich sicrhau *chi* y byddwn ni'n gwneud ein gwaith yn drwyadl," meddai'r ditectif yn bendant. "Yn y cyfamser, does gen i ddim llawer o ddewis ond eich cadw chi yn y ddalfa i ni allu eich holi chi ymhellach yfory pan fydd gyda ni fwy o wybodeth."

19

Arweiniwyd Mari o'r ystafell gyfweld i'r uned ym mhen draw'r adeilad lle'r oedd y rhai oedd yn cael eu cadw yn y ddalfa'n treulio'r noson. Roedd Siôn Elias wedi egluro taw am bedair awr ar hugain yn unig y gellid ei chadw heb gyhuddiad, neu am ddeuddeng awr ychwanegol dan amgylchiadau penodol. Ceisiodd Mari gysuro ei hun y byddai'n siŵr o gael ei rhyddhau'r diwrnod canlynol unwaith yr oedd yr heddlu'n cael hyd i fwy o dystiolaeth am Emyr Hughes. Nawr roedd hi wedi rhoi ei enw iawn iddynt, bydden nhw'n debygol o allu cael hyd i'w deulu, meddyliai.

Gofynnodd am gael ffonio Sara am fod ganddi hawl i un alwad tra ei bod yn cael ei chadw dan glo.

Er bod y rhif ffôn yn ddieithr, atebodd Sara'n syth. "Mari, shwt wyt ti? Ti'n ocê? Beth sy'n digwydd?"

Aeth Mari trwy holl ddigwyddiadau'r noson honno'n fanwl, gan wybod y byddai ei ffrind eisiau clywed pob manylyn am ei chyfweliad gyda'r heddlu. Er hynny, cadwodd yn dawel am y ffaith ei bod wedi darganfod enw iawn Ifan James.

"Fi 'di cael gair â Ffion. Mae Siôn newydd siarad gyda hi ac oni bai bod yr heddlu'n gallu ffeindio unrhyw beth arall i dy gysylltu di â'r llofruddieth, mae hi'n reit ffyddiog y byddi di'n cael dy ryddhau fory."

"O, gobeithio wir." Roedd dagrau yn llais Mari.

"Hei, paid â torri dy galon," ceisiodd Sara ei chysuro. "Mae gyda ti'r ddou gyfreithiwr gorau gei di tu cefen i ti… Ffion a

Siôn Elias. Rhwng y ddou o'n nhw, byddan nhw'n siŵr o droi pob carreg i dy gael di mas o'r twll 'na cyn gynted â phosib."

Roedd Mari'n teimlo rhywfaint yn well ar ôl siarad gyda Sara ond pharodd hynny ddim yn hir.

Arweiniwyd hi i'r gell lle y byddai'n rhaid iddi dreulio'r nos. Roedd yn ystafell fach iawn gyda mainc goncrit ar hyd un wal a matres denau â chlustog ar ei phen. Roedd sinc a thoiled yn un pen o'r ystafell ac roedd Mari'n falch o weld eu bod yn edrych yn ddigon glân.

Methodd â bwyta'r pryd parod o *lasagne* a ddarparwyd iddi gan ei bod yn teimlo fel pe bai cwlwm mawr yn ei stumog. Ac yn ysbeidiol yn unig y cysgodd y noson honno.

+

Deffrodd Mari ar doriad gwawr fel yr oedd pelydrau cynta'r dydd yn llifo drwy ffenestr y gell. Wrth iddi godi o'r gwely cul, teimlai ei bod yn brifo drosti – teimlad digon tebyg i bwl drwg o'r ffliw. Roedd ganddi gur yn ei phen ac roedd ei gwddf yn brifo fel pe bai'n dioddef o laryngitis.

Ymhen dim, darparwyd ychydig o frecwast iddi a chaniatawyd iddi ymestyn ei choesau yn yr iard y tu allan am dipyn, ond roedd yn sownd yn y gell am weddill yr amser. Heb ddim i'w ddarllen na ffôn i gysylltu â'r byd tu fas, doedd ganddi ddim i'w wneud ond hel meddyliau. Roedd hi'n ofn yn ei chalon y byddai'r heddlu'n dod o hyd i reswm digonol i'w chyhuddo hi o lofruddiaeth ac yn ei chadw dan glo. Ni allai ond dychmygu beth fyddai'n digwydd wedyn.

Clywodd ddrws y gell yn cael ei agor tua un ar ddeg y bore ac aed â hi i ystafell gyfweld lle'r oedd yn falch o weld bod Siôn Elias yn disgwyl amdani. Roedd yn edrych ychydig yn fwy trwsiadus na'r noson gynt... yn amlwg wedi eillio ac yn gwisgo siwt smart.

"Mari, shwt y'ch chi?" gofynnodd â'i wyneb yn llawn cydymdeimlad. "Mae golwg flinedig arnoch chi."

"Wel... heb gysgu llawer, fel gallwch chi ddychmygu."

"Chi'n edrych fel 'se ishe dishgled o goffi arnoch chi."

Nodiodd Sara'n frwd. "Llâth a dim siwgwr plis."

Dychwelodd Siôn Elias mewn dim o dro gyda dau gwpan plastig o'r peiriant yn y coridor.

"Ocê, 'te, dyma'r diweddara. Erbyn hyn bydd yr heddlu 'di cael amcan o'r ffenest amser pryd gafodd Emyr Hughes ei ladd oddi wrth y patholegydd... Hefyd bydd y tîm fforensig 'di whilo am olion bysedd, yn benodol oddi ar y gyllell oedd yn ei frest... A 'di edrych ar y CCTV... y lluniau camera ar eich drws ffrynt. Chi'n gwbod am unrhyw gamerâu eraill yn y cyffinie?"

"Y camerâu agosaf yw'r rheiny tu fas i'r dafarn... y Llew Coch... tua can llath lan yr hewl."

"Wela i, a bydd yr heddlu hefyd ishe edrych ar y negeseuon ffôn rhyngddoch chi ac Emyr Hughes. Oes unrhyw beth i bryderu yn ei gylch yn rheiny?"

Teimlai Mari ychydig o wrid yn codi i'w hwyneb, yna atebodd yn bendant, "Ffrindie o'n ni a dyna'r cwbwl. Buodd e'n garedig tuag ata i dros yr wythnose dwetha ac o'n i'n gwerthfawrogi hynny. Fi jyst yn gobeithio na fydd yr heddlu'n camddehongli pethe." Cnodd ei gwefus.

"Mi fyddan nhw'n siŵr o dreial ffeindio rhyw gymhelliant dros ei ladd e," rhybuddiodd Siôn.

"A dyw'r ffaith 'mod i 'di ffeindio mas ei fod e 'di nhwyllo i... rhoi enw ffug hynny yw... ddim yn edrych yn dda, ydy e?"

Gwyrodd Siôn ei ben. "Ond dydy hynny ddim yn ddigon

o dystioleth i'ch cyhuddo chi o lofruddieth." Roedd ei lais yn optimistaidd.

"Fi'n difaru'n enaid 'mod i eriôd wedi cwrdd â'r dyn," meddai Mari gydag anadl drom.

"Fi'n siŵr," atebodd Siôn. Yna oedodd. "Ac fe wedodd DI Aaron Jones rywbeth arall neithiwr fel o'n i'n gadel. Mae'r heddlu'n methu cael hyd i unrhyw gofnod am farwoleth menyw o dde Cymru mas ym Mallorca tua blwyddyn yn ôl."

Crychodd Mari ei thalcen. "O'n i'n ame hynny."

"Ie, wel, mae'n edrych yn debygol iawn bod Emyr Hughes 'di bod yn gweud llwyth o gelwydd wrthoch chi."

"Fi'n ffaelu credu'r peth. Roedd e i weld yn fachan mor ffein... mor garedig. A nawr mae e 'di cael ei ladd... ac yn 'y nhŷ i."

"Gwrandwch, Mari... ces i air gydag Aaron Jones gynne. Mi fydd e'n cynnal cyfarfod i friffio ei dîm yn gynta ac fe fyddwch chi'n cael eich cyfweld eto wedyn. Sdim byd i chi boeni amdano cyn belled â'ch bod yn dal i weud y gwir wrth yr heddlu. Ond, Mari..." Edrychodd yn bryderus.

Gwyddai Mari o'r olwg ar wyneb Siôn Elias beth oedd yn dod nesaf.

"Dyw hi ddim yn edrych yn dda os chi'n mynnu rhoi ateb '*No comment*' am ddarganfod y gwir am enw Emyr Hughes. Pwy y'ch chi'n treial amddiffyn?"

Ceisiodd Mari osgoi ei lygaid. "Dim ond fi'n hunan."

Roedd golwg boenus ar wyneb Siôn... roedd yn dechrau amau nad oedd ei gleient lawn mor ddiniwed ag a feddyliai.

"Beth wnethoch chi, 'te?" Roedd ei lais yn ddistaw.

Nid atebodd Mari, dim ond edrych ar y llawr.

"Os chi ishe'n help i Mari, bydd e'n lot gwell os ydw i'n cael gwbod y stori gyfan. Gallwch chi weud 'tho fi'n hollol gyfrinachol."

Oedodd Mari am rai eiliadau i ystyried y peth. Edrychodd ar wyneb disgwylgar Siôn Elias yna eglurodd sut y bu iddi weld manylion ffeil Emyr Hughes ar gyfrifiadur Jane Lloyd.

"Sa i'n gwbod beth ddaeth drosto i," meddai'n ddagreuol â'i phen i lawr. "Fi'n gwbod bod edrych ar fanylion personol yn gwbwl groes i'r rheolau... ond o'n i mor awyddus i helpu Llio. Os daw'r stori mas, fi'n siŵr o golli'n swydd."

Cododd Mari ei golygon i geisio darllen meddwl Siôn a chyfarfu eu llygaid am ennyd.

"Ocê, 'te, '*No comment*' amdani," meddai.

Teimlai Mari rywfaint o ryddhad o glywed y geiriau hyn.

"A gyda llaw," ategodd Siôn. "Fi'n deall bod datganiad i'r wasg wedi ei ryddhau'n gynnar y bore 'ma... jyst yn rhoi'r ffeithiau moel am y digwyddiad ac yn dweud bod menyw leol yn helpu'r heddlu gyda'u hymholiadau."

20

Er nad oedd ei sifft i fod i ddechrau tan bump y prynhawn, bu DI Jones yn ôl wrth ei ddesg yn Swyddfa'r Heddlu Rhyd-dderwen ers saith y bore. Wedi'r cyfan, nid pob dydd yr oedd yn gorfod delio ag achos o lofruddiaeth.

Roedd Aaron Jones yn ei bedwardegau cynnar ac wedi treulio ei holl yrfa gyda Heddlu Dyfed Powys, yn gyntaf fel cwnstabl ac wedi hynny, ar ôl pasio ei arholiadau, fel ditectif. Ers pan oedd yn blentyn, ei unig uchelgais oedd bod yn blismon, er doedd e ddim yn siŵr iawn o ble'r oedd y dyhead hwnnw wedi dod, gan taw meddygon oedd ei rieni.

Roedd Aaron yn ddyn bodlon... yn hapus ei fyd, gyda theulu clos, cariadus a chartref cyfforddus. Roedd yn briod ers pymtheng mlynedd gyda Nia, a weithiai i gwmni meddalwedd ac roedd ganddynt efeilliaid deuddeg oed, bachgen a merch. Ac er bod hynny weithiau'n golygu nad oedd ganddo ddigon o amser ar gyfer llawer o weithgareddau hamdden, roedd yn mwynhau ei yrfa fel ditectif. Hoffai feddwl ei fod yn ddyn teg a rhesymol ac fe wnâi ei orau i beidio â dod i unrhyw benderfyniadau byrbwyll am y troseddau y byddai'n delio â nhw heb yn gyntaf ystyried yr holl dystiolaeth oedd ar gael iddo. Roedd yn uchel ei barch gan weddill ei dîm ac roedd ei ddull o arwain yn un cyfeillgar a theg. Byddai bob amser yn barod i wrando ar syniadau ei gydweithwyr ac ni fyddai fyth yn dilorni nac yn dibrisio unrhyw gyfraniad.

Roedd y ditectif wedi rhoi tasgau i nifer o'i dîm yn gynnar

y bore hwnnw, gan alw pawb i mewn o'u diwrnod bant ac roedd yn disgwyl i'r rheiny gael eu cwblhau cyn galw'r tîm at ei gilydd.

Erbyn hanner dydd, roedd pawb wedi ymgynnull yn barod ar gyfer y cyfarfod. Eisteddai rhes o swyddogion o'i flaen yn syber ac yn ddifrifol gan aros yn ddisgwylgar wrth i DI Aaron Jones edrych o'r naill i'r llall cyn dechrau eu hannerch.

"Diolch am ddod mewn bore 'ma. Fe ddechreuwn ni nawr os yw pawb yn barod. *So…* mae gyda ni gorff… dyn yn ei bedwardegau… wedi ei drywanu yn ei galon yn gynnar neithiwr mewn tŷ ym mhentre Nantglas. Mae menyw, Mrs Mari Llywelyn… perchennog y tŷ ble cafodd y corff ei ffeindio wedi ei chadw yn y ddalfa ar amheueth o'i ladd. Ond… mae hi'n gwadu'r peth yn gryf wrth gwrs.

'Nawrte. Fi newydd dderbyn adroddiad cychwynnol y patholegydd ac mae hi'n meddwl bod y boi wedi marw rhwng chwech o'r gloch a chwarter wedi saith neithiwr ond bydd gyda hi well syniad unwaith bydd hi 'di cwblhau'r *post mortem.*"

Oedodd y ditectif i ddarllen papur oedd ar y ddesg o'i flaen.

"Achos ei farwolaeth, medde hi, oedd anaf marwol i'r galon fel canlyniad i drywaniad gyda chyllell ac mae hi'n tybio y byddai'r *deceased* wedi marw'n eitha clou ar ôl hynny… os ddim ar unwaith yna o fewn munudau i'r ymosodiad."

Edrychodd yr heddweision ar ei gilydd, gan sibrwd ymysg ei gilydd.

"Tawelwch plis. Mae rhai o' chi 'di bod yn gweithio'n galed bore 'ma. Gawn ni weld be sy 'di dod i'r fei hyd yn hyn. Nawr, Mike, ti oedd yr heddwas cynta i gyrraedd tŷ Mrs Llywelyn ar ôl iddi wneud yr alwad naw naw naw… Elli di ddisgrifio beth ffeindiest ti?"

Camodd Mike Harris ymlaen. Roedd wedi treulio'i yrfa gyfan fel heddwas yn ardal Rhyd-dderwen ac roedd yn adnabyddus yn y cyffiniau fel rhywun y gallai'r bobl leol ymddiried ynddo. Aeth yn ei flaen i roi disgrifiad manwl o'r hyn a ganfuwyd gan yr heddlu yng nghartref Mari Llywelyn.

"Diolch," meddai Aaron. "A beth mae fforensics wedi ffeindio hyd yn hyn. Glyn – *fingerprints*?"

Cododd Glyn Morris ar ei draed a throi at weddill y tîm. "Maen nhw wedi siecio olion bysedd y *deceased* – dim *matches* ar y *files,* felly gallwn ni fod yn weddol siŵr fod dim *criminal record* gyda fe."

"Beth am y gyllell oedd yn ei frest?" gofynnodd Melissa Davies. "Roedd *prints* siŵr o fod ar honno?"

"Ffeindion nhw dair set o brints ar y gyllell – un yn perthyn i'r *deceased,* un arall yn perthyn i Mari Llywelyn a does dim gwybodeth am y set arall."

"Diddorol," meddai Aaron. "Caria mlân, Glyn. Beth am weddill y tŷ?"

"Dyw e ddim yn edrych yn debyg fod y *deceased* wedi mentro ymhellach na'r gegin. Mae fforensics yn dal i weithio ar bethe, ond hyd yn hyn heb ffeindio ei olion yn unman arall yn y tŷ. Roedd rhai o ddreir y ddresel yn y gegin ar agor ac roedd ei brints ar rheiny. Mae hi'n edrych yn debyg ei fod e 'di bod yn chwilota trwy'r ddresel am rywbeth."

"Diolch, Glyn. A Mike... beth am y CCTV?"

Cododd Mike Harris eto. "Mae 'na *ring doorbell* ar y tŷ, ond dyw e ddim yn ymestyn ymhell iawn. Jyst y teip sy'n gallu dangos pwy sy 'di dwgyd eich parseli Amazon chi."

Aeth chwarddiad bach isel o gwmpas yr ystafell.

"Ta beth..." edrychodd i lawr ar ei nodiadau. "Doedd dim *activity* yn y prynhawn tan bum munud ar hugen wedi whech pan dynnodd tacsi lan ar waelod y dreif a daeth dyn mas o'r drws cefen. Roedd y llunie braidd yn *blurry*, felly fi'n ffaelu bod yn hollol siŵr ond roedd y dyn i'w weld tua'r un taldra a maint â'r *deceased*. Ddaeth e ddim yn ddigon agos at y drws ffrynt i fi weld ei wyneb e, ond o'n i'n gallu ei weld e'n cerdded rownd i gefen y tŷ."

"Welest ti fanylion y tacsi?" holodd Aaron Jones.

"O'n i jyst abówt yn gallu gweld enw'r cwmni... Go Cabs oedd e, felly rhoies i'r manylion i Javid."

"Ocê, da iawn. Javid, gest ti hyd i'r tacsi aeth â'r boi 'ma i gartre Mari Llywelyn?"

"Do," atebodd Javid, dyn byr, gwallt tywyll, yn ei ugeiniau hwyr. "Ffones i Go Cabs ac wrth lwc llwyddes i gael hyd i'r gyrrwr aeth â'r *deceased* i'r tŷ. Roedd e wedi ei bigo fe lan o'r *taxi rank* yn Rhyd-dderwen."

"A...?"

"Wedodd e fod y boi yn eitha tal a main. Trïodd e dynnu sgwrs gydag e ond wedodd e fod y dyn '*obviously not in a chatty mood*'. Talodd e mewn *cash*. 'Na i gyd."

"Ocê," meddai Aaron Jones. "Nôl atat ti, Mike. Be welest ti ar y camera ar ôl i'r boi 'ma fynd mewn i'r tŷ?"

"Dim byd tan ddeg munud i saith pan yrrodd Mari Llywelyn ei char lan y dreif a parcio o flân y tŷ. Ni'n gallu ei gweld hi'n eitha eglur yn cerdded heibio i'r drws ffrynt ac yn mynd rownd i gefen yr adeilad."

"Ti'n siŵr fod neb i weld o gwmpas y tŷ rhwng yr amser y cyrhaeddodd y *deceased* a'r amser y daeth Mari Llywelyn gartre? Fi'n cymeryd bod gyda ni ffenest o bwyti ugen munud."

"Os oedd rhywun o gwmpas, doedd y camera ddim wedi'u dala nhw... Wedyn dim byd i'w weld tan i'r awdurdode gyrredd… yr heddlu am ugen munud wedi saith a'r ambiwlans rai munude wedyn."

"Beth am unrhyw gamerâu eraill yn yr ardal?" gofynnodd Melissa Davies.

"Mae 'na dafarn bwyti can llath lan yr hewl yr un ochr â'r tŷ. Mae gyda'r Llew Coch ddou gamera… un yn pwyntio tuag at y maes parcio tu ôl yr adeilad a'r llall tu fas, uwchben y drws yn pwyntio i lawr yr hewl tuag at y tŷ. Ni'n gweithio ar rhain ar y funud."

Bu distawrwydd am rai eiliadau cyn i Aaron Jones ofyn, "Unrhyw gwestiynau?" yn awyddus i gael cyfraniad cymaint o'i dim â phosibl.

Cododd Emma Allen ei phen a chyfeirio ei chwestiwn at y DI. "Ydyn ni 'di gallu cadarnhau pwy yn union yw'r *deceased* erbyn hyn?" Roedd y blismones ifanc yn eistedd yn y rhes flaen, yn cymryd nodiadau. Newydd ymuno â'r heddlu oedd hi ar ôl graddio mewn Criminoleg ac yn awyddus i wneud ei marc.

"Wel, mae ychydig o ddryswch am hynny. Rhywun o'r enw Emyr Hughes mae Mari Llywelyn yn meddwl, ond dyw hi ddim yn gwbod ei gyfeiriad e. Does neb wedi riportio dyn o'r enw hwnnw ar goll ac, yn ddigon rhyfedd, doedd dim byd ar y corff i dystio i hynny… dim ond *cash*, allwedd tŷ ac allweddi car."

"Beth am ei ffôn?" gofynnodd Javid.

"Dyna sy'n od. Mae ffôn Mari Llywelyn yn dangos ei bod hi 'di anfon neges ato fe tua hanner awr wedi pump, ond ni 'di ffaelu ffeindio ffôn y dyn yn unman… mi fyddwn ni'n holi Mrs Llywelyn am hyn maes o law wrth gwrs."

"Ydyn ni'n siŵr taw Emyr Hughes yw enw'r dyn?" gofynnodd Melissa Davies.

"Nac 'yn. Roedd e'n galw ei hun yn Ifan James pan ddaeth

Mrs Llywelyn i'w nabod e i ddechre, wedyn ffeindiodd hi mas ei fod e'n gweud celwydd am hynny. Ond mae hi'n pallu gweud 'thon ni shwt cas hi'r enw Emyr Hughes. Beth bynnag… os yw'r enw'n gywir, ni'n siŵr o allu cadarnhau pwy yw y boi cyn bo hir."

Roliodd Melissa ei llygaid ac ochneidio'n drwm.

"Iawn, 'te… *next steps*. Javid i siecio camerâu CCTV y dafarn, Glyn i adrodd yn ôl wrth fforensics ar y chwilio yn y tŷ, yr ardd a'r ardal o gwmpas ac fe fyddwn ni'n dechrau *house to house* yn nhai'r ardal i weld os gallwn ni gasglu unrhyw beth o ddiddordeb gan y *locals*. Ni hefyd angen rhywun i gyfweld â'r *cleaner* a'r garddwr oedd yn gallu cael mynediad i'r tŷ trwy ddefnyddio'r *keybox*. O, ie, a'r ffrind, Sara Price, oedd hefyd â rhif y bocs."

"Galla i wneud 'na," cynigiodd Emma'n frwd.

"Ocê, diolch, Emma," meddai Aaron. "Yn y cyfamser bydda i angen *printout* o'r negeseuon oddi ar ffôn Mari Llywelyn. Dai, ti'n gofalu am hynny. Unrhyw syniade eraill?… Na? Bant â chi, 'te."

21

Daeth heddwas i ryddhau Mari o'i chell am hanner awr wedi un y prynhawn. Erbyn hynny, roedd hi wedi cael cyfle i gael cawod a newid i grys a jîns glân oedd Sara wedi eu gadael iddi yn swyddfa'r sarsiant ar ddyletswydd.

Wrth iddo hebrwng Mari i'r ystafell gyfweld, roedd hi'n gwybod bod rhywbeth o'i le cyn gynted ag y gwelodd yr olwg ofidus ar wyneb Siôn Elias. Dywedodd hwnnw, "Sori i weud hyn 'thoch chi, Mari ond dyw'r heddlu byth 'di gallu cael hyd i gartre na theulu Emyr Hughes. Chi'n siŵr taw dyna oedd ei enw fe?"

Edrychodd Mari'n bryderus ar wyneb Siôn. Roedd y llygaid glas yn llawn cydymdeimlad ond roedd yn crychu ei dalcen.

"Mae'n amlwg taw *conman* oedd e a dim byd arall, Mari. Jyst gwedwch y gwir am eich perthynas, ond peidiwch â teimlo unrhyw dosturi drosto fe. Mae'n edrych i fi taw dim chi oedd yr unig un oedd e'n ei dwyllo ac roedd yn amlwg fod gyda rhywun reswm da i wneud niwed iddo fe."

+

Roedd DS Davies wedi meddwl yn galed am ei thactegau nesaf wrth gyfweld â Mari Llywelyn ac wedi paratoi ei chwestiynau'n ofalus.

Hoffai feddwl ei bod yn weithiwr caled a thrwyadl. Dyna oedd i gyfrif i raddau helaeth am y ffaith ei bod wedi ennill dyrchafiad yn weddol ifanc o fewn yr heddlu, er gwaetha'r anawsterau y bu'n rhaid iddi eu hwynebu. Yr hynaf o chwech o blant a fagwyd gan fam sengl, hi oedd y gyntaf o'r teulu i fynd i brifysgol ac roedd y ffaith ei bod yn awr yn heddwas yn hollol wrthun i ambell un o'i pherthnasau.

Priododd ag Ed, athro Chwaraeon, ryw ddeng mlynedd ynghynt ond ni pharodd y briodas yn hir. Roedd Ed yn awyddus i ddechrau teulu yn fuan ar ôl iddynt briodi, ond doedd Melissa erioed wedi teimlo'r awydd lleiaf i fod yn fam. Ar ôl ysgaru, teimlai Melissa ei bod yn hoffi ei hannibyniaeth yn ormod i setlo i lawr gyda chymar arall. Roedd medru plesio'i hunan yn gweddu'n llawer iawn gwell i'r ferch bengaled, benderfynol hon.

Roedd DI Aaron Jones a DS Melissa Davies yn disgwyl am Mari a Siôn yn yr ystafell gyfweld gyda nifer o ddogfennau wedi eu gosod ar y ddesg o'u blaenau.

Ceisiodd Mari gerdded yn ôl i mewn i'r ystafell yn hyderus, ond roedd y nerfusrwydd yn amlwg ar ei hwyneb.

"Mari... Siôn," meddai DI Jones. "Mae'n ddrwg 'da fi eich cadw chi ond roedd angen amser i edrych ar y dystioleth sy 'di dod i'r golwg hyd yn hyn."

"Plis newch chi rannu cymaint ag y gallwch chi gyda fy nghleient." Trodd Siôn i edrych ar Mari.

"Wrth gwrs," atebodd y ditectif.

Aeth DI Aaron Jones yn gryno drwy'r wybodaeth oedd e wedi ei chasglu gan ei dîm.

"Chi byth wedi gallu adnabod y dyn felly?" gofynnodd Siôn.

"Na, ddim eto, ond falle bydd Mrs Llywelyn yn gallu'n helpu ni ymhellach."

Dechreuwyd y recordiad.

"Nawr, Mari, mae 'na rwbeth yn fy mhoeni i ynglŷn â'ch datganiad chi..." Edrychodd DI Jones yn galed arni, "Rhwbeth sydd ddim yn gwneud synnwyr."

Crychodd Mari ei thalcen ac edrych ar Siôn Elias, ond y cwbl a wnaeth ef oedd codi ei aeliau.

"Chi'n gweud eich bod chi 'di anfon neges ffôn i'r *deceased* tua hanner awr wedi pump neithiwr yn rhoi rhif y *keybox* ac yn gweud 'tho fe am fynd mewn i'r tŷ."

"Do."

"Ac fe dderbyniodd e'r neges?"

"Wel, mae'n rhaid ei fod e, achos defnyddiodd e'r rhif i agor y drws."

"A wedyn... gesoch chi ateb i'ch neges?"

"Ym... naddo," atebodd Mari, yn ceisio dirnad beth yn union oedd trywydd y cwestiwn.

"Y broblem yw... doedd ffôn y dyn ddim i'w weld yn unman yn eich cartre. Doedd e ddim ar y corff a ry'n ni 'di ffaelu cael hyd iddo fe yn unman yn y tŷ. Chi'n gwbod beth ddigwyddodd iddo fe?"

Ysgydwodd Mari ei phen. "Dim syniad."

"Shwt cesoch chi wared â'r ffôn, Mrs Llywelyn?" Syllodd Melissa Davies arni'n chwyrn. "Beth nethoch chi gyda fe?"

"Dim byd... Weles i ddim o'i ffôn e. Falle'i fod e 'di cael gwared â'r ffôn am ryw reswm ar ôl derbyn y rhif."

"A pam yn y byd y bydde fe ishe gwneud 'nny?" gofynnodd y DS.

Cododd Mari ei llais, "Fi 'di gweud 'thoch chi... Sdim syniad 'da fi."

Bu distawrwydd am ychydig wrth i DI Aaron Jones dwrio trwy'r papurau o'i flaen.

"Ocê, i symud ymlân. Ni 'di cael cyfle i fynd trwy'r holl

negeseuon rhyngddoch chi a'r gŵr o'ch chi'n ei alw'n Ifan oddi ar eich ffôn ac mae arna i ofon y bydd rhaid i ni ofyn rhai cwestiyne eitha personol i chi ynglŷn â'ch perthynas gyda'r dyn yma."

Roedd rhywbeth yn llais y ditectif, rhyw is-dôn a wnâi i Mari deimlo'n anesmwyth.

"Cewch chi ofyn beth bynnag chi moyn," meddai Mari'n swta. "Fel fi 'di gweud sawl gwaith, does gyda fi ddim byd i gwato."

"Mrs Llywelyn… ym, Mari," meddai DS Davies. "Ni'n deall bod eich gŵr chi 'di marw mewn damwain bwyti blwyddyn yn ôl."

"Do, dyna chi."

"Ac, ym… ydych chi 'di bod mewn unrhyw *relationships…* gyda dynion, hynny yw… ers hynny?"

"Nawr arhoswch funud." Torrodd Siôn ar ei thraws. "Fi ddim yn siŵr os yw 'nghleient i'n barod i ateb cwestiwn fel'na."

"Na, mae'n iawn." Gwnaeth Mari ei gorau i swnio'n hunanfeddiannol. "Sdim ots 'da fi ateb y cwestiwn os bydd e o help. Y gwir yw… nac 'dw. Fi ddim yn teimlo'n barod i gael perthynas gyda dyn arall eto. Ddim ar hyn o bryd ta beth… ond rhyw ddiwrnod falle…"

Torrodd DS Davies ar ei thraws. "Felly, os fi'n deall beth y'ch chi'n gweud, 'te, byddech chi'n ystyried cael perthynas gyda dyn arall yn y dyfodol?"

Oedodd Mari am ychydig cyn ateb. "O bosib. Fi 'di bod yn teimlo'n eitha unig yn y misoedd dwetha ar ôl arfer byw gyda phartner am gymaint o flynydde… yn teimlo bod 'na fwlch mawr yn fy mywyd i ers i fi golli Hywel."

"Ac roedd Ifan… mi wnawn ni ei alw fe'n Ifan am nawr… wedi dechre llenwi'r bwlch hwnnw, oedd e?"

"Oedd, i radde… ond ddim dyna'r math o berthynas oedd gyda ni."

"Beth, 'te? Shwt berthynas oedd hi?" Gwyrodd DS Davies ei phen a gwenodd wên annidwyll.

"O'n i'n gallu bod yn hollol agored gydag Ifan, yn gallu siarad am Hywel heb deimlo'n anghyfforddus o gwbwl. O'n i'n gallu ymlacio pan o'n i gyda fe ac o'n i wastad yn teimlo'n hapusach ar ôl bod yn ei gwmni fe."

"Ac oedd eich perthynas gyda'r dyn 'ma… *ever of a sexual nature*?" gofynnodd DS Melissa Davies yn awgrymog.

Cododd Siôn ei aeliau ac roedd ar fin protestio pan atebodd Mari ychydig yn rhy sicr. "Na… eriôd. O'n i'n meddwl ar y pryd bod gan Ifan bersonolieth annwyl ond ches i fyth fy nenu ato fe mewn unrhyw ffordd arall."

"Diolch am fod mor agored, Mari," meddai DI Aaron Jones. "Iawn, 'te, gawn ni droi at rai o'r negeseuon rhyngddoch chi ac Ifan oddi ar eich iPhone. Dyma un o'r rhai cynhara:

> Diolch am heddi. Wedi mwynhau fy hun mas draw ar y traeth. Ti yw'r unig ddyn fi di gallu siarad yn agored gydag e ar ôl i fi golli Hywel x

"Fi 'di egluro. O'n i'n teimlo'n gyfforddus yn siarad am 'y ngholled gydag e… i agor 'y nghalon, os mynnwch chi."

Nid atebodd y ditectif, dim ond symud ymlaen at y neges nesaf. "A beth am hwn?"

> Pan afaelaist ti'n dynn yn fy llaw, o'n i'n teimlo mor saff. Diolch, Ifan. Edrych mlaen at gwrdd â ti dydd Sadwrn xx

"Mae hynny'n swnio i fi fel bod mwy na cyfeillgarwch diniwed rhyngddoch chi."

"A hwn," aeth Aaron yn ei flaen,

Gei di aros nos, ond paid â meddwi – a dim lol cofia x

Teimlai Mari'r gwrid yn codi o'i gwddf i'w hwyneb. "Jôc, dyna i gyd… jôc ddiniwed."

"Ac mae ambell neges yma sy'n cyfeirio at brobleme ariannol hefyd."

Glywaist ti rywbeth mwy gan y cwmni yswiriant? Ydyn nhw'n sylweddoli faint o arian wyt ti 'di gorfod talu mas?

"Allwch chi egluro beth oedd yn mynd ymlân plis?"

Symudodd Mari'n anghyfforddus yn ei chadair.

"Wedodd Ifan ei fod e 'di gorfod talu am holl goste ysbyty ei wraig mas ym Mallorca a'i fod e'n cael trafferth setlo'r *claim* gyda'r cwmni yswiriant."

"Oedd e mewn trafferthion ariannol, 'te?"

"Roedd e'n swnio fel'na… roedd ei gwmni morgais yn pwyso arno fe i dalu ei ddyledion."

"Faint o arian y'n ni'n sôn amdano?"

"Rhyw ugen mil o bunne, fi'n meddwl… Ond roedd e'n ffyddiog y bydde'r arian yn cael ei dalu cyn i'r cwmni morgais gymryd y tŷ."

"Ofynnodd e eriôd i chi ei helpu fe mas… gyda'r arian, hynny yw?"

Cymerodd Mari anadl hir cyn ymateb.

"Wel, ofynnodd e ddim yn blwmp ac yn blaen."

"Fyddech chi 'di benthyg yr arian pe bai'n argyfwng arno fe? Hynny yw, os oeddech chi mewn sefyllfa i allu fforddio swm fel'na."

Teimlai Mari'n ddryslyd am eiliad. Doedd hi ddim eisiau dweud celwydd ond roedd hi'n ofni y byddai'r ddau dditectif yn camddehongli'r sefyllfa pe bai hi'n dweud y gwir.

"Ym... fi ddim yn gwbod...o'n i 'di llyncu'r stori ac o'n i'n teimlo drosto fe. Fi ddim yn siŵr os bydden i 'di mynd mor bell â rhoi'r arian iddo fe ond o'n i'n teimlo ar y pryd y bydde'n gas 'da fi ei weld e a Gwion yn colli eu cartre."

Crechwenodd DS Davies. "Mae'n amlwg eich bod chi'n meddwl lot o'r Ifan James 'ma os o'ch chi'n barod i hando *twenty grand* drosodd iddo fe."

"Ddaeth hi ddim i hynny," atebodd Mari'n chwyrn, yn dechrau colli amynedd ag ymagwedd y ferch ryfygus yma.

"Gawn ni droi yn ôl at neithiwr?" meddai DI Jones. "Fe ofynnoch chi i Ifan James aros dros nos yn eich cartre. Beth yn union o'ch chi'n disgwyl o'r noson?"

Oedodd Mari am ychydig cyn dechrau ymateb.

"Wedodd Ifan ei bod hi'n ben-blwydd arno fe ... a doedd gyda fe ddim cynllunie. Fi'n mwynhau coginio, felly gofynnes iddo fe ddod draw i'r Garreg Wen am bryd o fwyd... Ie, pryd neis o fwyd a sgwrs... dyna'r cwbwl o'n i'n disgwyl o'r noson."

"Wedyn pam ofynnoch chi iddo fe aros y nos, 'te?" holodd DS Melissa Davies yn gyhuddgar.

"Wedodd e fod dim car gyda fe'r noson honno, digwydd bod. Ac o'n i ddim ishe gorfod ei ddreifio fe gartre achos ein bod ni'n bwriadu cael gwin gyda'r pryd bwyd."

"Eich syniad chi neu ei syniad e oedd hynny?"

Oedodd Mari ac edrych o'i chwmpas cyn ateb.

"Fy syniad i. Mae tair ystafell sbâr gyda fi yn y tŷ, felly roedd e'n gwneud synnwyr ei fod e'n cysgu yn un o'r rheiny achos..."

"Sori i'ch stopio chi fanna, Mari," torrodd DS Davies ar ei

thraws gyda chwarddiad bach. "Ond, yn fy mhrofiad i, os yw menyw sengl yn gofyn i ddyn sengl aros y nos, *it usually means one thing…*"

"Fi'n gwrthwynebu i'r math yma o gwestiynu'n gryf," protestiodd Siôn. "Mae fy nghleient wedi egluro'n llawn wrthoch chi beth oedd ei bwriade ar gyfer y noson honno."

"Ydy e'n wir i weud, Mari," aeth y DS yn ei blaen, gan anwybyddu protestiadau Siôn, "eich bod chi a'r Ifan 'ma'n dipyn mwy na ffrindie? Dyna beth ma'r tecsts 'ma ar eich ffôn yn awgrymu i fi, ta beth. Hyd yn oed os nad oedd pethe 'di mynd mor bell â *full-blown affair*, mae'n edrych yn debyg taw dyna o'ch chi'n gobeithio fydde'n digwydd neithiwr a taw dyna pam nethoch chi berswadio'r dyn 'ma i aros y nos yn eich cartre."

"Na, dyw hynny ddim yn wir." Teimlodd Mari'r gwrid yn codi i'w hwyneb unwaith eto. "A doedd dim rhaid i fi ei berswadio fe."

Gyda hynny, daeth cnoc ar y drws a dywedodd y sarsiant ar ddyletswydd ei fod angen gair gyda DI Aaron Jones ar frys.

"Fydd rhaid i ni derfynu'r cyfweliad dros dro mae arna i ofn," meddai'r ditectif. "Arhoswch chi yma ac mi fyddwn ni'n ôl cyn gynted â phosib."

Diffoddwyd y peiriant recordio a gadawodd DI Aaron Jones a DS Melissa Davies yr ystafell, gan afael yn eu dogfennau. Unwaith yr oedd y ddau wedi diflannu trwy'r drws, rhoes Mari ei hwyneb yn ei dwylo ac ysgwyd ei phen.

Cyffyrddodd Siôn Elias â'i braich a dywedodd yn dawel, "Chi'n neud yn dda iawn, Mari."

Cododd Mari ei phen ac edrych i wyneb ei chyfreithiwr.

"*Speculation* yw hyn i gyd," dywedodd hwnnw. "Does gyda'r heddlu ddim tystioleth o gwbwl i gadarnhau beth maen nhw'n awgrymu am eich perthynas ag Emyr Hughes. Sticiwch chi at eich stori a trïwch beidio â gadel i'r Melissa Davies 'na'ch corddi chi."

22

Wrth i'r ddau dditectif gydgerdded gyda'r sarsiant i'w swyddfa, meddai hwnnw, "Mrs Siân Hughes o Lanelli wedi bod mewn cysylltiad dros y ffôn. Mae hi'n poeni am ei gŵr, Emyr Hughes, pedwar deg pump oed... wedi diflannu, mae'n debyg... dweud bod ei gar e 'di mynd ond bod ei waled a'i iPhone ar ford y gegin. Gofynnes iddi e-bostio llun o'i gŵr i fi a dyma ni," gan ddangos y llun ar y sgrin.

"Wel, wel..." Syllodd Aaron yn ofalus ar y llun ar y cyfrifiadur.

"Wedes i y bydden i'n ffonio Mrs Hughes yn ôl cyn gynted â phosib, ond fi'n cymeryd taw newyddion drwg fydd gyda ni iddi?"

"Ffonia hi'n ôl i weud y bydd rhywun draw i'w gweld hi cyn gynted â phosib."

"Mel, ti'n ocê i ddod gyda fi i dorri'r newyddion i Mrs Hughes?"

"Wrth gwrs."

Aeth y ddau dditectif yn ôl i'r ystafell gyfweld.

"Ni newydd dderbyn gwybodeth a allai ein harwain ni at deulu Emyr Hughes," meddai DI Jones wrth Mari. "Felly, bydd rhaid i DS Davies a minne fynd â'ch gadael chi am ychydig er mwyn edrych i mewn i hyn. Yn y cyfamser, mae arna i ofon y bydd rhaid i ni eich cadw chi yma, Mari."

"Ond ga i fynd o 'ma heddi, ond caf?"

"Byddwn ni mewn gwell sefyllfa i wneud penderfyniad am

hynny nes ymlân prynhawn 'ma." Edrychodd Aaron ar ei wats. "Mae nawr yn hanner awr wedi dou ac fe gawn ni eich cadw chi yma tan ddeg o'r gloch heno. Os oes angen, galla i ofyn am ganiatâd i ymestyn hynny tan ddeg o'r gloch bore fory. Mr Elias, ydych chi'n rhydd i ddod yn ôl i gario mlân gyda'r cyfweliad tua pump o'r gloch?"

"Dim problem," atebodd Siôn gydag ochenaid. Wedyn, ar ôl i'r ddau dditectif ymadael, trodd at Mari a dywedodd yn dyner wrthi, "Wela i chi nes mlân. Peidiwch â phoeni gormod, mi wna i 'ngore i berswadio Aaron Jones i'ch rhyddhau chi."

+

Tŷ gweddol newydd ar stad ddigymeriad ar gyrion Llanelli oedd cartref Emyr a Siân Hughes. Wrth i DI Aaron Jones barcio'r car tu fas i rif dau ddeg pedwar, Cae'r Gors, gallai weld bod menyw yn sefyll yn y ffenest â golwg bryderus ar ei hwyneb. Agorwyd y drws cyn i'r ditectif gael amser i ganu'r gloch. Er gwaetha'r olwg boenus yn ei llygaid, gallai Aaron Jones weld bod Siân Hughes yn fenyw ddeniadol gyda gwallt du sgleiniog at ei hysgwyddau ac fe edrychai'n iau na rhywun yn ei phedwardegau.

"Dewch mewn i'r stafell fyw. Steddwch plis a gwedwch wrtho i... chi 'di clywed rhywbeth am Emyr? Fi'n siŵr fod rhywbeth drwg 'di digwydd iddo fe neu fyddai fe 'di dod gartre erbyn hyn."

Eisteddodd y ddau dditectif ar y soffa a chymerodd Siân Hughes y gadair freichiau gyferbyn â nhw.

Anadlodd Aaron yn ddwfn cyn siarad. "Mae arna i ofon falle taw newyddion drwg sy gyda ni am eich gŵr, Mrs Hughes."

"O, na... Ydy Emyr 'di bod mewn damwain?"

"Nac ydy… Ond ni wedi cael hyd i berson sy'n edrych yn debyg iawn i'r gŵr yn y llun anfonoch chi i'r sarsiant gynne… yn farw mewn tŷ yng nghyffinie Rhyd-dderwen neithiwr."

Roedd tinc sigledig yn llais Siân Hughes. "Oes bosib taw Emyr yw e?"

"Allwn ni ddim â bod gant y cant yn siŵr am hynny wrth gwrs, nes bod y corff wedi ei adnabod yn ffurfiol, ond roedd gyda'r dyn yma graith eitha amlwg o dan ei ên. Ydy hynny'n canu cloch?"

"Y corff?… Ond ddim Emyr yw e…"

Gwelodd DI Jones ei bod yn edrych yn ddryslyd ac yn plethu ei dwylo.

"Chi 'di neud camgymeriad, fi'n gwbod 'na, ond oes, mae gydag Emyr graith dan ei ên… damwain beic pan oedd e'n blentyn. Fi'n siŵr bod lot o bobl â craith 'run peth â fe."

"Oes llunie eraill gyda chi o'ch gŵr gallwch chi'u dangos i ni?"

"Oes… digon," atebodd Siân, gan agor y lluniau ar ei ffôn. Cododd o'i chadair a sefyll o flaen y ddau dditectif gan sgrolio drwy nifer o luniau o'i gŵr a hithau mewn gwahanol sefyllfaoedd… ar wyliau, mewn bwytai, o dan y goeden Nadolig… Yna edrychodd yn ddisgwylgar i wyneb Aaron Jones.

"Mae'n edrych yn debyg iawn taw fe yw e. Mae'n wir ddrwg 'da fi."

Syrthiodd Siân Hughes yn ôl i'w sedd a rhoi ei phen yn ei dwylo.

Cododd ei llygaid o'r diwedd yn barod i herio'r hyn roedd hi newydd ei glywed. "Os chi'n meddwl taw Emyr yw e… Wel, shwt yffach cas e ei ladd os taw dim damwain oedd hi? Fydde Emyr byth yn cael ei hunan i unrhyw fath o drwbwl."

"Mae'n flin 'da fi, ond cas y dyn yma ei drywanu i farwoleth."

Rhoes Siân Hughes ei llaw dros ei cheg am eiliad cyn gofyn yn anghrediniol, "Ond pam yn y byd ….? Na, na… mae'n rhaid bod chi 'di neud camgymeriad."

"Dy'n ni ddim mor siŵr o hynny, Mrs Hughes. Nawr, fi'n gwbod bod hyn yn sioc fawr i chi ond chi'n meddwl y gallwch chi roi rhywfaint o wybodeth i ni am amgylchiade diflaniad eich gŵr?"

Llyncodd Siân yn galed wrth iddi geisio dal y dagrau'n ôl.

"Cymerwch eich amser," meddai DS Melissa Davies yn ddistaw. "Does dim brys ac mi allen i alw ar rywun i fod gyda chi os chi moyn… ffrind neu berthynas?"

"Na, na. Fe weda i gymaint â fi'n gwbod, er mwyn eich helpu chi i gael hyd i Emyr… mae e ar goll yn rhywle, mae'n rhaid… a fi isie i chi ffeindio fe."

"Pryd weloch chi eich gŵr ddwetha?"

"Prynhawn ddô bwyti dou o'r gloch. Aeth e â fi yn y car i'r stesion yn Llanelli i ddal y trên i Gaerdydd. Chi'n gweld, fi 'di bod bant dros nos yn aros gyda fy whâr… mae hi'n byw yn Llanisien… ac aeth y ddwy o'n ni i weld sioe yng Nghanolfan y Mileniwm."

Gafaelodd Sian mewn hances a chwythu ei thrwyn.

"O'n ni 'di trefnu'r peth ers oes… o'n i'n edrych mlân cymaint a 'di cael amser mor neis yng Nghaerdydd… O'n i byth 'di dychmygu y bydden i'n dod gartre i hyn." Dechreuodd y dagrau lifo.

"A fi'n deall bod mab gyda chi?"

"Oes, oes," sychodd ei boch. "Roedd Gwern 'di mynd am *sleepover* at ei ffrind ym Mhontarddulais – yn syth o'r coleg ddô. Fi'n ei ddisgwyl e'n ôl diwedd y prynhawn… Shwt yn y byd fi'n mynd i weud 'tho fe fod ei dad ar goll? Mae e ac Emyr mor agos."

"Felly, wedodd Emyr beth oedd e'n bwriadu'i neud neithiwr tra'ch bod chi bant yng Nghaerdydd?"

"Wedodd e ei fod yn mynd i weld ei ffrind, Irfon. Ac os bydden nhw'n cael cwpwl o gans, yna byddai fe'n aros y nos, yn lle gorfod dreifio gartre."

"A ble mae'r Irfon 'ma'n byw?"

"Mewn tyddyn bach uwchben Garnswllt. Dyna pam o'n i'n ffaelu ei ffonio fe, chi'n gweld... does dim llawer o signal yn yr ardal."

"A pryd sylweddoloch chi fod rhywbeth o'i le?"

"Roedd Emyr i fod i 'mhigo i lan o'r stesion bwyti un ar ddeg bore 'ma... ond doedd dim golwg ohono fe. Trïais i ffonio fe ond doedd dim ateb ar ei ffôn. Wedyn cymeres i'r bws yn ôl gartre... yn disgwyl y bydde fe yma gyda rhyw esgus am beidio dod i 'nôl fi. Ond roedd y tŷ'n wag."

"A doedd dim arwydd ble oedd e 'di mynd?"

"Na. Doedd ei gar e ddim yma ac roedd ei waled a'i ffôn ar ford y gegin. O'n i'n meddwl wedyn fod e jyst 'di mynd am dro, felly arhoses i am dipyn. Halais i decst a neges Whatsapp i Irfon, ond ches i ddim ateb. Wedyn es i whilo am rif ei *landline* a ces i hyd iddo fe mewn rhyw hen lyfr bach rhife ffôn sy gyda fi."

"Gesoch chi afel ynddo fe wedyn?"

"Do. Pan siarades i ag Irfon, wedodd e 'i fod e heb weld Emyr ers wthnose a bod gyda nhw ddim trefniade o gwbwl i gwrdd neithiwr. Dyna pryd ces i banig a ffonio'r heddlu... Chi'n gweld, mae Emyr 'di bod yn diodde'n ddiweddar... o iselder... ac o'n i'n poeni amdano fe." Dechreuodd y dagrau lifo unwaith eto ac estynnodd Siân am y bocs hancesi papur oedd ar y bwrdd coffi.

Ar ôl cymryd munud bach i sychu ei dagrau a dod ati ei hun, dywedodd yn araf, "Ga i fynd i weld e… y dyn sy 'di marw? Fi'n siŵr bod chi 'di neud camgymeriad a ddim Emyr yw e o gwbwl."

"Wel… bydd angen adnabod y corff. Chi'n teimlo'n ddigon cryf i neud 'nny nawr?"

"Fi ishe mynd i weld os taw Emyr yw e."

Synnodd y ditectif o glywed y diffuantrwydd yn ei llais.

"Oes rhywun yn gallu dod gyda chi?" Roedd golwg bryderus ar wyneb DI Jones.

"Fe ddaw Gareth… fy mrawd hyna. Mae e'n byw yn Llangennech. Gall e fod yma mewn chwarter awr."

"O'r gore. Os chi'n siŵr taw dyna y'ch chi ishe'i neud. Gadawa i DS Davies 'ma i neud y trefniade ac fe gewch chi fynd i'r *mortuary* gyda hi cyn gynted â phosib."

Roedd DI Aaron Jones yn gallu gweld bod Siân Hughes wedi cynhyrfu'n lân a thybiodd ei fod yn hen bryd iddo adael llonydd iddi.

"Fi ddim am eich poeni chi rhagor ar hyn o bryd, Siân. Gwnaiff DS Davies fynd gyda chi i adnabod y corff. Mi fyddwn ni angen sgwrs bellach gyda chi wedyn, wrth gwrs, ond caiff hynny aros am nawr."

"Diolch," meddai Siân, gan godi i chwilio am ei ffôn. "Pan ga i hyd i'r mobeil, wna i ffonio Gareth yn syth."

23

Pan gyrhaeddodd Aaron Jones yn ôl yn Swyddfa Heddlu Rhyd-dderwen, roedd dau berson yn aros tu fas i'w ystafell yn eiddgar i'w weld. Roedd Javid eisiau ei ddiweddaru ar y wybodaeth o gamera cylch-cyfyng y dafarn ac roedd plismon ifanc, PC Tom Evans, yn dweud bod ganddo wybodaeth am Mari Llywelyn oedd yn berthnasol i'r ymchwiliad.

"Elli di aros am bum munud plis?" gofynnodd wrth Javid tra ei fod yn hebrwng PC Evans i mewn i'w swyddfa. Roedd y plismon ifanc, bochgoch yn syllu'n ddisgwylgar arno, yn anghyfarwydd â chwarae rhan mewn mater mor ddifrifol â llofruddiaeth.

"Nawr, Tom, beth yw hyn am Mari Llywelyn? Stedda am funud."

Dechreuodd Tom Evans adrodd ei stori'n eiddgar. "Chi'n gweld, pan glywes i bod hi'n cael ei hame yn achos y dyn 'na gafodd ei ladd yn Nantglas, des i'n syth yma o Lanelli achos 'mod i 'di delio gyda ffrwgwd rhyngthi hi a dyn arall 'nôl ym mis Ionawr." Edrychodd ar ei lyfr nodiadau. "Y degfed i fod yn gywir."

"Pa fath o ffrwgwd?" Crychodd Aaron ei dalcen.

"Roedd hi'n nos Sadwrn, bwyti chwarter wedi naw y nos pan ges i alwad i fynd i'r Steakhouse… chi'n gwbod, y bwyty 'na ddim yn bell o'r sinema yn Llanelli."

"O, ie, fi'n gwbod am y lle."

"Ffoniodd y rheolwr yr heddlu achos bod menyw a boi

ifanc yn cael ffrae fawr ac roedd e'n ofon y byddai'n mynd yn draed moch yna. O'n i'n digwydd bod reit ar bwys y lle a pan gyrhaeddes i, gweles i fod Mari Llywelyn yn sefyll ar ei thrâd yn gweiddi ar y boi ac roedd hi wedi gafel mewn cyllell... chi'n gwbod, un o'r *steak knives.*"

"Mari Llywelyn?" gofynnodd Aaron, wedi ei synnu bod y fenyw barchus hon wedi ymddwyn yn y fath fodd.

"Ie... Wedi deall, roedd y llanc yn y car laddodd gŵr Mrs Llywelyn... a'i frawd oedd yn gyfrifol am y ddamwain."

"Fi'n gweld."

"Roedd hi'n amlwg ei fod e'n reit feddw ac roedd e 'di bod yn sarhaus iawn tuag ati hi, yn beio'i gŵr am achosi'r ddamwain... a'r ffaith bod ei frawd 'di cael wyth mlynedd o garchar, wedi colli ei waith, ei gariad a'i blant. Wedodd e fod Hywel Llywelyn yn haeddu marw."

Nodiodd Aaron Jones.

"Pan gyrhaeddes i," aeth y plismon yn ei flaen, "Roedd hi'n chwifio'r gyllell o'i flân e, yn amlwg 'di colli ei thymer yn lân, a clywes i hi'n gweud rhwbeth yn debyg i: '*Apologise, you little bastard. Your brother deserves to rot in jail for the rest of his life for what he did.*'"

"A llwyddest ti i ddistewi'r sefyllfa, fi'n cymeryd?"

"Do, do. Gollyngodd Mrs Llywelyn y gyllell ar unwaith pan welodd hi fi ac ymddiheurodd hi am greu helynt. Es i â'r boi ifanc mas o'r bwyty a gweud 'tho fe am fynd gartre cyn i fi ei arestio fe am fod yn feddw ac am ymddwyn yn fygythiol."

"A dyna oedd diwedd y peth?"

"Ie. O'n i ddim yn gweld bod angen neud dim byd pellach, ond gwnes i logio'r *incident* wrth gwrs."

"Ac wyt ti'n meddwl y bydde Mari Llywelyn 'di defnyddio'r gyllell petaet ti heb gyrraedd?" holodd Aaron.

"'Alla i ddim â gweud," atebodd PC Evans. "Ond roedd golwg eitha gwyllt arni ac roedd hi 'di ypseto'n lân."

"Wel, diolch yn fawr am ddod i weud 'tho fi am hyn... mi allai fod yn eitha allweddol i'r ymchwiliad. Ac... o, ie, 'nei di adrodd yr hanes wrth DS Davies y funud y daw hi'n ôl i'r swyddfa. Mae'n bwysig ei bod hi'n cael gwbod am hyn."

+

Wrth i Tom Evans adael, galwodd DI Jones ar Javid i ddod drwodd i'r swyddfa. Er ei fod yn dal yn ei ugeiniau, roedd Javid yn un o'r ditectifs mwya craff y bu Aaron Jones yn cydweithio ag e yn ystod ei yrfa a bu'n gymorth i roi sawl drwgweithredwr dan glo yn y blynyddoedd diwethaf. Felly, roedd yn parchu ei farn.

"Oes unrhyw beth diddorol 'di dod i'r golwg ar CCTV y dafarn, Javid?"

"Oes a nac oes," ysgydwodd Javid ei ben.

"A beth yn union ma hynny fod i feddwl?"

"Mae'r ffaith bod dim byd llawer i'w weld ar y camerâu yn gallu gweud lot."

"Ocê, 'te, beth ffeindiest ti?"

"Mae gyda'r dafarn ddou gamera... un yn pwyntio at y maes parcio yn uwch lan yr hewl a'r llall yn sownd i'r arwydd uwchben y drws ffrynt, yn pwyntio i lawr yr hewl tuag at gartre Mari Llywelyn. Dyw e ddim yn un pwerus iawn... debyg taw ei bwrpas yw recordio pwy sy tu fas i'r dafarn rhag ofon i rywun dreial torri mewn."

"Fydd e ddim lot fawr o help i ni, 'te?"

"Na... Ac achos bod y dafarn ychydig o lathenni o'r ffordd fawr, mae'r camera yma'n dangos beth oedd yn mynd a dod ar y lôn chwith rhwng y tŷ a'r dafarn, ond does dim modd gweld yn glir beth oedd yn mynd ymlân ar yr ochr arall i'r hewl."

"A pa mor bell i lawr yr hewl mae'r camera'n gallu gweld?"

"Ddim yn bell iawn… tua hanner ffordd i lawr yr hewl tuag at y tŷ."

"Ydyw e'n ddigon pwerus i ddangos rhife'r ceir oedd yn gyrru o gyfeiriad y Garreg Wen tuag at y dafarn?"

"Nag yw, mae arna i ofon. Ni'n gallu gweld lliw a *make* y ceir yn fras ond dydy'r *plates* ddim yn glir."

"A gwnaeth y camerâu bigo lan unrhyw bobol oedd o gwmpas ar droed yn y cyfnod yna?"

"Roedd hi'n eitha tawel achos does dim llawer o dai yn y cyffinie ond ni 'di llwyddo i gael llunie saith o bobol oedd ar yr hewl rhwng chwarter wedi whech a chwarter wedi saith neithiwr." Edrychodd Javid ar ei nodiadau cyn troi yn ôl at Aaron.

"Dyn oedrannus aeth lan a lawr yr hewl i brynu cwpwl o boteli o'r dafarn, dwy fenyw ifanc yn gwthio bygis, dou fachgen tua pymtheg oed oedd â'u trwyne yn eu ffône, cwpwl canol oed yn cerdded y ci a menyw oedd mas yn rhedeg."

"Felly, neb oedd yn debygol o ishe lladd Emyr Hughes yn y Garreg Wen?"

"Dyw hi ddim yn edrych fel'ny," atebodd Javid. "Ond mi fyddwn ni'n treial mynd ar ôl pawb welson ni ar y CCTV i'w holi nhw ac i weld beth sy gyda nhw i weud."

"Ocê, 'te… o'r dystioleth ar y camerâu ar ddrws ffrynt y tŷ ac o flaen y dafarn, ni ddim 'di gallu gweld neb yn cyrraedd na'n gadael Y Garreg Wen rhwng yr amser y cyrhaeddodd y *deceased* y tŷ a'r amser gwelson ni Mari Llywelyn yn cyrraedd gartre?"

"Cywir."

"Da iawn. Edrych ymlân at glywed beth fydd gyda'r rhai gafodd eu dal gan y camera i weud pan gewch chi hyd iddyn nhw."

24

Roedd hi wedi troi hanner awr wedi pump erbyn i Mari a Siôn gymryd eu seddi drachefn yn yr ystafell gyfweld. Y tro hwn, dim ond DI Aaron Jones oedd o'u blaenau ond dywedodd hwnnw y byddai DS Melissa Davies yn ymuno â nhw unwaith yr oedd hi wedi cyrraedd yn ôl yn swyddfa'r heddlu.

Roedd yr ystafell yn edrych yr un mor oeraidd a digymeriad wrth i lygaid Mari grwydro o gwmpas y welydd moel. Teimlai ei nerfusrwydd yn dychwelyd wrth iddi geisio gwneud ei hun yn gyfforddus.

"Iawn, os ydych chi'n barod, fi'n ailddechrau'r cyfweliad," pwysodd DI Jones fotwm y recordydd. Roedd ei lais yn swnio'n gyfeillgar ac yn rhesymol ond roedd ei gwestiwn cyntaf yn un annisgwyl.

"Fyddech chi'n disgrifio'ch hunan fel person treisgar mewn unrhyw ffordd, Mari?" gofynnodd â'i wyneb yn hollol ddi-emosiwn.

"Na, ddim o gwbwl," atebodd hithau'n bendant, gyda golwg ddryslyd ar ei hwyneb.

"Fyddwch chi fyth yn colli'ch tymer?"

"Wel, mae pawb weithie, ond y'n nhw?"

"Ydyn nhw? Ond fe fyddwch chi weithie... yn colli'ch tymer, hynny yw?"

"Sa i'n gwbod... siŵr o fod, os bydd rhywbeth yn fy ngwylltio i ddigon."

"Ydych chi'n cofio colli eich tymer ar ryw nos Sadwrn nôl ym mis Ionawr?" Edrychodd i lawr ar ei nodiadau. "Y degfed i fod yn gywir."

Syllodd Siôn yn galed ar Mari, "Does dim rhaid i chi ateb, Mari, os nad y'ch chi'n siŵr at beth mae DI Jones yn cyfeirio."

"Na, mae'n iawn, fi'n cofio'n iawn beth ddigwyddodd y noson honno."

Er gwaetha'i geiriau hyderus, teimlai Mari'n anesmwyth iawn.

"Ydw i'n gywir i weud eich bod chi 'di bygwth dyn ifanc â chyllell mewn bwyty o'r enw y Steakhouse yn Llanelli ar Ionawr y degfed eleni?"

"Nac ydych," atebodd Mari'n bendant, heb dynnu ei llygaid oddi ar wyneb y ditectif.

"Felly, beth yw eich fersiwn chi o beth ddigwyddodd?" Pwysodd Aaron Jones yn ôl yn ei sedd a phlethu ei ddwylo.

Cymerodd Mari anadl ddofn cyn ymateb. "O'n i 'di mynd i'r lle gyda fy ffrind, Sara, ar ôl gwylio ffilm yn y sinema... sy ddim yn rhy bell o'r Steakhouse. Ddim dyna'r math o le y bydda i'n mynd iddo fe'n arferol, ond roedd e'n gyfleus."

"Ie, fi'n gwbod am y lle."

"Daeth Lee i mewn... hynny yw brawd Guy Jenkins, gyrrwr y car laddodd Hywel..."

Oedodd Mari a llyncu'n galed.

"A pan welodd e fi, daeth e draw ata i yn syth a dechre gweiddi arna i. Chi'n gweld, roedd e yn y llys drwy gydol achos ei frawd, felly roedd e'n gwbod yn gwmws pwy o'n i."

"A pa fath o bethe roedd e'n gweiddi arnoch chi?" Edrychodd DI Jones i lawr ar y nodiadau oedd ar y ddesg.

"Gweud taw bai Hywel oedd y ffaith bod ei frawd 'di cael

wyth mlynedd o garchar... bod e ddim yn ffit i fod ar yr hewl... bod e'n *'fucking idiot on two wheels'*... pethe fel'na."

Roedd llais Mari'n crynu... roedd yn amlwg ei bod dan deimlad,

"A gafaeloch chi mewn cyllell a dechre ei fygwth e, fi'n deall?"

Edrychai wyneb Siôn Elias yn syn ac roedd ar fin torri ar draws pan atebodd Mari.

"Dim ond pan wedodd Lee fod Hywel yn haeddu marw... do... pwynties i'r gyllell ato fe a gweud 'tho fe am ymddiheuro."

"A beth ddigwyddodd wedyn?"

"Wedyn cyrhaeddodd y plismon a rhoies i'r gyllell i lawr yn syth."

"Oes posibilrwydd y byddech chi 'di defnyddio'r gyllell mewn unrhyw ffordd pe bai'r sefyllfa 'di gwaethygu, chi'n meddwl?" gofynnodd y ditectif yn ofalus.

"Na, ddim o gwbwl," meddai Mari'n daer. "O'n i jyst ishe dychryn y penci bach... neud iddo fe ymddiheuro am beth roedd e wedi'i weud."

Yr eiliad honno daeth cnoc ar y drws a cherddodd DS Melissa Davies i mewn gan gyfarch Mari a Siôn, yr hyder yn ei llais ac yn ei hosgo'n amlwg. Cymerodd y sedd nesaf at DI Aaron Jones a rhoes ddarn o bapur o'i flaen ar y ddesg.

Oedodd DI Jones i ddarllen y nodyn a nodiodd cyn dweud, "Ar gyfer y cofnod mae DS Davies newydd ymuno â ni. Ocê, 'te, gwnawn ni gario mlân ar drywydd arall... y CCTV."

"Ydych chi 'di ffeindio rhywbeth?" holodd Mari'n obeithiol. "Weloch chi pwy ddaeth i'r tŷ cyn i fi gyrraedd gartre?"

"Naddo, mae arna i ofon. Dydy'r camera ar y drws ffrynt

ddim 'di cofnodi neb ond y dyn gafodd ei ladd a chithe'n cyrraedd y tŷ yn gynnar neithiwr."

"Ond bydde rhywun 'di gallu mynd rownd i gefen y tŷ heb gael ei weld." Roedd golwg ymbilgar yn llygaid Mari.

"Digon posib. A bydde'n rhaid eu bod nhw ar droed neu mi fyddai'r camera 'di gweld eu car. Does dim modd parcio yn yr hewl ar bwys eich dreif, o's e?"

"Nago's… mae 'na dipyn o dro yn yr hewl, jyst cyn cyrredd Y Garreg Wen, ac mae'r hewl yn gul. Mae'r ffordd yn droellog iawn am tua hanner milltir cyn hynny hefyd."

"A pe bai rhywun 'di parcio wrth ymyl y dafarn lan yr hewl, mae'n bosib y bydde'r llunie CCTV yn eu dangos yn cerdded i lawr tuag at eich tŷ. A doedd neb i'w weld ar y camera hwnnw chwaith."

Pwysodd Mari'n ôl yn ei sedd ac anadlu'n drwm. Trodd i edrych ar ei chyfreithiwr, ond roedd hi'n methu â dirnad beth oedd yn mynd trwy feddwl hwnnw.

"Nawr, fi'n credu bod ychydig mwy o gwestiyne gyda DS Davies i'w gofyn." Troes DI Jones ei lygaid i gyfeiriad ei gydweithiwr.

Synhwyrodd Mari nad oedd cwestiynau DS Melissa Jones yn mynd i fod yn rhai hawdd a bu tawelwch anesmwyth am rai eiliadau wrth i DS Davies roi trefn ar ei phapurau.

Torrodd y DI ar y distawrwydd.

"… Ond, Mari, fi'n credu y dylen ni glywed eich fersiwn chi o bethe unwaith eto'n gynta. Allwch chi weud wrthon ni beth yn union ddigwyddodd o'r amser yr aethoch chi i mewn drwy ddrws eich cegin am saith munud i saith neithiwr."

"Fi 'di gweud hyn i gyd 'thoch chi'n barod," meddai Mari ag ochenaid hir.

"Gawn ni'ch fersiwn chi eto plis?" Gwyrodd Aaron ei ben.

Edrychodd Mari tuag at Siôn a nodiodd yntau.

"Iawn, 'te, os ydych chi'n mynnu... Agores i'r drws cefen a gweles i Emyr Hughes yn gorwedd ar y llawr o flân yr Aga gyda cyllell yn ei frest. Es i'n syth ato fe a gafel yn y gyllell ond gollynges i'r peth ar unwaith."

Gallai Mari deimlo'r dagrau'n dechrau pigo ei llygaid unwaith eto.

"Yna trïais i whilo am *pulse* yn ei wddw ac yn ei arddwrn. O'n i mewn sioc... felly eisteddes i ar lawr am rai munudau, cyn ffonio'r heddlu, a wedyn ffonio'n ffrind. Es i ishte yn y stafell fyw a wedyn trodd yr heddlu lan."

Roedd golwg ddifrifol ar wyneb DS Melissa Davies. "Diolch," meddai'n swta.

Roedd Mari'n gallu synhwyro bod rhywbeth drwg ar fin digwydd. Roedd fel pe bai awyrgylch yr ystafell wedi newid rhywsut.

"Nawr licen i gynnig senario arall i chi sy tamed bach yn wahanol," meddai DS Davies.

Trodd Mari i wynebu Siôn eto ond roedd hwnnw'n syllu'n syth at y ditectif.

"Beth y'n *ni*'n meddwl ddigwyddodd, Mrs Llywelyn... oedd bod Emyr Hughes yn fyw ac yn iach pan aethoch chi mewn i'ch cegin neithiwr."

Teimlai Mair ei dyrnau'n cau'n dynn a'i chorff yn tynhau.

"Dyma'r dyn o'ch chi 'di ffurfio perthynas agos gydag e, ontife?... Dyn, yn eich geirie'ch hunan, o'ch chi'n gallu agor eich calon iddo fe."

Teimlai Mari ei chalon yn cyflymu. Gallai ragweld i ble'r roedd hyn yn arwain.

"Chi 'di cyfadde eich hunan eich bod chi'n unig ers i chi golli'ch gŵr, a nawr roedd gyda chi gyfle i ffeindio hapusrwydd unwaith eto… gyda'r dyn o'ch chi'n ei alw'n Ifan James. A gweud y gwir, o'ch chi mor *besotted* gydag e, o'ch chi'n ystyried handio drosodd ugen mil o bunne i'w helpu fe mas gyda'i brobleme ariannol, on'd o'ch chi?"

Roedd Mari ar fin torri ar ei thraws, pan aeth y ditectif yn ei blaen.

"Ond doedd eich perthynas chi ddim 'di mynd yn ddigon pell yn eich meddwl chi, oedd e? Dyna pam ofynnoch chi iddo fe dreulio'r noson yn eich tŷ."

"Fi 'di gweud 'tho chi… dyw hynny ddim yn wir," gwaeddodd Mari, ond doedd DS Melissa Davies yn cymryd dim sylw.

"Ond digwyddodd rhywbeth i newid eich meddwl, on'd do fe? Nethoch chi ffeindio mas pwy oedd Ifan James mewn gwirionedd, neu wedodd e wrthoch chi ei hunan?… taw Emyr Hughes oedd e, ei fod e'n ddyn priod a'i fod e ond yn eich defnyddio chi."

"So i'n gwbod am beth chi'n sôn." Siglodd Mari ei phen, wedi drysu'n lân.

"Beth bynnag ddigwyddodd, fe golloch chi'ch tymer, on'd do fe?… Yn yr un ffordd â pan afaeloch chi yn y gyllell 'na a bygwth ymosod ar Lee Jenkins yn y Steakhouse nôl ym mis Ionawr."

"Rybish llwyr," protestiodd Mari, â'i chalon yn ei gwddf.

"Pan ffeindioch chi mas fod Emyr Hughes 'di bod yn eich twyllo chi er mwyn cael ei ddwylo ar eich arian… pan sylweddoloch chi fod eich holl obeithion am ddyfodol gyda'ch gilydd 'di whalu'n rhacs, o'ch chi'n ffaelu rheoli eich tymer, o'ch chi?"

"Plis, gwedwch wrthi am stopio," ymbiliodd Mari ar DI Jones. Ond y cyfan a wnaeth ef oedd edrych yn syth i'w llygaid.

"Felly, gafaeloch chi yn y gyllell oedd wedi ei gosod yn gyfleus ar yr ynys wrth eich ymyl ac fe wthioch chi'r gyllell honno i frest Emyr Hughes, a'i drywanu i farwoleth."

"Na... na. Dyw hynny ddim yn wir," ysgydwodd Mari ei phen yn ffyrnig.

Oedodd DS Davies am ychydig i edrych ar ei nodiadau. Roedd yn amlwg i Mari ei bod hi wedi paratoi ei sgript yn ofalus o flaen llaw.

"Ac ar ôl i chi sylweddoli beth o'ch chi 'di neud," aeth DS Davies yn ei blaen, "nethoch chi alw ambiwlans yn syth er mwyn ceisio achub ei fywyd e? Naddo wir. Y cyfan nethoch chi oedd ishte ar lawr y gegin yn concoctio'ch alibi. Nethoch chi bopeth posib i dreial achub eich crôn eich hunan drwy infentio rhyw stori dylwyth teg am drydydd person oedd 'di landio yn eich cartre'n ddigon cyfleus cyn i chi gyrredd gartre a lladd Emyr Hughes. A rhag ofon fod unrhyw dystioleth yn eich erbyn chi, cesoch chi wared â'i ffôn cyn gynted ag y gallech chi."

Ni allai Mari wneud dim ond syllu'n anghrediniol ar y ditectif.

"Y broblem yw," meddai honno, "doedd dim trydydd person, oedd e? Dy'n ni ddim 'di gallu ffeindio unrhyw arwydd fod neb 'di mynd mewn neu mas o'ch tŷ chi rhwng yr amser y cyrhaeddodd y *deceased* eich cartre a'r amser y cyrhaeddoch chi gartre. Felly, oni bai fod y person hwnnw'n ymddangos yn wyrthiol *out of thin air*, does gyda ni ddim dewis ond dod i'r casgliad taw chi yw'r llofrudd."

Gadawodd Melissa'r geiriau'n hongian yn yr awyr am eiliad neu ddwy cyn cau ei llyfr nodiadau gyda chlep.

Roedd llais DI Aaron Jones yn ddistaw ac yn dyner, "Nawrte Mari, chi 'di clywed beth oedd gyda DS Davies i weud. Os yw hyn yn wir, yna y peth gore i bawb... i chi yn enwedig... yw cyfadde'ch bod chi 'di lladd y dyn gawson ni'n farw yn eich cartre… falle ddim ar bwrpas…"

"Na!" gwaeddodd Mari ar ei draws, gan godi ei phen a syllu'n syth i lygaid y ditectif. "Does gyda fi ddim bwriad yn y byd i gyfadde i rywbeth fi'n hollol ddieuog ohono fe."

Roedd ei llygaid yn pefrio.

"A gyda llaw, DS Davies, chi'n gwbod yn iawn ble gallwch chi stwffio'ch stori dylwyth teg **chi**!"

"Cymerwch bwyll, Mari," meddai Siôn Elias yn araf. "Does gyda'r heddlu ddim tystiolaeth o gwbwl i gadarnhau beth mae DS Davies wedi ei weud am eich perthynas ag Emyr Hughes."

"Wel… ym, gwell i ni derfynu'r cyfweliad yn fanna, fi'n credu." Diffoddodd DI Jones y peiriant recordio'n gyflym.

"Cytuno," trodd Siôn ato. "Oherwydd *conjecture* llwyr yw'r hyn ry'n ni newydd ei glywed gan DS Davies. Yr unig dystioleth sy gyda chi i gefnogi'r honiade taw Mari yw'r llofrudd yw olion ei bysedd ar y gyllell ac mae hi 'di rhoi eglurhad hollol resymol i chi am hynny. Dyw'r ffaith eich bod chi 'di ffaelu cael hyd i'r llofrudd ar y CCTV yn golygu dim byd. Mae sawl ffordd o gyrraedd y Garreg Wen heb gael eich gweld gan unrhyw gamera a fi'n deall bod eich ymholiade yn yr ardal leol ond megis dechre. Mae Mari, druan, yn amlwg 'di cael ei bradychu gan dwyllwr hollol ddiegwyddor… a siawns taw ddim hi oedd yr unig un."

"Mae'n ddigon posib eich bod chi'n gywir, Siôn," roedd llais DI Aaron Jones dipyn yn fwy cymodlon, "ond mae'n rhaid i ni edrych ar y sefyllfa o bob ongl."

"Nawr, DI Jones," meddai Siôn wrth y ditectif, "Chi'n gwbod yn iawn fod dim digon o dystioleth gyda chi i gyhuddo Mari o unrhyw drosedd… dim hanner digon i fodloni'r CPS beth bynnag. Chi wedi rhoi Mrs Llywelyn drwy ddigon o boen am un diwrnod, felly ga i awgrymu eich bod chi'n ei rhyddhau hi ar unwaith."

"Iawn, 'te," cyfeiriodd DI Jones ei sylwadau at Mari. "Mrs Llywelyn, byddwch chi'n cael eich rhyddhau ar fechnïeth yr heddlu ond yn ddi-gyhuddiad ar hyn o bryd."

Gwelodd y ditectif wyneb DS Davies yn disgyn i'w sodlau, ond cariodd ymlaen, "Bydd hyn yn amodol ar adrodd i Swyddfa Heddlu Rhyd-dderwen am ddeg o'r gloch bob bore o ddydd Llun ymlân hyd nes y clywch chi'n wahanol. Gall eich cyfreithiwr egluro i chi beth yw oblygiade hynny. Fe allwn ni'ch galw chi'n ôl ar unrhyw adeg i gael eich holi ymhellach os ydyn ni'n teimlo y bydd hynny'n help i'n hymchwiliade. Ond, yn y cyfamser, Mari, rydych chi'n rhydd i fynd."

"Diolch byth," ochneidiodd hithau.

"Gyda llaw," meddai'r ditectif. "Mae corff y dyn roeddech chi'n ei nabod fel Ifan James erbyn hyn wedi ei adnabod yn ffurfiol fel Emyr Hughes, dyn priod pedwar deg pump oed o Lanelli."

Y cwbl a wnaeth Mari oedd rhoi anadl drom.

"A… o, ie, Mari. Oes gyda chi rywle i aros am y tro? Mae fforensics yn dal i neud eu gwaith yn eich cartre. "

"Fi'n siŵr galla i ffeindio rhywle," atebodd yn swta.

"Dewch, Mari, awn ni," gafaelodd Siôn yn ei braich.

Nawr roedd corff Emyr Hughes wedi ei adnabod yn ffurfiol, tasg nesaf DI Aaron Jones oedd briffio'r swyddog oedd yn paratoi'r datganiad i'r wasg oedd i'w ryddhau'r bore canlynol. Doedd y ditectif ond yn gobeithio y byddai rhywun yn gwybod mwy am fywyd twyllodrus Emyr Hughes wedi i'w enw a llun ohono gael ei gyhoeddi ar y rhyngrwyd.

+

Ar ôl i Mari fynd trwy'r protocolau o gael ei rhyddhau ar fechnïaeth yr heddlu, roedd yn rhaid iddi benderfynu beth roedd hi am ei wneud nesaf. Roedd hi'n siŵr y gallai hi fwcio ystafell yn y Dderwen Arms am gwpl o nosweithiau ond y cyfan roedd hi eisiau ei wneud yr eiliad honno oedd bod yng nghwmni ffrindiau a gwyddai y byddai croeso iddi yng Ngwynfan. Ar ôl iddi gasglu ei heiddo, trodd ei phen i edrych ar y coridor a arweiniai at y celloedd, gan weddïo na fyddai'n rhaid iddi gerdded y ffordd yna fyth eto.

Derbyniodd Mari gynnig Siôn Elias i'w hebrwng y tri chan llath o Swyddfa'r Heddlu at Wynfan a cherddodd y ddau ohonynt mewn distawrwydd ar hyd y ffordd.

"Diolch i chi am bopeth," meddai Mari pan gyrhaeddodd giât y tŷ.

"Dim problem," atebodd Siôn. "Bydda i mewn cysylltiad os clywa i rywbeth pellach. Felly gwell i mi gael eich rhif ffôn."

+

Yn ara deg, adroddodd Mari holl hanes ei harhosiad yn Swyddfa'r Heddlu wrth Sara a Carwyn. Bu'n rhaid iddi stopio sawl gwaith pan oedd yr emosiwn yn ormod iddi, ond gwrandawodd ei ffrindiau'n astud ar ei stori. Ar ôl iddi orffen, cynigiodd Sara blatiaid o fwyd iddi ond roedd Mari'n methu bwyta bron dim ohono.

"Fi'n ffaelu credu bod yr heddlu'n meddwl bod ti 'di cael *affair* gydag Ifan... neu Emyr Hughes." Ysgydwodd Sara ei phen. "A wedyn treial gweud bod ti wedi ei lofruddio fe pan ffeindiest ti mas ei fod e'n briod. Ydyn nhw wir yn meddwl bod hynny'n ddigon o reswm i ladd rhywun?"

"Ar ôl clywed beth ti'n newydd weud, Mari, fydden i ddim

yn poeni gormod am y pethe di-sail mae DS Melissa Davies yn eu honni," meddai Carwyn, gan wneud ei orau glas i godi ei chalon. "Aaron Jones sy'n arwain yr ymchwiliad a fe yw'r un fydd yn gwneud y prif benderfyniade."

Cododd Mari ei hysgwyddau, "A bod yn onest, sa i'n gwbod beth i feddwl erbyn hyn."

Edrychodd Sara arni'n dyner. "Gwranda, Mari, ti'n edrych fel 'se ishe noson iawn o gwsg arnat ti ar ôl popeth. Ti'n gwbod yn iawn y bydde croeso i ti aros yma fel arfer ond gyda'r estyniad ar ei hanner, mae cefen y tŷ fel safle adeiladu."

"Mae'n ocê..." Edrychai Mari'n ddigalon. "Fi siŵr o gael lle yn y Dderwen Arms."

"Na, na... Fi 'di siarad gyda fy Anti Hannah – a digwydd bod, mae un o'i bythynnod gwylie ym Maesyderi'n wag tan y Pasg. Mae hi'n dweud bod croeso i ti aros yno nes cei di fynd 'nôl i'r Garreg Wen."

"Fi ddim ishe creu trafferth iddi."

"Mi fydd hi wrth ei bodd yn helpu mas ar adeg fel hon. Fi 'di paratoi bag gyda digon o ddillad a stwff molchi i ti hyd nes cei di fynd 'nôl gartre. Lwcus bod ni'r un maint."

Ceisiodd Mari ei gorau i wenu. O'r diwedd roedd hi wedi dechrau ymdawelu rhywfaint ar ôl yr holl emosiynau a gorddwyd gan ei harhosiad yn Swyddfa'r Heddlu.

"Aiff Carwyn â ti draw i Maesyderi nawr. Mae Hannah yn dy ddisgwyl di."

"Wela i di fory?" gofynnodd Mari, dagrau yn ei llygaid.

"Wrth gwrs. O'n i'n meddwl y bydden i'n gorfod paratoi erthygl i *Gymru Fyw* ar ôl derbyn datganiad i'r wasg gan yr heddlu, ond pan soniais i wrth Carys, y bos, ein bod ni'n dwy'n ffrindie agos, wedodd hi na ddylwn i ymwneud dim â'r achos. Ddim ishe i neb feddwl 'mod i'n dangos ffafriaeth, medde hi, felly fi 'di gorfod dirprwyo pob adroddiad ar y mater i Glesni."

"Dim gwaith i ti fory felly?"

"Na. A gan taw dyna'r unig stori fawr yn y De Orllewin ar y funud, awgrymodd Carys 'mod i'n cymryd gwylie, gan fod tipyn o ddyddie ar ôl 'da fi cyn diwedd y flwyddyn ariannol. Wedyn mi fydda i'n rhydd fory ac mi ddaw Carwyn a minne draw i Maesyderi tua un o'r gloch i weld shwt wyt ti."

25

Roedd PC Emma Allen yn disgwyl amdano yn ôl y trefniant pan gyrhaeddodd Aaron Jones ei swyddfa'r bore canlynol. Hi oedd yn gyfrifol am drefnu'r holi o dŷ i dŷ yng nghyffiniau'r Garreg Wen ac am geisio dod o hyd i'r unigolion a ddaliwyd ar y camera cylch-cyfyng o gwmpas amser y llofruddiaeth.

"Shwt aeth hi yn Nantglas?" holodd Aaron wrth sipian ei goffi.

"Digon tawel," atebodd Emma. "Neb llawer mas amser hyn o'r flwyddyn."

Gwenodd Aaron. "Ocê, 'te, beth yw'r diweddara? Gest ti afel ar y lanhawraig a'r garddwr prynhawn ddô?"

"Do... y ddou'n gweud bod Mari'n newid rhif y *keybox* bob rhyw chwe mis ac yn taeru'u bod nhw ddim 'di rhoi'r rhif i neb arall."

"Gest ti wbod unrhyw beth arall wrthon nhw?"

"Wedodd y *cleaner* fod y tŷ 'di cael ei ail-wneud yn lyfli a'i fod yn lle braf iawn i weithio... fod Mari'n fenyw neis iawn ac yn hael gyda'i harian... presante Nadolig a pethe fel'na."

"A beth am y garddwr?"

"Ches i ddim lot o sens wrtho fe... gweud ei fod e'n neud ei waith yn yr ardd a dyna'r cwbwl. Prin roedd e'n gweld Mari Llywelyn pan oedd e yno, medde fe."

"A'r ffrind – Sara Price?"

"Wel, chi'n nabod honno'n iawn, on'd y'ch chi? Y ferch

’na o’r BBC wnaeth y podcast am Elen Puw, y ferch ysgol ddiflannodd o Ryd-dderwen flynyddoedd yn ôl.”

“Ydw, wrth gwrs,” atebodd Aaron. “Fydden i ddim yn gweud hyn tu fas i’r bedair wal ’ma ond gwnaeth hi dipyn gwell job na’r heddlu’n ffeindio mas beth ddigwyddodd i’r ferch ’na, druan. A beth oedd gyda hi i weud?”

“Wedodd Sara Price ei bod hi a Mari’n ffrindie agos a’i bod hi’n mynd a dod lot i’r Garreg Wen ar ôl i Hywel gael ei ladd. A bod Mari’n dal i roi rhif y *keybox* iddi bob tro y byddai’n ei newid rhag ofon y byddai angen iddi fynd i’r tŷ.”

“Oedd hi’n gwbod rhwbeth am Ifan James... hynny yw Emyr Hughes?”

“Roedd Sara’n gwbod bod Mari’n mynd am dro weithie gyda rhyw ddyn roedd hi wedi cwrdd ag e ar-lein, ond doedd hi ddim ’di clywed am y trefniade ar gyfer nos Wener. Bydde hi ’di rhybuddio Mari yn erbyn y peth pe bai hi’n gwbod, medde hi. Beth bynnag, roedd hi’n holi lot am ei ffrind – ishe gwbod pryd bydde hi’n cael ei rhyddhau ac yn mynnu nad oedd gan Mari ddim byd oll i’w wneud â’r llofruddieth.”

“Wel, dyna beth fyddet ti’n ei ddisgwyl gan rywun â’i ffrind gore dan glo, ontife? A beth am y bobol ar y CCTV? Ti ’di llwyddo i gael hyd iddyn nhw?”

“Pawb ond un,” atebodd Emma, gan droi i edrych ar ei nodiadau unwaith eto.

“Yn gynta, yr hen ddyn welson ni’n mynd i’r Llew Coch. Mae e’n byw mewn byngalo rhwng y Garreg Wen a’r dafarn. Roedd e’n gallu cadarnhau ei fod e ’di gweld y rhedwraig oedd ar y CCTV yn rhedeg lan tuag at y dafarn fel roedd e’n cerdded o ’na, ond doedd e ddim yn nabod hi. Welodd e ddim byd arall, medde fe.”

“Biti.”

"Wedyn y ddwy fenyw gyda'r bygis. Mae un yn byw tua chwarter milltir o'r dafarn a'r llall... ei ffrind, yn byw yn Rhyd-dderwen. Roedd y ddwy 'di mynd am dro i dreial cael y plant i gysgu, medden nhw, a heb sylwi ar ddim byd anghyffredin."

"Beth am y bechgyn ifanc? Ffeindiest ti nhw?"

"Do, o'n nhw 'di bod yn prynu Cokes yn y dafarn. Dou frawd o'n nhw... *fifteen* a *sixteen* felly holes i nhw gyda'u mam yn bresennol. Maen nhw'n byw yn un o'r tai teras yn y pentre. Wedon nhw eu bod nhw'n whare gemau ar eu ffôns a heb weld dim byd."

"*Typical.*"

"Wedyn y cwpwl oedd yn cerdded y ci... o'n nhw'n bâr neis iawn ond braidd yn fusneslyd. Yn byw yn uwch lan yr hewl na'r Llew Coch. O'n nhw'n mynnu 'mod i'n cymryd dishgled a sgonsen ac ishe gwbod popeth am y llofruddieth. Wrth gwrs o'n i'n ffaelu gweud lot wrthyn nhw. O'n nhw'n gallu cadarnhau'u bod nhw 'di cael diod yn y dafarn a 'di gweld y rhedwraig hefyd ond ddim yn gwbod pwy oedd hi... a hi yw'r unig un ar y CCTV fi 'di ffaelu ffeindio. Ni 'di dangos ei llun hi wrth fynd o ddrws i ddrws, ond does neb yn gwbod pwy yw hi."

"Ffeindioch chi rwbeth arall mas gan rywun yn y pentre?

"Na, dim lot," atebodd y blismones. "Roedd rhai o'r trigolion lleol ar bigau'r drain, yn ofni bod llofrudd yn rhydd yn yr ardal ac ishe gwbod beth o'n ni'n neud am y peth."

"Dyw hynny ond i'w ddisgwyl, on'd yw e? Beth oedd gyda nhw i weud am Mari Llywelyn?"

"Roedd bron pawb holon ni yn ei nabod hi ac o'n nhw'n cofio'i gŵr hi, Hywel, hefyd. Cwpwl neis iawn, medden nhw. Arfer bod yn dipyn o *fitness fanatics*... wastad mas ar eu beics."

Gwyrodd Emma ei phen i edrych ar ei nodiadau. "Pawb yn

gweud ei fod e'n drueni mawr bod Hywel 'di cael ei ladd a bod Mari 'di troi'n dipyn o *recluse* ar ôl hynny… bron byth yn ei gweld hi mas dyddie hyn."

"Ocê." Cododd Aaron o'i gadair a chamu o gwmpas y swyddfa, ei ddwylo yn ei bocedi a'i ben i lawr.

"Ni 'di bod yn canolbwyntio ar yr ardal rhwng y Garreg Wen a'r dafarn, gan taw fanna mae'r unig lunie CCTV sy gyda ni. Ond beth os oedd y llofrudd… a cymeryd taw ddim Mari Llywelyn yw hwnnw neu honno… wedi mynd i'r tŷ ar droed o gyfeiriad y pentre. Oes posib iddo fe gyrredd y drws cefen heb fynd lan y dreif? Fi'n cofio bod perth ywen dew ar ochor isa'r dreif a go brin bydde neb yn gallu dod trwy honna. Beth am waelod yr ardd?"

"Wel, licen i ddim treial torri i mewn ffor'na. Mae ffens bren tua pedair troedfedd o uchder ar waelod yr ardd… hynny yw, rhwng yr ardd a'r cae, ac mae llwyni rhosod yn dringo drosti o un pen i'r llall. Mae nifer o siedie ar ochr dde'r ardd a gwrych tew arall wedyn yr holl ffordd i'r hewl."

"A doedd neb o'r cymdogion yn y tai teras 'di gweld dim byd?"

"Na, neb."

"A neb yn nabod y rhedwraig?"

"Neb holon ni."

"Dangosa ei llun hi eto i fi."

Cliciodd Emma ar ei thabled i ddangos y llun a chraffodd y ditectif ar y delweddau aneglur. Roedd y rhedwraig yn ferch eithaf tal… yn gwisgo hwdi tywyll a throwsus rhedeg amryliw, cap pêl-fas ar ei phen a chynffon o wallt i lawr ei chefn.

"Hm… Biti ein bod ni'n ffaelu gweld ei hwyneb hi dan y cap yna."

"Na lliw ei gwallt."

"Beth am i ni dreial cael rhywun yn y pencadlys i weithio ar wella'r llun? Ac yn y cyfamser, cariwch chi mlân i holi'r bobl oedd yn y dafarn nos Wener."

26

Roedd DS Melissa Davies wedi trefnu bod Siân Hughes yn dod i'r orsaf i roi datganiad erbyn un ar ddeg ar fore dydd Sul yng nghwmni ei chwaer, oedd wedi teithio o Gaerdydd y bore hwnnw i fod gyda hi. Roedd gan Aaron Jones hanner awr i baratoi ac roedd newydd ddechrau llunio cwestiynau pan gurodd y sarsiant ar ei ddrws.

"Mae dwy fenyw tu fas i'ch gweld chi, Aaron."

"Siân Hughes a'i whâr chi'n meddwl?... Maen nhw'n gynnar." Dechreuodd roi trefn ar ei bapurau.

'Na, na. Mae'r ddwy yma 'di dod o Gaerfyrddin ac yn gweud bod gyda nhw wybodeth bwysig iawn am Emyr Hughes."

"Wel, gwell i fi'u gweld nhw, 'te," meddai Aaron yn siriol. "Ewch â nhw i'r stafell gyfweld a gwedwch y bydda i yna mewn munud."

Roedd dwy fenyw yn eu pedwardegau, mewn cotiau gaeaf ffasiynol, yn disgwyl yn eiddgar am DI Jones yn yr ystafell gyfweld. Fe'i cyflwynodd ei hun iddynt a chymryd sedd gyferbyn â nhw.

"Bore da. DI Aaron Jones dw i a chi yw...?"

"Helen Morris," atebodd un, "A Megan Rees," meddai'r llall, yn llawn hyder.

"A shwt galla i'ch helpu chi?"

"Fi'n credu taw ni sy'n gallu'ch helpu chi," atebodd Megan, gan nodio ei phen.

Cododd y ditectif ei aeliau.

"Ie, mae Megan yn iawn," meddai Helen Morris. "Chi'n gweld, pan weles i'r newyddion am y boi 'na gas ei ladd yn Nantglas ar *Cymru Fyw* bore 'ma, ces i yffach o sioc a ffonies i Megan yn syth... Chi'n gweld, ddim Emyr Hughes yw ei enw fe o gwbwl, ond Ifan James."

"A beth sy'n neud i chi feddwl 'na, Helen?"

Teimlai Helen fod llais y ditectif yn swnio braidd yn nawddoglyd ond atebodd yn syth.

"Wel, fi'n ei nabod e'n iawn. A pan weles i'r llun ar y sgrin, doedd gyda fi ddim dowt taw fe oedd e. Ac roedd e'n gweud ar ddiwedd y peth... y newyddion, hynny yw... os oedd gyda rhywun unrhyw wybodeth allai fod o help i'r ymchwiliad... i gysylltu â Heddlu Dyfed Powys yma yn Rhyd-dderwen. Wedyn ffones i Megan ar unwaith a daethon ni yma yn ei char hi ar unwaith."

"Diolch i chi ond shwt y'ch chi'n nabod y dyn 'ma... Ifan James?"

"O'n i'n..." dechreuodd Helen.

"Roedd e'n ei thwyllo hi," torrodd Megan ar ei thraws, yn awyddus i'r ditectif ddod i wybod y gwirionedd cyn gynted â phosib.

"Ac ym mha ffordd roedd e'n eich twyllo chi, 'te?" Roedd chwilfrydedd y ditectif yn amlwg.

"Wel, chi'n gweld," meddai Helen yn araf, "Colles i 'ngŵr, John, mewn damwain car dros ddeufis yn ôl... Mae gyda ni garej tu fas i Gaerfyrddin a daeth y dyn... ym, Ifan, i'r seremoni i gofio amdano fe. Roedd e'n nabod John, medde fe... wedi prynu sawl car wrtho fe. Wedodd e ei fod e'n gwbod shwt o'n i'n teimlo achos ei fod e hefyd 'di colli partner... hynny yw, ei wraig. Wedyn cynigiodd e helpu fi... i ddod dros y galar... a fe gwrddon ni sawl gwaith wedyn yn Llansteffan."

"A beth y'ch chi'n gwbod am y dyn yma?"

"Mae e'n ddyn busnes… rhywbeth i wneud â'r amgylchedd, yn byw tu fas i Gaerfyrddin… a mae 'da fe fab deunaw oed o'r enw Gwion."

"A shwt oedd e 'di colli'i wraig?"

"Mewn damwain ar eu gwylie."

Cododd DI Jones ei aeliau. "Ble oedd hynny?"

"Yn Nhwrci, wedodd e."

"Fi'n gweld. A beth arall wedodd e 'thoch chi?"

"Ei fod e'n cael trafferth gyda'r cwmni yswiriant ar ôl damwain ei wraig… pallu talu mas ar ôl iddo fe wneud y *claim*."

"Ofynnodd e i chi ei helpu fe mas o gwbwl?"

Oedodd Helen cyn ateb, yn teimlo ei hwyneb yn cochi.

"Roedd ishe rhywfaint o arian arno fe i dalu'r cwmni morgais, medde fe," atebodd yn frysiog, "A fydden i ddim 'di licio'i weld e'n mynd i drafferthion, ond ddaeth hi ddim i hynny. Aeth e ddim mor bell â gofyn i fi am yr arian."

"Mae arna i ofon, Helen, fod yr Ifan James 'ma 'di bod yn gweud celwydd wrthoch chi," meddai DI Jones mewn llais caredig.

"Ni'n gwbod 'na, on'd y'n ni?" Rowliodd Megan ei llygaid. "Fi ffeindiodd mas am y peth. Doedd y dyn ddim yn nabod John o gwbwl… eriôd 'di prynu car wrtho fe. A doedd dim sôn yn y newyddion am fenyw o ardal Caerfyrddin yn cael ei lladd yn Nhwrci. Wedyn perswadies i Helen i flocio fe ar ei ffôn a dyw hi ddim 'di clywed smic wrtho fe wedyn."

"A faint sy ers hynny?"

"Dim ond jyst dros wthnos," atebodd Helen.

"Ac mae'r negeseuon wrtho fe gyda chi ar eich ffôn?"

"Ydyn, maen nhw i gyd yn dal yna."

"Ga i weld y rhif roedd y dyn 'ma'n ei ddefnyddio i gysylltu â chi?"

Edrychodd DI Jones ar y rhif yn rhestr cysylltiadau Helen Morris, gan sylwi taw'r un rhif ffôn ydoedd â'r un a ddefnyddiodd Emyr Hughes i gysylltu â Mari Llywelyn.

"A gyda llaw," meddai Megan, cyn iddo fe gael cyfle i ddweud dim byd mwy. "Roedd Helen a minne'n siopa yn Marks Caerfyrddin am hanner awr 'di whech nos Wener a mae 'na ddigon o bobol sy'n gallu tystio i hynny. Wedyn peidiwch chi â meddwl bod gyda Helen unrhyw beth i wneud â hyn."

"O'n i ddim yn ame hynny am eiliad," meddai Aaron â gwên. "Nawr, fi'n ddiolchgar iawn i'r ddwy o'ch chi am ddod mewn bore 'ma. Wnaethoch chi'r peth hollol iawn yn dod i siarad gyda'r heddlu. Ond ni'n berffaith siŵr erbyn hyn taw Emyr Hughes, gŵr priod o Lanelli, oedd y person gafodd ei ladd nos Wener a byddwn ni'n gwneud ein gore glas i gael hyd i'r llofrudd."

Edrychodd Helen a Megan ar ei gilydd, gan ysgwyd eu pennau.

"Yn y cyfamser, a fyddech chi, Helen, gystal â rhoi datganiad i'r sarsiant yn gweud popeth y'ch chi'n gwbod am y dyn o'ch chi'n ei nabod fel Ifan James? Cofiwch, mae yna bosibilrwydd y byddwn ni angen defnyddio'r datganiad hwnnw mewn achos llys maes o law."

"Wrth gwrs, mi weda i'r cwbwl," cytunodd Helen yn frwd.

"Nawr, dewch gyda fi i weld y sarsiant."

"Wedes i, on'd do fe?" meddai Megan wrth Helen, gan nodio'i phen.

27

Roedd Siân Hughes yn edrych yn wan ac yn welw wrth i'w chwaer afael yn ei braich a'i hebrwng i'r ystafell gyfweld. Roedd y sglein wedi diflannu o'i gwallt hir, du oedd wedi ei glymu'n gynffon dynn y tu ôl i'w phen. Roedd ei llygaid yn goch ac yn chwyddedig ond roedd yn gwneud ei gorau i lonyddu ei theimladau wrth iddi gymryd ei sedd yr ochr arall i'r bwrdd i DI Aaron Jones.

"Diolch am ddod, Siân," meddai'r ditectif. "A diolch am fod yn ddigon dewr i fynd i nabod corff eich gŵr prynhawn ddoe. Ydych chi'n barod i neud y cyfweliad?"

"Ydw," atebodd Siân mewn llais distaw. "Fi ishe bod yn gymaint o help â phosib i chi."

"Mi fyddwn ni'n recordio'r cyfweliad os yw hynny'n iawn."

"Dim problem … fi jyst isie helpu."

"Chi ishe gweud wrthon ni pa fath o ddyn oedd eich gŵr, Siân? Wedoch chi ei fod e 'di diodde o iselder… chi'n gwbod beth oedd 'di achosi hynny?"

Edrychodd Siân i wyneb ei chwaer am eiliad neu ddwy cyn ymateb.

"Ym… roedd popeth yn iawn tan naw mis yn ôl." Roedd golwg bell yn ei llygaid. "Hynny yw, pan gollodd Emyr ei waith… dyna pryd ddechreuodd y trafferthion."

"Beth oedd ei waith cyn hynny?"

"Swyddog Iechyd a Diogelwch oedd e… gyda chwmni

Hyfforddiant Myrddin." Roedd rhywfaint o falchder yn ei llais wrth iddi yngan y geiriau hyn.

"Ond," aeth yn ei blaen yn araf, "yn anffodus, fel sawl cwmni arall, roedd angen gwneud toriade... Roedd swydd Emyr yn un o'r rhai oedd yn rhaid iddyn nhw golli."

Agorodd ei bag llaw ac estyn hances bapur.

"Wrth gwrs, cas e rywfaint o dâl *redundancy*, ond pharodd hwnnw ddim yn hir..."

Anadlodd yn drwm.

"Ar ôl hynny, doedd Emyr ddim yn gwbod beth i neud â'i hunan gartre drwy'r dydd. Ac roedd e'n poeni am yr arian... shwt i dalu'r morgais yn fwy na dim byd."

"Ac ydych chi'n gweithio, Siân?" Roedd llais DI Aaron Jones yn dyner.

"Ydw... fel gofalwraig. Fi'n helpu'r henoed yn eu cartrefi gyda'u gofal bob dydd... sbario nhw'n gorfod mynd i Gartrefi Henoed. Dyw e ddim yn talu llawer iawn ond mae e'n dod â lot o bleser i fi."

Daeth hanner gwên ar draws ei hwyneb am eiliad. "Mae rhai o'r hen bobol yn gymaint o gymeriade ac mae sawl un yn gwerthfawrogi'r help maen nhw'n ei gael. Wrth gwrs, fi 'di gorfod cymeryd mwy o *shifts* ymlân ers i Emyr golli ei waith."

"Wedoch chi fod Emyr 'di dechre wynebu trafferthion. Beth o'ch chi'n meddwl wrth hynny?"

"Fel wedes i, roedd e'n poeni am dalu'r morgais a dechreuodd e gamblo ar-lein er mwyn treial ennill digon o arian i dalu'r ddyled... Dim byd mawr ar y dechre ac roedd e'n ddigon lwcus i ennill cant neu ddou bob hyn a hyn."

Cymylodd ei hwyneb a dechreuodd ei gwefus isaf grynu.

"Ond wedyn... dechreuodd y peth gael gafel ynddo fe .. bydde fe wrthi ar y cyfrifiadur a'r ffôn ddydd a nos, ac yn lle helpu, aeth y sefyllfa'n wâth… lot gwâth… nes bod yr arian *redundancy* a'n *savings* ni i gyd wedi mynd."

"Trïoch chi whilo am help iddo fe, 'te?"

"Do, do… ac o'n i'n meddwl ei fod e 'di troi cornel. Chi'n cofio fi'n sôn am ei ffrind, Irfon?… O'n i'n meddwl taw ato fe roedd Emyr wedi mynd nos Wener."

"Ydw, ond doedd Irfon ddim wedi ei weld ers wthnose, wedoch chi?"

"Ie, wel, mae Irfon yn gwnselydd sy'n helpu pobol fel Emyr gyda'u probleme. Roedd Emyr 'di bod yn mynd ato fe lot yn ddiweddar ac o'n i'n meddwl bod pethe'n gwella."

Sychodd Siân ddeigryn bach yng nghornel ei llygad

Arhosodd DI Jones am eiliad neu ddwy iddi ddod ati ei hun.

"A shwt byddai Emyr yn treulio'i amser yn ystod y dydd?… Hynny yw, os oedd dim gwaith 'da fe?"

"O'n i'n treial ei gael e mas o'r tŷ gymaint â phosib," atebodd Siân. "Neu bydde fe ond yn dechrau'n ôl ar y gamblo os bydde fe'n aros gartre heb ddim byd i neud."

"A lwyddoch chi i berswadio fe?"

"Do, do." Swniai Siân ychydig yn fwy positif. "Yn ddiweddar roedd e 'di dechre mynd mas lot ar *weekends*… doedd dim ots gyda fi achos 'mod i'n gorfod gweithio'n amal ar ddydd Sadwrn a dydd Sul. Wedodd Emyr fod Irfon yn pwyso arno fe i fynd mas i gerdded yn yr awyr iach i helpu gyda'i iechyd meddwl, ac o'n i'n falch o hynny. Bydde fe'n mynd i sawl lle ar lan y môr yn yr ardal ac aeth e i Lansteffan cwpwl o weithie hefyd. O'n i'n meddwl ei fod e'n neud lles iddo fe ac roedd e wastad yn dod 'nôl mewn hwylie da, rhaid i fi weud."

"A… bydde fe'n trefnu cwrdd ag unrhyw bobol eraill pan fydde fe'n mynd mas i gerdded?"

"Wedodd e ddim," atebodd Siân. "Falle'i fod e 'di bwmpo mewn i rywrai roedd e'n eu nabod, ond wedodd e ddim byd am hynny wrtho i."

Petrusodd y ditectif am ychydig cyn ei gwestiwn nesaf, "Mae'n ddrwg 'da fi orfod gofyn hyn i chi, Siân, ond oedd eich priodas chi'n un hapus?"

Gwibiodd llygaid Siân i bob man a chododd ei hysgwyddau.

"Wel... oedd, am wn i," atebodd, gan edrych braidd yn ddryslyd, "mor hapus ag y gall rhywun ei ddisgwyl ar ôl bron i ugen mlynedd. Fydden ni byth yn ffraeo ryw lawer... cwmpo mas weithie... ond o'n ni jyst yn gwpwl normal."

"Ac o'ch chi byth yn ame, falle, bod Emyr yn gweld menyw arall?"

Roedd y sioc yn amlwg ar wyneb Siân pan glywodd y geiriau hyn.

"Chi ddim yn meddwl bod rhywbeth yn mynd mlân rhyngtho fe a'r fenyw 'na yn Nantglas, y'ch chi?" gofynnodd mewn llais pryderus. "Fi 'di clywed taw gwraig weddw yw hi."

"Ym... wel, mae gyda ni dystioleth i ddangos ei fod e 'di cwrdd â Mari Llywelyn yn ystod y mis dwetha... fwy na thebyg ar yr adege pan oedd e'n gweud 'tho chi ei fod e'n mynd mas i gerdded."

Rhoes Siân ei llaw dros ei cheg a gafaelodd ei chwaer yn dynn yn ei llaw.

"Ac y'n ni newydd gael gwbod y bydde fe hefyd yn cwrdd â menyw arall o ardal Caerfyrddin ar draeth Llansteffan. Ydych chi'n gwbod unrhyw beth am y cyfarfodydd hyn?"

Roedd golwg anghrediniol yn llygaid Siân.

"Nagw, dim," atebodd yn bendant. "Alla i ddim dychmygu y

bydde Emyr yn anffyddlon i fi… doedd e ddim yn ei natur e."

"Does gyda ni ddim tystioleth bendant i brofi bod unrhyw beth o natur ramantus yn mynd mlân gyda'r merched yma… ond roedd y ddwy yn wragedd gweddw a 'di colli eu gwŷr mewn damwain…"

"Wel, pam yn y byd roedd e'n eu gweld nhw, 'te?" byrlymodd y geiriau o'i cheg.

"Mae arna i ofon ei fod e wedi'u twyllo nhw i feddwl ei fod e'n ŵr gweddw, yn yr un sefyllfa â nhw a 'di cynnig eu helpu nhw. Mae'n ddrwg calon gyda fi orfod gweud hyn, ond mae 'na bosibilrwydd eitha cryf ei fod e'n treial eu perswadio nhw i roi arian mawr iddo fe."

"Na," meddai Siân yn chwyrn. "Fydde Emyr byth yn neud dim byd fel'na. Roedd e'n ddyn ffein, caredig. Dyw e eriôd 'di neud dim byd anonest yn ei fywyd." Yna dechreuodd y dagrau lifo a rhoes ei chwaer ei braich o gwmpas ei hysgwyddau.

Arhosodd DI Jones i Siân ddod ati ei hun, ond roedd yn amlwg ei bod dan deimlad.

"Fi'n credu y dylen ni adel i chi fynd am y tro, Siân," dywedodd y ditectif. "Chi 'di bod yn ddewr iawn yn dod yma heddi i'n helpu ni ac mae'n wir ddrwg 'da fi eich bod chi 'di gorfod wynebu sefyllfa mor anodd."

28

Roedd Bethan yn methu â thynnu ei llygaid oddi ar lun Emyr Hughes ar y sgrin. Roedd yr wyneb deniadol a'r llygaid glas golau'n syllu'n ôl arni yn union fel yr oedd hi'n eu cofio nhw. Darllenodd yr adroddiad byr oedd wedi ei gyhoeddi ar wefan *Cymru Fyw* am y trydydd tro.

> Mae'r heddlu wedi cadarnhau taw Emyr Hughes, dyn 45 oed o Lanelli, oedd y gŵr a gafwyd yn farw yn gynnar nos Wener mewn tŷ yn ardal Nantglas ger Rhyd-dderwen. Darganfuwyd corff Mr Hughes yn ddifywyd yn yr eiddo pan gyrhaeddodd parafeddygon y Gwasanaeth Ambiwlans toc ar ôl saith o'r gloch y nos. Deellir taw achos y farwolaeth oedd ergyd i'r frest gyda chyllell.
>
> Mae menyw leol a arestiwyd ar amheuaeth o lofruddiaeth bellach wedi ei rhyddhau, ond mae'n parhau i helpu'r heddlu gyda'u hymholiadau. Gofynnodd y Ditectif Arolygydd Aaron Jones, sy'n arwain yr ymchwiliad yn yr achos hwn, am gydweithrediad y cyhoedd. Dywedodd mewn cyfweliad, "Hoffwn eich sicrhau fod yr heddlu'n gwneud pob dim o fewn eu gallu i ganfod beth oedd yr amgylchiadau a arweiniodd at farwolaeth Mr Hughes. Mae ein heddweision yn gweithio'n ddiflino i ddod o hyd i'r llofrudd a gofynnwn am gydweithrediad y cyhoedd i'w helpu mewn unrhyw ffordd bosibl. Os oes gan unrhyw un wybodaeth a allai helpu'r heddlu yn eu hymchwiliadau, yna dylid cysylltu â Heddlu De Cymru yn eu swyddfa yn Rhyd-dderwen."

Sgroliodd Bethan drwy'r adroddiad unwaith yn rhagor a wedyn caeodd y sgrin. Roedd gweld llun Emyr Hughes yn syllu'n ôl arni'n gwneud iddi deimlo'n sâl. Yn ei barn hi, roedd y dyn wedi cael ei haeddiant. Roedd yn gynddeiriog ei bod hi wedi colli arian yr elusen a'r cyfle i ddial arno, ond y cyfan roedd hi eisiau'i wneud nawr oedd anghofio am ei fodolaeth. Ond, yn anffodus, roedd hi'n methu â gwneud hynny am ei bod yn teimlo ym mêr ei hesgyrn y byddai'r heddlu'n canfod yn hwyr neu'n hwyrach bod Emyr Hughes wedi dwyn arian yr elusen. Siawns y bydden nhw rywsut yn dod o hyd i gyfrif Evan Arthur James ac yn olrhain y trosglwyddiad yn ôl iddi hi. Bydden nhw'n cysylltu â'r banc, a fyddai'n cadarnhau ei bod hi'n amau iddi gael ei thwyllo gan Ifan James... Ac efalle bod camera CCTV wedi ei gweld hi'n dilyn Emyr Hughes yn ei char i'w gartre yn Llanelli ac yn parcio tu fas i'w dŷ y noson cyn iddo gael ei ladd. Mi fyddai'r pethau hyn i gyd yn siŵr o wneud yr heddlu'n amheus ac yn dyfalu bod ganddi rywbeth i'w wneud â'i farwolaeth. Ond pwy a ŵyr? Hyd yn hyn, doedd dim byd wedi dod i'r amlwg i'w chysylltu ag Emyr Hughes ac roedd hi am wneud ei gorau i sicrhau mai felly y byddai hi.

Penderfynodd taw'r peth gorau oedd cadw mas o'r golwg am ychydig o ddyddiau, felly anfonodd neges at ei grŵp ffrindiau yn dweud ei bod wedi cael pwl drwg o'r ffliw ac yn eu rhybuddio i gadw draw nes ei bod hi wedi gwella.

29

Roedd hi wedi troi hanner awr wedi naw cyn i Mari ddeffro fore dydd Sul a threuliodd bron i awr gyfan wedi hynny yn socian mewn swigod persawrus yn y baddon mawr yn un o fythynnod clyd Maesyderi. Roedd hi'n benderfynol o olchi holl olion celloedd gorsaf heddlu Rhyd-derwen oddi ar ei chorff, hyd yn oed os nad oedd hi'n medru dileu'r atgof o'r lle oddi ar ei meddwl. Agorodd y cês roedd Sara wedi ei adael iddi ac estyn siwmper a throwsus a bag o golur. Wrth i Mari wisgo'r dillad glân, cynnes, a thaenu tipyn o golur dros ei hwyneb i geisio cuddio'r olion blinder, diolchodd i'r nefoedd fod Siôn Elias wedi perswadio Aaron Jones i'w rhyddhau ac na fu'n rhaid iddi dreulio'r un noson arall mewn cell. Gwisgodd ei chot gynnes, tynnu sgarff yn dynn am ei gwddf a cherdded ar hyd y llwybr cul draw tuag at ffermdy Maesyderi.

Pan glywodd Mari arogleuon hyfryd cinio dydd Sul yn dod o'r gegin, sylweddolodd ei bod hi bron â llwgu. Doedd hi ddim wedi bwyta ryw lawer o'r pryd roedd Sara wedi ei baratoi iddi'r noson gynt gan fod cynnwrf y pedair awr ar hugain flaenorol yn dal i'w chorddi. Ac ar ôl i Carwyn ei chludo i'r bwthyn, roedd hi wedi disgyn i gysgu bron ar unwaith. Dim rhyfedd, felly, ei bod yn awchu eisiau bwyd.

Pan gamodd Mari i mewn i'r gegin, gafaelodd Hannah yn ei llaw a'i gwasgu'n dynn. Menyw fach, fochgoch yn ei saithdegau cynnar oedd Hannah ac roedd ei hwyneb hyd yn oedd yn gochach nag arfer ar ôl bod yn ymlafnio i baratoi'r cinio o flaen yr Aga fawr yn y gegin gynnes.

"O, Mari druan, shwt wyt ti? Ar ôl yr holl helynt 'na? Ti siŵr o fod bwyti starfo. Bydd cinio'n barod mewn hanner awr ac mae Sara a Carwyn ar eu ffordd draw 'ma hefyd."

"Diolch, Hannah... A diolch am fod mor garedig â rhoi lle i fi aros. Mae'r bwthyn yn lyfli. Cysges i fel twrch."

"Wel," meddai Hannah gyda gwên. "Mae'r bythynnod yn *four star* cofia. Ac mae croeso i ti aros mor hir â ti ishe ar ôl beth rwyt ti 'di bod drwyddo fe... wedi popeth... ti'n gwbod."

Roedd Mari'n gwybod bod Hannah yn deall yn iawn faint roedd hi wedi dioddef ar ôl colli Hywel.

Teimlai Mari'n gartrefol iawn ym Maesyderi. Roedd hi wedi ymweld â'r ffermdy nifer fawr o weithiau o'r blaen yng nghwmni Sara a Carwyn, ar y ffordd yn ôl o deithiau cerdded ar y mynydd, gan fod y llwybr cyhoeddus a arweiniai at Fynydd y Grug yn ymlwybro drwy dir y fferm. Mynnai Hannah eu bod yn gofalu galw am ddysglaid os bydden nhw'n digwydd pasio. Roedd hi'n un o'r bobl oedd ag awydd cynhenid i fwydo pawb fyddai'n galw yn ei chartref a byddai plât o fara brith neu bice ar y mân yn ymddangos bron yn wyrthiol o grombil y pantri bob tro y byddent yn ymweld â Maesyderi.

Roedd yn amlwg fod Sara'n meddwl y byd o'i hewythr, Jac, brawd ei diweddar fam, a'i wraig Hannah, ac roedd hi'n cael yr argraff eu bod wedi cymryd lle ei rhieni ar ôl i'r ddau farw'n weddol ifanc rai blynyddoedd ynghynt. Roedd Hannah y math o berson yr oedd yn hawdd agor eich calon iddi, yn barod i wrando... a bob amser yn rhoi cyngor da.

Roedd gan Jac a Hannah ddau o blant yn eu pedwardegau, Ffion a Ioan. Roedd Ffion, yr hynaf, yn fargyfreithwraig ac ati hi y trodd Sara am gymorth y nos Wener flaenorol. Roedd

Ioan a'i bartner, Zoe, yn byw yn y Felin, ar dir y fferm gyda'u merch fach Elain, ddyflwydd oed.

Er bod y fferm yn awr yn weddol lewyrchus, bu teulu Maesyderi trwy gyfnod digon anodd rai blynyddoedd ynghynt. Adeg honno roedd Jac yn gofalu am y fferm ynghyd â'i frawd iau, Dai, gan fod Ioan wedi ymfudo i Seland Newydd i weithio ar rai o'r ffermydd mawr yno gan nad oedd fferm Maesyderi'n gwneud digon o elw i'w gynnal ef, ei dad a'i ewythr. Pan drawyd Dai yn wael, gan adael i Jac wneud y gwaith caled ar y fferm ar ei ben ei hun, bu'n anodd i deulu Maesyderi gael dau ben llinyn ynghyd ac roedd Hannah yn ddiolchgar iawn ei bod hi, fel sawl perchennog ffarm arall, wedi penderfynu arallgyfeirio a throi'r hen feudai yn fythynnod gwyliau. Bu farw Dai dros ddwy flynedd ynghynt gan adael ei gyfran o'r ffarm a'i gartref, y Felin, i Ioan. Pan ddychwelodd Ioan gyda'i bartner, Zoe, i Gymru ychydig cyn y cynhebrwng, daeth tro ar fyd ar fferm Maesyderi ac, yn ara deg, roedd Ioan a Zoe wedi llwyddo i dynnu'r pwysau oddi ar ysgwyddau Jac a dechrau gwneud y fferm yn broffidiol unwaith eto. Er hynny, gyda phrisiau isel am eu cynnyrch a chostau cynhyrchu'n codi'n barhaus, roedd hynny'n dal i fod yn her.

"Dyw Ioan a Zoe ddim yn ymuno â ni?" holodd Mari, gan sylwi bod y ford wedi ei gosod i bump.

"Na, ti siŵr o fod yn dal yn fregus ar ôl beth wyt ti 'di bod trwyddo fe… a meddwl o'n i… nad wyt ti ddim ishe gweld gormod o bobl ar hyn o bryd."

Roedd Hannah yn iawn, meddyliai Mari.

"Gwna dy hunan yn gyfforddus o flaen y tân, a daw Jac â glasiaid bach o sieri i ti. Ni'n ei gadw fe at y Nadolig fel arfer, ond rwyt ti 'di cael sioc fawr, Mari fach."

Aeth Mari drwodd i'r ystafell fyw a suddo i gadair freichiau o flaen tanllwyth o dân. Edrychodd o'i chwmpas ar y celfi hen ffasiwn a'r ddresel anferth oedd wedi ei gorchuddio'n llwyr â llestri glas a gwyn o'r oes a fu.

Mewn dim, ymddangosodd Jac yn y drws yn cario gwydraid o sieri oedd yn edrych yn fychan iawn yn ei law anferth.

"Dyma chi, madam," gwenodd, gan estyn y gwydr iddi gan foesymgrymu. "*For medicinal purposes only* wrth gwrs."

Ni allai Mari ymatal rhag rhoi hanner gwên o weld y ffermwr mawr, boliog hwn yn plygu o'i blaen.

"Sdim ishe i ti wneud ffys, Jac. Fi'n teimlo rhywfaint gwell ar ôl noson dda o gwsg."

"Mae ishe mwy na noson o gwsg arnat ti i ddod dros y profiad 'na." Edrychai Jac yn fwy difrifol. "Mae'n rhaid bod ti 'di dychryn am dy fywyd pan ffeindiest ti'r dyn 'na yn dy gegin. Alla i ond dychmygu..."

Ar hynny daeth Hannah drwodd o'r gegin yn sychu ei dwylo ar ei ffedog ac eistedd wrth ymyl ei gŵr ar y soffa.

"Mae popeth wedi'i baratoi ar gyfer y cinio, felly cwpla di dy sieri, Mari, a gei di weud rhywfaint o dy hanes wedyn."

Eisteddodd Jac a Hannah yn fud yn eu seddi yn gwrando ar Mari'n adrodd sut y bu iddi ddarganfod corff Emyr Hughes yn ei chegin a'r modd y cafodd ei chyfweld gan y ddau dditectif.

"A chest ti dy gloi lan gan yr heddlu fel 'set ti'n rhyw ddihiryn pen ffordd?" meddai Hannah gan ysgwyd ei phen. "Rhag eu cwilydd nhw!"

"Wel, diolch byth 'mod i 'di cael dod o 'na neithiwr ta beth... fydden i ddim 'di gallu diodde noson arall yn y lle 'na. A diolch i Ffion oedd hynny... am hala'r cyfreithiwr yna o'i phractis i ofalu amdana i. Sa i'n gwbod beth fydden i 'di neud hebddo fe."

"Siôn Elias... bachan ffein iawn. Fi'n ei gofio fe'n dod yma'n grwtyn bach. Roedd e a Ioan yn ffrindie ysgol slawer dydd. A ti'n gwbod be, Mari?"

"Na, be…?"

"Bydd Ffion ni'n gwneud yn hollol siŵr na fyddi di'n treulio'r un noson arall yn y twll lle 'na byth 'to."

Daeth cnoc bach ar y drws cefn a gwelodd Mari fod Sara wedi cyrraedd a Carwyn yn ei dilyn gyda photel o win coch yn ei law.

Roedd Mari'n teimlo'n llawer iawn gwell ar ôl cinio cyw iâr bendigedig Hannah. Yn ogystal â'r gwin coch, roedd Hannah wedi agor potel o'i gwin blodau ysgaw cartref i gael gyda'r pwdin tarten afal. Felly, teimlai Mari'n reit swrth wrth iddi estyn ei chot ar ôl gorffen clirio'r llestri. Diolchodd i Hannah am y cinio gan ddweud ei fod yn bryd iddi fynd yn ôl i'r bwthyn. Roedd Carwyn wedi mynd mas i'r caeau i helpu Jac i sieicio ar y defaid, gan ei fod yn dymor wyna, felly penderfynodd Sara fynd i gadw cwmni i Mari… ac i drafod ei chamau nesaf.

+

Roedd yn rhyddhad mawr i Mari ei bod wedi cael aros yn y bwthyn ym Maesyderi ymysg ffrindiau, yn hytrach na gorfod chwilio am ystafell mewn gwesty ar ei phen ei hunan. Roedd y bwthyn unllawr yn cynnwys lolfa gyfforddus ynghyd â chegin fodern, y cwbl wedi ei addurno'n chwaethus. Roedd golygfeydd bendigedig o'r ffenestri mawr ar du blaen y bwthyn gyda'r dyffryn a'r mynyddoedd y tu hwnt i'w gweld yn glir.

"Bydd yr heddlu'n siŵr o gael hyd i'r llofrudd iawn yn hwyr neu'n hwyrach," meddai Sara'n obeithiol wrth wneud ei hun yn gyfforddus ar y soffa. "Ti'n hollol ddieuog, Mari. Dwyt ti ddim 'di neud dim o'i le, felly does gyda ti ddim byd i boeni amdano." Roedd Sara'n benderfynol o geisio codi ysbryd ei ffrind.

Ond edrychai Mari'n ddigalon. "Wel, sori, ond mi ydw i'n poeni." Estynnodd ddau fyg o goffi a'u rhoi ar y bwrdd bach o'u blaenau. "Fi'n siŵr fod Melissa Davies yn mynd i neud popeth o fewn ei gallu i dreial perswadio Aaron Jones i gael y CPS i 'nghyhuddo i o lofruddieth. A pwy a ŵyr, digon posib y byddan nhw'n credu ei fersiwn hi o bethe'n hwyr neu'n hwyrach os ddaw dim tystioleth arall i'r amlwg."

"A beth yn union yw hynny?"

"Mod i 'di lladd Emyr Hughes mewn ffit o demper ar ôl i fi ffeindio mas y gwirionedd amdano fe. Ac mi allai hi neud môr a mynydd o'r ffaith mod i 'di gwylltio gyda brawd Lee Jenkins 'nôl ym mis Ionawr a chwifio cyllell o'i flân e."

"Ond wnest ti ddim byd i Emyr Hughes – o't ti ddim hyd yn oed yn gwbod bod y dyn yn dy dwyllo di."

Edrychodd Mari i ffwrdd am eiliad i osgoi llygaid Sara.

"A *circumstancial* yw hynny i gyd," aeth Sara yn ei blaen. "Rhaid i'r CPS gael tystioleth fforensig gadarn cyn dy gyhuddo di." Roedd hi'n gwybod yn iawn fel newyddiadurwraig nad ar chwarae bach y mae'r CPS yn rhuthro i ganiatáu i'r heddlu ddod â chyhuddiad yn erbyn neb.

"Ac mae hynny gyda nhw... olion fy mysedd ar y gyllell laddodd Emyr Hughes."

"Ti 'di cyfadde i afel yn y gyllell. Ac roedd d'ymateb di'n ddigon dealladwy dan yr amgylchiade. Beth bynnag, mae olion dy fysedd yn bownd o fod ymhob man yn dy dŷ dy hunan."

"Sori. Ond fi'n teimlo mor grac eu bod nhw'n fy nghyhuddo i, pan fi'n gwbod yn iawn bod y llofrudd mas 'na yn rhwle."

Distawodd y ddwy am rai eiliadau wrth yfed eu coffi. Yna

rhoes Sara ei chwpan i lawr ar y bwrdd ac edrych yn syth at Mari.

"Wel, beth am i ni dreial helpu'r heddlu gyda'u hymchwiliade, 'te?"

"A shwt yn y byd y'n ni'n mynd i neud 'nny?"

"Dere nawr… rwyt ti'n gwbod llawer mwy na'r heddlu am Emyr Hughes… ei gymeriad, pwy fath o berson oedd e. Felly, beth am i ni ddechre fanna? Pa wybodeth sy gyda ni am y dyn?"

Anadlodd Mari'n drwm.

"Mae braidd yn anodd, on'd yw e? Gan ei fod e 'di gweud cymaint o gelwydd."

"Ocê, 'te, beth am ganolbwyntio ar y pethe ni'n siŵr sy'n wir amdano fe?"

"Iawn… Roedd e'n bedwar deg pump oed, yn byw yn Llanelli ac yn briod gyda Siân. Roedd gyda fe fab sy tua deunaw oed ac yn hoff o rygbi."

"Ie, ie… ond beth am ei gymeriad e?"

"Wel, roedd e'n berson deniadol, yn reit garismataidd… yn gallu hudo pobol i ymddiried ynddo fe. Yn gelwyddgi, ond yn un clyfar iawn… yn gallu neud i'r person roedd e'n ei dwyllo gredu popeth roedd e'n weud."

"Ac mae posibilrwydd cryf, felly, ei fod e 'di defnyddio'r donie hyn ar ferched eraill heblaw amdanat ti, Mari." Teimlai Sara gynnwrf bach o feddwl efallai fod gan rywun arall gymhelliant dros wneud niwed iddo fe.

"Doedd Emyr Hughes ddim 'di colli ei bartner mewn damwain," meddai. "Felly, mae'n hollol amlwg taw'r unig reswm roedd e'n mynd ar wefan Bereaved Partners oedd i whilo am wragedd gweddwon."

"Falle bod ti'n iawn." Nodiodd Mari ei phen yn ara deg.

"Fwy na thebyg, roedd y diawl bach twyllodrus yn whilo am rywun oedd o fewn cyrraedd i'w gartre. O'n i siŵr o fod 'di postio rywbryd 'mod i'n ddigon ffodus i fyw mewn lle hyfryd yn y wlad yn Sir Gaerfyrddin..."

"Ac os oedd e 'di llwyddo i dy dwyllo di mor rhwydd," meddai Sara, "digon posib ei fod e 'di neud hynny i fenywod eraill."

"Wyt ti'n meddwl bod un o'n nhw, fel fi, 'di credu ei stori am ei brobleme gyda'r cwmni yswiriant a 'di bod yn ddigon twp i fenthyg arian iddo fe?"

"Eitha posib. Ac ar ôl i Emyr Hughes dderbyn yr arian... beth wedyn?"

"O nabod Emyr, bydde fe'n addo talu'r benthyciad yn ôl unwaith roedd y *claim* wedi ei dalu."

"Ond bydde fe'n ffaelu neud 'na – doedd y *claim* ddim yn bodoli. A beth os bydde'r fenyw'n pwyso arno fe i dalu'r arian yn ôl, beth fydde fe'n neud nesa?"

"Diflannu wrth gwrs," atebodd Mari. "Os oedd e 'di defnyddio'r un tactege gyda hi â beth naeth e gyda fi, bydde fe 'di bod yn anodd iawn cael hyd iddo fe wedyn."

"Ond ddim yn amhosib," dyfalodd Sara. "Falle bod rhywun 'di bod yn ddigon clyfar i'w ffeindio fe..."

"Mae hyn i gyd yn ffantasi llwyr, on'd yw e? Pam yn y byd y bydde hi ishe ei ladd e? Pam ddim jyst mynd at yr heddlu? Mae'r holl beth yn od iawn."

"Wel, mae e lan i ni i ffeindio mas, on'd yw e?"

30

Roedd Aaron Jones yn dal i weithio ar achos llofruddiaeth Emyr Hughes a hithau'n hwyr nos Sul. Roedd Melissa Davies wedi mynd gartre am y diwrnod ond roedd Emma a Javid wrth eu desgiau. Aeth i gael gair gyda'r ddau.

"Ocê, 'te... Er bod Mari Llywelyn 'di cael ei rhyddhau, mae hi'n dal i fod yr unig *suspect* fel y llofrudd posib. Er... pan drïon ni ei chael hi i gyfadde neithiwr, rhaid i fi weud, roedd hi'n eitha credadwy."

"Ond mae Melissa wedi'i hargyhoeddi taw hi laddodd Emyr Hughes, on'd yw hi?" meddai Emma. "Pam ei bod hi mor siŵr?"

Cododd Aaron Jones ei ysgwyddau. "Mae hi'n meddwl bod yr olion bysedd ar y gyllell a'r ffaith fod Mari yn y tŷ ar yr adeg y buodd y dyn farw... yn ôl y patholegydd... yn dystioleth ddigon cryf. Ar ben hynny, mae hi'n credu bod gyda hi *motive* hefyd... ei bod hi ishe dial ar y dyn am ei thwyllo hi."

"Ond mae Mari'n mynnu bod rhywun arall 'di mynd i'r tŷ a'i ladd e cyn iddi hi gyrraedd gartre, on'd yw hi?" Roedd Emma, yn amlwg o farn wahanol.

"Wel," meddai Javid, gan geisio edrych ar y peth o berspectif arall. "Beth yw'r dystioleth fforensig i awgrymu hynny?"

"Does dim tystioleth bendant," atebodd Aaron, "heblaw am un set o olion bysedd ar y gyllell laddodd Emyr Hughes y'n ni heb eu nabod..."

"Sy'n awgrymu y gallai rhywun arall heblaw am Mari fod wedi ei drywanu fe," cynigiodd Emma.

"Mae hynny'n wir," meddai Javid.

"Wedyn, fi'n ffaelu cael y ferch 'na ar y CCTV mas o'm meddwl i." Edrychai Emma'n feddylgar.

"Yr un oedd yn rhedeg?"

"Ie, dyna ni. Does neb yn ei nabod hi'n lleol hyd yn hyn a fi 'di ffaelu ffeindio dim byd mas amdani. Roedd e'n lle rhyfedd i fynd am *run* wedi'r cyfan... ar hyd ffordd gul, wledig, heb bafin yn y tywyllwch, ac roedd hi'n rhedeg lan yr hewl o gyfeiriad y tŷ adeg y llofruddieth. Fwy na thebyg wnawn ni ffeindio bod gyda hi ddim byd oll i wneud â'r mater ond... fi'n credu ei fod e'n hen bryd i ni dreial cael gwbod mwy amdani."

"Ocê, 'te," meddai Aaron. "Gwnawn ni roi *still* o'r CCTV yn dangos y fenyw lan ar y wefan a rhyddhau'r llun i'r wasg. Does 'da ni ddim byd i golli. Mae rhywun yn y pencadlys 'di bod yn gweithio ar y llun... er, dyw'r ansawdd ddim llawer gwell. Ond falle bydd rhywun yn ei nabod hi."

"A byddwn ni'n gweud ein bod ni ishe gwbod pwy yw hi '*to eliminate her from our inquiries*'."

"Yn union. A beth arall sy'n eich poeni chi'ch dau yn yr achos hwn?"

Trodd Javid at Aaron, "Mae'n eitha amlwg taw arian oedd wedi gyrru Emyr Hughes i ddod yn gyfeillgar gyda Mari... a gyda Helen Morris o ran hynny. Ond ni ddim yn siŵr beth yn union oedd ei gynllun i gael ei ddwylo ar eu *cash*."

"Mae'n eitha amlwg i fi ei fod e 'di mynd i gartre Mari y noson honno i roi pwyse arni i roi benthyciad eitha sylweddol iddo fe," meddai Aaron.

Nodiodd Emma. "Ond, petai hi 'di cytuno, bydde'n rhaid iddi dalu'r arian i'w gyfri banc e... ac mi fydde'n bosib tracio'r arian yn ddigon rhwydd wedyn."

"Wel, pam ti'n meddwl ei fod e'n defnyddio enw ffug,

’te?” gofynnodd Javid. “Ni’n gwbod am ddigon o achosion o dwyllwyr sy’n dwyn *identities* pobol eraill er mwyn cuddio arian. Mae’n amlwg i fi fod Emyr Hughes yn defnyddio enw Ifan James am yr union reswm yna.”

Bu distawrwydd am ennyd wrth i’r ddau arall ystyried hyn.

“Ocê, ’te, beth am i ni drafod unrhyw dystioleth arall?” Cododd Emma o’i chadair ac eistedd ar ei desg. “Roedd rhai o ddreir y ddresel yn y gegin ar agor, ond o’n nhw?... ac roedd olion bysedd Emyr Hughes ar rheiny.”

“Roedd e’n trïo’i lwc, siŵr o fod,” atebodd Javid. “Cymryd mantais o’r ffaith bod y tŷ’n wag. Ond doedd dim byd ar y corff i awgrymu ei fod e ’di ffeindio dim byd o werth.”

“Iawn, diolch i chi’ch dou.” Roedd llais Aaron Jones yn swnio’n flinedig. “Fi’n credu ei bod hi’n amser mynd gartre.”

Ond roedd Javid yn dal yn ddigon bywiog. “A ble y’n ni’n mynd o fan hyn, ’te?”

“Ar ôl y cyfarfod tîm fory, fi ’di trefnu mynd i weld Irfon Rowlands, ffrind gore Emyr Hughes, i dreial ffeindio mas tipyn bach mwy am y dyn. Os cawn ni wbod shwt oedd y dyn yn byw, yn ôl y sôn, mae’n llawer mwy tebygol y cawn ni wbod shwt y buodd e farw. A, gyda llaw, ti’n dod gyda fi i gymryd nodiade.”

“Dim problem,” atebodd Javid gyda gwên.

“Bydd yn barod i adel bwyti hanner awr ’di deg, ’te. Byddwn ni’n mynd draw i ardal Garnswllt.”

“Wel, ond gobeithio y bydd gydag Irfon Rowlands ddigon i weud ’thon ni fory.”

31

Ar y nos Sul, ar ôl i Sara adael, cafodd Mari sgwrs hir gyda'i rheolwr i esbonio ei sefyllfa a chael caniatâd i gymryd seibiant amhenodol o'r gwaith tra'r oedd yr ymchwiliad i'r llofruddiaeth yn parhau. Wedi'r cyfan, byddai'n amhosibl iddi ymgymryd â'i dyletswyddau arferol gan fod yn rhaid iddi ymweld â Swyddfa Heddlu Rhyd-dderwen am ddeg o'r gloch bob bore. Roedd ei rheolwr wedi ei sicrhau na fyddai unrhyw un o blith ei chydweithwyr yn credu am eiliad fod ganddi ddim i'w wneud â llofruddiaeth Emyr Hughes ac roedd yn argyhoeddedig y byddai'r heddlu'n cael hyd i'r llofrudd iawn mewn dim o dro.

Wrth fwyta'i brecwast y bore canlynol, sgroliodd Mari trwy'r tudalennau newyddion i weld a oedd yna adroddiadau pellach am y llofruddiaeth. Yr unig beth newydd a gyhoeddwyd oedd llun a dynnwyd o gamera cylch-cyfyng tafarn y Llew Coch yn dangos gwraig mewn dillad rhedeg. Doedd Mari ddim yn siŵr faint o bwys y byddai'r heddlu'n ei roi ar ganfod y person yma... y cyfan a ddywedwyd oedd eu bod yn ceisio ei hadnabod er mwyn ei heithrio o'u hymchwiliadau. Edrychodd Mari'n fanwl ar y llun ond doedd hi ddim yn cofio gweld y ferch erioed o'r blaen yng nghyffiniau ei chartref. Teimlai'n obeithiol, fodd bynnag, fod yr heddlu'n dilyn trywydd arall yn eu hymchwiliad yn hytrach na chanolbwyntio arni hi.

Aeth Hannah â Mari i lawr i Swyddfa Heddlu Rhyd-dderwen yn ei char Mini erbyn deg o'r gloch er mwyn iddi gofnodi ei phresenoldeb. Arhosodd Hannah yn y car yn gwylio Mari'n camu trwy ddrws mawr yr hen adeilad brics coch. Wrth iddi ddisgwyl ei thro, edrychodd Mari o'i chwmpas... y lle'n gwneud iddi deimlo'n hollol ddigalon. Roedd yr hysbysfwrdd yn llawn o bosteri'n rhybuddio'r cyhoedd am drais yn y cartref, cyffuriau a pheryglon twyll ar-lein. Edrychodd ar y lluniau ffoto-ffit o droseddwyr ar ffo ac ar wynebau'r unigolion oedd ar goll gydag apeliadau taer gan eu teuluoedd iddyn nhw gysylltu. Roedd menyw ganol oed a llanc yn ei arddegau'n eistedd ar yr unig ddwy gadair gyferbyn â'r ddesg, yn syllu'n fud ar y llawr. Roedd yr awyrgylch yn gwneud i Mari deimlo tensiwn y deuddydd diwethaf yn dychwelyd ac roedd hi ar dân eisiau gadael y lle cyn gynted â phosib.

Ar ôl gwneud ychydig o siopa bwyd, dychwelodd Mari a Hannah i Faesyderi. Ceisiodd Mari wthio digwyddiadau'r penwythnos o'i meddwl, ond doedd dim byd yn tycio. Felly ar ôl cinio, penderfynodd fynd am dro hir drwy dir y fferm at odre Mynydd y Grug er mwyn ceisio clirio'i phen. Erbyn iddi gyrraedd yn ôl roedd hi wedi dechrau tywyllu a golau'r ffermdy'n hynod groesawgar. Cnociodd ar y drws cefn ac fe'i croesawyd i'r gegin gan Hannah.

"Mae golwg wedi blino'n lân arnat ti, Mari. Stedda lawr." Trodd Hannah i osod y tecell ar yr Aga. "Bydd hyn i gyd tu ôl i ti mewn dim, gei di weld. Bydd yr heddlu'n cael hyd i'r llofrudd, wedyn gelli di anghofio popeth amdano fe, fel 'se fe heb ddigwydd." Roedd yn amlwg fod Hannah yn gwneud ei gorau glas i swnio'n optimistaidd.

"Sa i'n credu anghofia i hyn byth, Hannah. Shwt bues i mor dwp â chredu'r diawl Ifan James 'na?"

"Paid â beio dy hunan nawr." Estynnodd Hannah y cwpanau te. "Doedd gyda ti ddim rheswm yn y byd i'w ame fe, oedd e?"

"Dim o gwbwl," atebodd Mari. "Ac o'n i ishe credu ei stori fe… Achos bod e 'di colli ei wraig, o'n i wir yn meddwl ei fod e'n deall shwt o'n i'n teimlo. A… fi'n gwbod bod hyn yn swnio'n rhyfedd, ond, ar y pryd o'n i'n teimlo ei fod yn neud byd o les i fi."

"Ond dyn drwg oedd e, Mari, dyn drwg iawn." Tywalltodd Hannah y te i'w cwpanau.

"'Sen i ond yn gwbod hynny, fydden i byth 'di cysylltu gyda fe oddi ar y fforwm. 'Sen i ond yn gallu troi'r cloc yn ôl."

"Sneb o'n ni'n gallu neud 'na. Y gorffennol yw'r gorffennol a rhaid i ni gyd symud ymlân. Fe fydd yn anodd i ti, Mari, ond mi ddoi di drwyddi yn y diwedd. A rhaid i ti gofio… dwyt ti ddim 'di neud dim byd o'i le."

Edrychodd Mari i lawr ar ei chwpan yn gwylio'r stêm yn codi a bu distawrwydd anghyfforddus rhyngddynt am eiliad neu ddwy cyn i Hannah geisio ysgafnhau pethau.

"Mae bywyd yn gallu bod yn galed weithie ac rwyt ti 'di cael dy siâr o helyntion. Ond fi'n gwbod bod ti'n fenyw gryf a phenderfynol a ti ddim yn mynd i adel i hyn gael y gore ohonot ti. Nawrte, cwpla dy de a chymra dropyn o win cartre cyn i ti fynd nôl i'r bwthyn i dy helpu di i gysgu."

+

Ar ôl i Mari arwyddo'r llyfr yn Swyddfa'r Heddlu y bore wedyn, dywedodd y sarsiant ar ddyletswydd fod y tîm fforensig wedi cwblhau eu hymchwiliad o'i thŷ a'i bod yn gallu cael mynediad i'w chartref pryd bynnag y dymunai. Doedd dim awydd ar Mari i ddychwelyd i gysgu yn y Garreg Wen gyda'r atgof o'r llofruddiaeth yn dal yn fyw yn ei chof a doedd hi chwaith ddim eisiau mynd yno ar ei phen ei hunan ar adeg fel hon. Felly, penderfynodd y byddai'n cymryd mantais o gynnig Hannah ac aros ym Maesyderi am rai diwrnodau eto. Ond roedd hi angen 'nôl ei char a digon o ddillad glân yn gyntaf.

Roedd Mari'n gwybod bod Sara wedi cymryd rhai diwrnodau i ffwrdd o'i gwaith felly ffoniodd hi ar ôl iddi ddychwelyd i'r bwthyn. Doedd Sara ond yn rhy barod i'w chludo draw i'r Garreg Wen a chyrhaeddodd y ddwy ryw chwarter awr yn ddiweddarach.

Oedodd Mari cyn camu i mewn drwy'r drws cefn gan deimlo rhyw anesmwythyd annifyr yn gafael ynddi, y darlun o gorff marw Emyr Hughes ar lawr y gegin yn llenwi ei meddwl. Doedd hi ddim yn siŵr beth i'w ddisgwyl, ond pan gerddodd o gwmpas ei chartref, teimlai ryw ryddhad bod y lle'n edrych yn hollol normal... popeth yn ôl yn ei le a'r gwaed wedi ei olchi oddi ar lawr y gegin. Roedd yn amlwg fod y tîm fforensig wedi symud ambell beth o gwmpas yn yr ystafelloedd eraill, ond roeddent wedi tacluso'n weddol dda ar eu holau.

Roedd y clustogau lliwgar wedi eu gosod yn ôl yn daclus ar y soffa a'r cadeiriau esmwyth ac roedd pob drôr yn y ddresel yn y gegin wedi ei chau'n dynn. Roedd Mari'n falch o weld bod dim olion traed ar y teils Fictoriaidd yn y cyntedd, gan awgrymu bod rhywun wedi mynd i'r drafferth i olchi'r llawr.

Ond er bod y tŷ'n lân ac yn daclus, teimlai Mari naws anghynnes, fel petai rhywun wedi ei halogi. Roedd yn gas ganddi feddwl i bobl ddieithr fod yn chwilota trwy ei chartref ac yn cyffwrdd â'i heiddo personol yn ei habsenoldeb. Yn sicr, fyddai hi ddim yn barod i symud yn ôl am dipyn o amser eto.

Wrth i Mari ddringo'r grisiau, gwaeddodd Sara arni. "Oes gyda ti fwy o fagiau sbwriel sbâr? Gwell i fi wagio'r ffrij neu fydd pethe 'di mynd i ddrewi erbyn i ti symud yn ôl 'ma... Ond awn ni ag unrhyw beth sy'n dal yn ffres yn ôl i'r bwthyn."

Erbyn i Mari ddychwelyd i'r gegin gyda'i chês o ddillad, roedd Sara wedi rhoi trefn ar y bwyd ac roedd wrthi'n sychu'r tu mewn i'r oergell.

"Diolch i ti, Sara. Doedd dim ishe i ti, wir."

"Sdim ishe i ti ddiolch," atebodd Sara. "Mae gyda ti ddigon i boeni amdano fe heb orfod gwneud pethe fel glanhau'r ffrij. Nawr, tra'n bod ni yma, beth am i ni edrych ar y posibilrwydd bod rhywun 'di dod i'r tŷ heb i'r CCTV ei weld. Fe sefa i wrth y drws ffrynt yn edrych ar lun y camera a cer di lawr i waelod y dreif. Wedyn cerdda lan at ddrws cefen y tŷ gan dreial peidio cael dy weld."

Ufuddhaodd Mari a gwneud ei ffordd i lawr at y briffordd. Yna trodd i mewn i'r dreif a cherdded at y tŷ, gan gadw'n dynn at y berth ar yr ochr chwith, nes ei bod hi gyferbyn â'r drws cefn. Wedyn aeth i ymuno â Sara yn y cyntedd ble'r oedd y peiriant recordio. "Welest ti unrhyw beth?" gofynnodd yn eiddgar.

"Dim byd," atebodd Sara, gan ailredeg y ffilm i Mari gael ei gweld.

"Diolch byth am hynny," ochneidiodd Mari. "A dwedodd Aaron Jones taw dim ond llunie o ochor chwith yr hewl rhwng y tŷ a'r dafarn oedd ar CCTV y Llew Coch. Felly, mae'n bosib fod rhywun 'di dod lawr y ffordd ar yr ochor arall a chadw at y berth wrth gerdded i'r tŷ."

"Mae hynny'n berffaith bosib. Ond biti bod yr heddlu'n ffaelu gweld peth mor amlwg pan ei fod e reit o dan eu trwyne nhw."

"Wel, fi'n credu bod Aaron Jones yn cadw meddwl agored. Ond fi ddim mor siŵr am Melissa Davies."

"Wyt ti 'di siecio a oes unrhyw beth ar goll? Wedest ti fod y cythrel Emyr Hughes 'di bod yn edrych trwy'r ddresel."

"Mae popeth i'w weld yn ei le lan lofft ta beth, ond gwell i fi siecio'r gegin."

"Beth wyt ti'n meddwl oedd e'n whilo amdano?" holodd Sara wrth i Mari chwilota trwy'r dreir.

"Dim syniad… Na, sa i'n credu bod dim byd wedi'i ddwgyd, diolch byth."

Ar ôl i Mari gloi'r tŷ a newid rhif y *keybox,* trodd at Sara. "Diolch am ddod gyda fi heddi."

Yna safodd yn stond ar y dreif am rai eiliadau yn syllu'n ôl ar y tŷ, gan deimlo lwmp caled yn ei gwddw.

32

Cafodd Aaron Jones gyfle i ddiweddaru'r tîm ar achos Emyr Hughes yn gynnar bore dydd Llun. Nawr bod y llun cylch-cyfyng o'r rhedwraig wedi ei rannu'n gyhoeddus, y gobaith oedd y byddai rhywun o'r cyhoedd oedd yn ei hadnabod yn cysylltu â'r heddlu. Cytunwyd y byddai Melissa Davies yn delio ag unrhyw ymatebion a ddeuai i law ac yn ymweld â chartrefi'r rhai oedd yn swnio'n addawol.

Roedd tŷ Emyr a Siân Hughes wedi ei archwilio'r diwrnod blaenorol ac aed â chyfrifiadur a thomen o ddogfennau personol oddi yno er mwyn i'r heddlu allu twrio trwyddynt yn fanwl. Roedd car Emyr Hughes wedi ei symud o'r maes parcio ac roedd y tîm fforensig yn dal wrthi'n ei archwilio am dystiolaeth. Y cam nesaf oedd edrych i gyfrifon banc y cwpl i weld beth yn union oedd eu sefyllfa ariannol.

Yn y cyfamser, byddai Aaron a Javid yn mynd i gyfweld ag Irfon Rowlands, cyfaill pennaf Emyr Hughes.

+

Tyddyn bach, twt yng nghyffiniau Garnswllt oedd Ty'n March, cartref Irfon Rowlands. Roedd ychydig o ddefaid yn pori yn y cae y tu ôl i'r tyddyn ac roedd pump neu chwech o ieir yn crafu'r ddaear ar y clos. Roedd Irfon yn sefyll yn y drws ffrynt wrth i Aaron Jones yrru car yr heddlu lan y lôn fach a arweiniai at y tŷ. Roedd yn ddyn gweddol fyr gyda phen moel a sbectol drwchus. Gwisgai jîns gyda'u godre wedi eu troi i fyny a chrys siec.

"Diolch yn fawr iawn am gytuno i'n gweld ni ar fyr rybudd," meddai DI Aaron Jones, gan ddilyn Irfon Rowlands i mewn i gegin fach yng nghefn y tŷ. "DC Javid Singh yw hwn, gyda llaw ac, os chi ddim yn meindio, bydd e'n cymryd ychydig o nodiade."

"Eisteddwch." Pwyntiodd Irfon at y cadeiriau a amgylchynai'r ford fawr bîn. "Fi 'di paratoi pot o goffi, felly helpwch eich hunain."

"Mae'n ddrwg 'da fi am eich colled," meddai DI Jones. "Fi'n deall eich bod chi ac Emyr Hughes yn dipyn o ffrindie."

"O'n... Ffrindie penna ar un adeg. Roedd e'n yffach o sioc clywed ei fod e 'di marw, cofiwch... ac mewn ffordd mor ofnadw hefyd."

"Wel, ni yma i dreial dod i wbod tipyn bach mwy am shwt ddyn oedd Emyr. Wrth gwrs, mae Mrs Hughes... ym, Siân, 'di rhannu rhywfaint o wybodeth gyda ni, ond o'n ni'n gobeithio y gallech chi roi gwell syniad i ni o beth oedd yn mynd ymlân yn ei fywyd allai fod 'di arwain at hyn."

"Fi ond yn rhy falch o helpu os galla i. Ble chi moyn i fi ddechre?"

"Fi'n deall eich bod chi'n ffrindie ysgol."

"O'n... yn hongian ambwyti lot 'da'n gilydd... lico'r un bandie, gwisgo'r un dillad, pethe fel'na. O'n ni'n neud yr un pyncie yn yr ysgol a'r ddou o'n ni ishe bod yn athrawon bryd hynny."

Gwenodd Irfon wrth gofio am eu cyfnod fel bechgyn ysgol.

"Ethon ni gyda'n gilydd i neud gradd mewn Cemeg yn y

Brifysgol yng Nghaerdydd ond pharodd Emyr ddim yn hir. Gadawodd e ar ddiwedd y flwyddyn gynta ar ôl iddo fe ffaelu'r arholiade. Roedd e 'di cael digon ar studio, medde fe, ac ishe ennill cyflog."

Oedodd Irfon am ychydig i droi llwyaid o siwgr i mewn i'w gwpan.

"Wedyn aeth e gartre a cael job fel technegydd yn un o labordai'r ysbyty yn Llanelli ac es i mlân i raddio a cael gwaith fel athro yng Nghaerdydd."

"Ond fe gadwoch chi mewn cysylltiad ar ôl 'nny?"

"Do, gyda fe a Siân. Yn yr ysbyty gwrddodd Emyr â Siân a dyna pryd y dechreuon nhw fynd mas 'da'i gilydd. Roedd Siân yn hyfforddi i fod yn nyrs adeg honno ac yn gobeithio mynd yn ei blân i gymhwyso fel bydwraig. Pan ffeindion nhw ei bod hi'n disgwyl, briodon nhw ddim sbel wedyn. Fi oedd y gwas priodas." Lledodd gwên ar draws wyneb Irfon.

Roedd DC Singh yn gwrando'n astud ac yn cymryd nodiadau bras ar ei dabled.

"A wedyn cafodd Gwern ei eni," meddai DI Jones.

"Do a fi'n cofio Siân yn gweud ei bod hi'n benderfynol o fod yn fam lawn amser – doedd dim jyglo gwaith a rhiantu i fod iddi hi, felly chwplodd hi ddim o'i chwrs nyrsio. Roedd hi braidd yn hen ffasiwn fel'na… Ond roedd e'n anodd iddi hi ac Emyr fyw ar gyflog technegydd ar ôl i Gwern gael ei eni. Wedyn dyna pryd y dechreuodd Emyr neud y cwrs Iechyd a Diogelwch gyda'r nos, ac mewn dim cas e swydd gyda'r cwmni hyfforddi, oedd yn talu'n lot gwell… ac o'n nhw i weld yn hapus iawn am sbel."

Oedodd DI Jones i gymryd llymaid o'i goffi cyn cynnig yn betrusgar, "O'n i'n deall eich bod chi'n gefen mawr i Emyr pan ddechreuodd e gamblo."

"Dyna'r lleia gallen i neud ar ôl iddo fe fod yn gyment o ffrind i fi pan golles i 'ngwraig… bum mlynedd yn ôl."

"Ma'n ddrwg 'da fi… chi isie gweud 'thon ni…?"

Daeth cysgod dros wyneb Irfon Rowlands. "Cymerodd hi dipyn mwy o amser i fi ffeindio cymar nag Emyr, ond pan ddaeth Anna i weithio i'r ysgol fel athrawes Ffrangeg, roedd e'n *love at first sight*, ys gwedon nhw. Ac o'n ni ond 'di bod yn briod ers tair blynedd pan golles i hi."

"Chi'n meindio i fi ofyn beth ddigwyddodd?"

"Damwain ffordd tra o'n ni ar ein gwylie yn Sbaen."

Cododd PC Javid Singh ei ben o'i dabled a syllodd y ddau dditectif ar ei gilydd.

Llyncodd Irfon yn galed cyn cario ymlaen. "Roedd y ddou o'n ni 'di bod mas am bryd o fwyd yn y dre ac mi gafodd hi ei tharo gan gar wrth groesi'r hewl ar y ffordd yn ôl i'r gwesty. Buodd hi farw yn yr ysbyty rai orie wedyn."

"Mae'n flin iawn 'da fi am 'na… Ond… os chi ddim yn meindio fi'n gofyn, gesoch chi drafferth gyda'r cwmni yswiriant pan ddigwyddodd hyn… yn pallu talu mas, hynny yw?"

"Naddo, ddim o gwbwl. Cymerodd hi dipyn o amser, ond fe dalon nhw'r cwbwl. Pam chi'n gofyn?"

"Ym… dim rheswm penodol… Ac fe roioch chi'r gore i'ch swydd dysgu, mae'n amlwg…"

"Do, es i byth yn ôl i'r ysgol. Mae dysgu'n rhwbeth y'ch chi'n gorfod rhoi cant y cant iddo fe ac o'n i'n gwbod 'mod i ddim yn gallu neud 'nny… a doedd hynny ddim yn deg ar y plant."

Tywalltodd fwy o goffi i'w gwpan o'r pot.

"Ac wrth gwrs, buodd Anna'n athrawes yn yr un ysgol ac fe fyddai pob ystafell a pob coridor yn f'atgoffa i ohoni. Wedyn gwerthes i'r tŷ yng Nghaerdydd mewn dim o dro a symud yn ôl i'r gorllewin a cael hyd i'r tyddyn yma. O'n i'n teimlo bryd hynny 'mod i jyst ishe llonydd i alaru."

"Mae e mewn lle tawel braf, rhaid i fi weud." Trodd DI Jones ei ben i edrych ar y defaid yn pori ar y caeau y tu fas i'r ffenest.

"A dechreuoch chi weld tipyn mwy ar Emyr yn y cyfnod hwnnw, fi'n cymeryd?"

"Do… fe fydde fe'n galw'n amal ac roedd e'n gymaint o help i fi yn y dyddie du hynny. Chi'n gweld, roedd personolieth annwyl iawn gydag Emyr. Roedd e'n wrandäwr da ac yn llawn cydymdeimlad… y math o berson chi'n gallu agor eich calon iddo fe."

Sylwodd y ddau dditectif ar yr olwg drist ar wyneb Irfon wrth iddo hel atgofion am ei ffrind pennaf.

"O'n i byth yn teimlo'n rhy swil i ddangos fy nheimlade yn ei gwmni fe… Dysgodd e lot i fi am ba mor bwysig yw medru rhyddhau eich emosiyne fel rhan o'r broses alaru … O'n i wastad yn teimlo'n well ar ôl bod yn ei gwmni fe."

"Ac fe benderfynoch chi newid cyfeiriad yn eich gyrfa ac hyfforddi i fod yn gwnselydd?" Roedd Javid yn awyddus i glywed mwy.

"Do. Emyr oedd yr ysbrydolieth tu ôl i'r penderfyniad hwnnw," atebodd. "Ar ôl gweld shwt oedd e 'di fy helpu i i ddod yn ôl o le tywyll iawn, o'n i'n teimlo 'mod i ishe treial helpu pobol eraill oedd yn mynd trwy gyfnode anodd yn eu bywyde nhw."

"A daeth tro ar fyd ar Emyr, fel fi'n deall, a'ch tro chi oedd bod yn gefen iddo fe," meddai'r DI.

"Do, yn anffodus. Ar ôl iddo fe golli ei waith a dechre gamblo. Siân wedodd 'tho fi am y broblem bwyti chwe mis yn ôl. Daeth hi yma i erfyn arna i i'w helpu fe. Wel, o'n i ond yn rhy barod i neud, ar ôl yr help roiodd e i fi."

"Defnyddio eich sgiliau fel cwnselydd, fi'n cymeryd," cynigiodd y ditectif. "Ac o'ch chi'n teimlo bod hynny wedi gweithio?"

"Oedd a nag oedd." Crychodd Irfon ei dalcen. "Chi'n gweld, problem fwya Emyr, fel o'n i'n ei gweld hi, oedd ei fod e gartre ar ei ben ei hunan trwy'r dydd ac roedd hi'n anodd iddo fe ymatal rhag y temtasiwn i gamblo pan oedd dim byd arall gyda fe i lenwi'r orie."

Rhoes chwarddiad bach cyn mynd yn ei flaen. "O'n i 'di treial fy ngore i'w gael e i whilo am waith arall, ond doedd dim swyddi ar gael yn ei faes e… ac roedd Emyr yn ddyn balch… ddim ishe swydd oedd e'n meddwl oedd yn israddol. Wedodd e ei fod e am sefydlu busnes fel ymgynghorydd iechyd a diogelwch, ond o'n i'n gwbod yn iawn na ddaeth dim byd o hynny."

"Felly o'ch chi 'di annog e i fynd mas o'r tŷ?"

"Do. Wedes i 'tho fe am dreial mynd am dro unwaith bob dydd. Yn ogystal â'i atal e rhag gamblo, mae cerdded mewn lle braf yn yr awyr iach yn gallu bod yn llesol i iechyd meddwl rhywun."

"Weithiodd hynny, chi'n meddwl?" gofynnodd PC Singh.

"Do, am sbel. Ond tua'r Nadolig, naeth e gyfadde ei fod e'n ôl yn gamblo. Ishe neud ei ore dros ei deulu, medde fe, ac yn poeni shwt oedd e'n mynd i dalu am bopeth… anrhegion, bwyd a diod."

"Fi'n siwr ei fod e'n gyfnod anodd iddo fe, heb swydd," meddai'r DC.

"Oedd… Ond pan weles i e yn y Flwyddyn Newydd, roedd e'n swnio'n benderfynol o newid ei ffyrdd eto. Dechreuodd e fynd mas i gerdded bob penwythnos ac mi fyddwn i'n mynd gyda fe weithie."

"Soniodd e wrthoch chi am gyfarfod â pobol eraill… wel, am gwrdd â menywod… pan fyddai e'n mynd am dro?" holodd DI Aaron Jones.

Crychodd Irfon ei dalcen, yn ansicr o'r hyn roedd yn ei glywed.

"Naddo," atebodd yn syn. "O'n i'n cymeryd ei fod e'n mynd ar ei ben ei hunan. Beth …?"

"Wel, does gyda ni ddim tystioleth ei fod e 'di cael perthynas ramantus gydag unrhyw fenyw arall."

Anadlodd Irfon yn drwm, gan deimlo rhywfaint o ryddhad.

"Felly pa mor amal o'ch chi'n ei weld e yn y cyfnod yma?" gofynnodd DC Javid Singh.

"Bwyti unwaith yr wthnos ar y dechre ond yn llai amal ers rhyw ddeufis. Doedd e ddim ishe dod i'r ganolfan ble fi'n gweithio yn Llanelli, felly, fe fydde fe'n dod draw yma i Dy'n March i 'ngweld i gyda'r nos ac weithie'n aros yma."

"A pryd weloch chi fe ddwetha?"

"O'n i heb ei weld e ers rhai wthnose. O'n i wedi ei berswadio fe i ddod gyda fi i ras hwyl at elusen, ac o'n i 'di synnu ei fod e 'di cytuno."

"A ble'r oedd hyn?"

"Yn ardal Llandeilo… Ffaeles i fynd gyda fe yn y diwedd achos bod argyfwng gydag un o'm cleientiaid, ond wedodd e 'tho fi ei fod e 'di cymryd rhan."

Oedodd DI Aaron Jones cyn gofyn ei gwestiwn nesaf.

"Ydych chi 'di clywed am fforwm Bereaved Partners?"

"Ydw," atebodd Irfon gyda golwg ddryslyd ar ei wyneb. "O'n i'n defnyddio'r fforwm i sgwrsio gyda pobol eraill oedd 'di colli partneriaid ar ôl i Anna farw. Ond roies i'r gorau iddo fe ar ôl rhyw naw mis."

"Ac oedd Emyr yn gwbod hyn?" gofynnodd DC Singh.

"O, oedd… mi fyddwn i'n siarad am y peth gydag e'n amal yn y cyfnod hwnnw. Pam y'ch chi'n gofyn?"

Yna aeth DI Jones yn ei flaen i egluro wrth Irfon sut yr oedd Emyr wedi cysylltu â Mari Llywelyn ar y fforwm a'i thwyllo i feddwl ei fod yn ŵr gweddw oedd wedi colli partner o'r enw Anna ar wyliau tramor.

"Ac roedd e 'di llunio'r stori 'ma ar sail fy hanes i, 'te?" Edrychodd Irfon yn galed ar y ditectif, yn cael trafferth dirnad y peth.

"Mae'n ymddangos fel 'nny. Ac roedd e wedi rhoi'r un stori i fenyw arall o Gaerfyrddin."

Rhoes Irfon ei ben yn ei ddwylo a bu distawrwydd am rai eiliadau.

"Ond pam?… Fi'n ffaelu credu hyn. Pam fydde fe'n neud shwt beth?"

"Ni'n meddwl falle bod *motive* ariannol tu ôl i'r peth, chi'n gweld," meddai DI Jones. "Roedd e 'di perswadio o leia dwy fenyw ei fod e'n ŵr gweddw ac mewn trafferthion ariannol. Ni ddim yn meddwl ei fod e 'di mynd mor bell â gofyn iddyn nhw am arian, ond ni'n eitha siŵr taw dyna pam aeth e i dŷ Mari Llywelyn yn Nantglas y noson cafodd e ei ladd."

"Ond pam y bydde hi ishe'i ladd e? Dyw'r peth ddim yn neud synnwyr."

"Wel, ni'n cadw meddwl agored ar hyn o bryd," atebodd y DI. "Dydy Mrs Llywelyn ddim 'di cael ei chyhuddo o unrhyw drosedd, ond mae hi'n dal i'n helpu ni gyda'r ymchwiliad."

"Fi'n gwbod… fi 'di bod yn dilyn yr achos ar y cyfrynge a does dim *suspect* arall gyda chi dan sylw, fi'n cymeryd?" Roedd yn amlwg fod Irfon yn chwilfrydig i wybod pa drywydd roedd yr heddlu'n ei ddilyn.

"Ni'n parhau gyda'n hymholiadau," atebodd DI Jones

yn awdurdodol. "A gan fod Emyr Hughes mewn dyled fawr, mi allai fod gan sawl person arall reswm dros ddial arno fe... Ydych chi'n gwbod am unrhyw un fyddai'n dal dig yn erbyn eich ffrind... i'r graddau eu bod nhw ishe ei niweidio fe?"

"Nagw, neb. Fi'n gwbod bod gydag e ei ffaeledde, ond roedd e'n foi ffein ar y cyfan. Y cwbwl y galla i feddwl yw... wel, mae'n rhaid ei fod e 'di mynd i stad eitha *desperate* i weud yr holl gelwydd wrth y merched 'na. Does dim dwywaith fod y gamblo 'di cael gafael reit ddrwg arno fe eto. A fi 'di gweld sawl gwaith shwt mae'r peth yn gallu effeithio ar rai pobol."

"Diolch am eich amser bore 'ma, Irfon," meddai DI Aaron Jones wrth godi o'i sedd. "Ac am y coffi. Chi wedi rhannu lot o wybodeth bwysig gyda ni. Ond os meddyliwch chi am unrhyw beth arall a allai fod o help i ni, cysylltwch ar unwaith. Dyma 'ngherdyn i."

33

Roedd Aaron Jones yn awyddus i ddychwelyd i Swyddfa'r Heddlu mewn da bryd i fynychu'r archwiliad *post mortem* ar gorff Emyr Hughes oedd i'w gynnal yn Llanelli am ddau o'r gloch y prynhawn hwnnw. Fel ditectif profiadol, roedd wedi mynychu sawl *post mortem* yn ystod ei yrfa, ond doedd e erioed wedi gallu dod i'r arfer â gwylio'r broses heb deimlo ei stumog yn troi.

"Does dim amheuaeth taw'r trywaniad i'r galon gyda chyllell oedd achos y farwoleth," meddai Julia Morgan, y patholegydd. "Ac mae amseriad y farwoleth, yn ôl y dystioleth fforensig, yn cyd-fynd â'r wybodeth gesoch chi oddi ar y CCTV a galwad ffôn Mari Llywelyn, sef rhwng hanner awr wedi chwech a deg munud wedi saith nos Wener."

"Unrhyw beth arall y dylen i wbod? Oes unrhyw anafiade eraill i'r corff?"

"Wel, oes, digwydd bod. Mae anaf eitha aneglur ar ochr ei ben… rhwng ei glust chwith a'i dalcen."

"Chi'n meddwl bod rhywun wedi ei daro fe ar ei ben, 'te?"

"Fi ddim mor siŵr am hynny. Chi'n gweld, pan edrychais i'n fanwl ar y man lle mae'r briw, roedd gronynnau bach o fwd ar y wyneb ac ôl rhwbeth oedd yn edrych yn ddigon tebyg i sowdl esgid – *trainer*, mae'n debyg."

"Chi'n meddwl bod rhywun 'di sathru ar ben y dyn, 'te?"

"Un ai hynny, neu wedi ei gicio fe yn ei ben. Bydd angen

i rywun gyda mwy o arbenigedd na fi yn y maes gadarnhau hynny."

"A chi'n siŵr ei fod e 'di derbyn yr anaf tra'r oedd e yn nhŷ Mari Llywelyn?"

"Alla i ddim â bod yn berffaith sicir am hynny. Gyda llaw, pa fath o sgidie oedd Mari Llywelyn yn eu gwisgo pan gafodd hi ei harestio?"

"*Trainers*," atebodd Aaron. "Wedi dweud hynny, rhai smart iawn, ond fi'n cofio taw *trainers* o'n nhw. Wrth gwrs, mae fforensics 'di cadw'r holl ddillad roedd Mari Llywelyn yn eu gwisgo noson y llofruddieth, gan gynnwys ei sgidie hi."

Cariodd Julia ymlaen gyda'i gwaith.

"Unrhyw anafiade eraill?" gofynnodd y ditectif.

"Roedd briw bach ar gefen y pen… siŵr o fod wedi ei achosi wrth i Emyr Hughes syrthio a tharo ei ben yn erbyn y llawr… llawr marmor yw e, fel fi'n deall. Ac os taw cic gafodd e, yna digon tebyg fod y gic honno'n ddigon i'w lorio fe."

"Oedd yr anaf i'r pen yn ddigon i'w gnocio fe mas, chi'n meddwl?"

"Nag oedd," atebodd Julia Morgan yn bendant. "Dim ond briw bach gafodd e a doedd dim anaf i'r penglog."

"A… ble chi'n meddwl oedd e pan gafodd e ei drywanu – ar ei drâd neu ar ei gefen ar lawr?"

"Mae'n anodd iawn bod yn hollol siŵr. Ond, o edrych ar yr archoll i'r frest, mae'n fwy tebygol ei fod e 'di codi ar ei draed a chael ei drywanu wedyn."

"Beth am y profion gwaed? Ydyn nhw'n dangos ei fod e 'di bod yn yfed? Roedd ôl chwisgi dros ei grys a gwydr whisgi wedi malu ar lawr."

"Ychydig iawn o alcohol oedd yn y gwaed… sy'n awgrymu ei fod e heb yfed mwy na tua hanner gwydraid o whisgi. Yn sicir, doedd y dyn ddim yn feddw. Ond, beth sy'n rhyfedd," aeth yn ei blaen, "yw bod diferion bach o whisgi yn ei lygaid ac ar ei wyneb."

"Rhyfedd iawn. Felly, beth y'ch chi'n awgrymu yw bod y whisgi wedi ei daflu i'w wyneb e?"

"Fi ddim yn awgrymu dim byd. Fi ond yn rhannu'r ffeithie moel gyda chi."

+

Aeth Aaron Jones i chwilio am Mike Harris pan gyrhaeddodd yn ôl i Swyddfa'r Heddlu.

"Unrhyw newyddion am y cyfrifon banc?"

"Oes," atebodd Mike yn eiddgar. "A gwybodeth ddigon diddorol hefyd. Roedd gan Emyr Hughes ddau gerdyn credyd a, tan yn ddiweddar, roedd e mewn dyled o saith mil i un cerdyn a tua pum mil i'r llall. Roedd e hefyd ar ei hôl hi o chwe mil ar ei daliade morgais. Ond," meddai, gan edrych lan ar y ditectif o'i ddesg, "fe dalodd e dair mil o bunnau mewn arian parod i'w gyfrif banc dydd Iau dwetha cyn ei drosglwyddo i'r gymdeithas adeiladu."

"Do fe wir? Ydyn ni'n gwbod shwt yn union cafodd e afel ar y *cash*?"

"Dim syniad hyd yn hyn. A doedd ei wraig yn gwbod dim oll am y peth."

"Beth am ei gyfrifiadur? Unrhyw beth diddorol?"

"Gwelson ni ei fod e 'di bod ar wefan Bereaved Partners sawl gwaith, ond heb bostio rhyw lawer arno fe. Roedd yn amlwg taw dyna shwt wnaeth e gysylltu â Mari Llywelyn, ond dyw e ddim yn edrych fel 'se'r dyn 'di cael gafel ar unrhyw fenywod eraill oddi ar y wefan."

"A beth am y gamblo?"

"Roedd hynny'n mynd ymlân dydd a nos am gyfnode. Ond yn ddiweddar roedd e 'di dechre cymryd diddordeb yn y byd Crypto… byth a hefyd yn dilyn gwahanol *infuencers*, yn enwedig rhywun o'r enw Leo Krutz."

"Mae'r holl faes yna'n ddieithr i fi, rhaid i fi weud," meddai Aaron.

"Ie, wel, mae lot o bobl 'di llwyddo i wneud eu ffortiwn trwy fuddsoddi mewn bitcoin yn y gorffennol, felly sdim rhyfedd bod Emyr 'di cymryd diddordeb yn y maes. Falle ei fod e 'di gweld hynny fel rhyw achubieth – cael digon o arian i brynu bitcoin yn y gobaith o ddyblu ei arian dros nos. Ond mae'r holl beth yn gallu bod yn *risky* iawn."

"A beth ffeindiest ti oddi ar yr iPhone?"

"Lot o'r un peth… ac hefyd y galwadau a'r negeseuon arferol i'w deulu fe."

"Beth am negeseuon i Mari Llywelyn a Helen Morris… neu unrhyw fenywod eraill?"

"Dim byd. Mae'n rhaid ei fod yn defnyddio ffôn arall i gysylltu â nhw… *burner phone* yn ôl pob tebyg."

"Diolch Mike. Diddorol iawn. Caria mlân i weld beth arall ti'n gallu ffeindio."

34

Roedd llaw Bethan Young yn crynu rhywfaint wrth iddi ledu ei bysedd i chwyddo'r llun ar sgrin ei thabled. Edrychodd unwaith eto ar y llun llonydd a gymerwyd o'r CCTV o ferch yn rhedeg lan y ffordd gul o dŷ Mari Llywelyn tuag at dafarn y Llew Coch y nos Wener flaenorol. Diolchodd o weld bod yr wyneb yn eithaf aneglur ac roedd y cap a wisgai'r ferch yn help i guddio ei llygaid.

Sylweddolodd Bethan ei bod ar groesffordd... na, nid croesffordd ond llwybr oedd yn fforchio i ddau gyfeiriad. Gallai hi un ai fynd at yr heddlu gan egluro beth oedd wedi digwydd – taw damwain anffodus oedd marwolaeth Emyr Hughes, neu... fe allai hi wneud dim byd. Pendronodd dros y ddau opsiwn am rai munudau.

Y mwyaf y meddyliai am y peth, y mwyaf argyhoeddedig oedd hi taw'r peth gorau... y peth synhwyrol... oedd aros a disgwyl... diwrnodau, wythnosau efallai... i weld sut oedd yr achos yn datblygu. Un dydd ar y tro, meddyliai. Gallai hi ddilyn popeth ar y cyfryngau.

Roedd hi'n obeithiol na fyddai neb oedd yn ei hadnabod yn gwneud y cysylltiad rhyngddi hi a'r llun CCTV. Wedi'r cyfan, doedd dim byd wedi dod i'r amlwg i'w chysylltu hi â Mari Llywelyn nac Emyr Hughes. Efallai fod y ferch ar y sgrin yn eithaf tebyg iddi, ond pam yn y byd fyddai neb yn meddwl bod ganddi hi unrhyw beth i'w wneud â'r llofruddiaeth? Oni bai... Cofiodd am yr holl luniau roedd hi wedi eu postio ar dudalen

Facebook Cronfa Plant Chris Young ar ôl y ras hwyl, y diwrnod y cyfarfu ag Emyr Hughes. Agorodd Facebook a dileu pob llun ohoni hi ei hun o gyfrif yr elusen ac o'i chyfrif personol.

Cododd Bethan o'r soffa i edrych unwaith eto ar ei hadlewyrchiad yn y drych yn y cyntedd. Byddai'n rhaid iddi gael gwared â'r gynffon hir a ddisgynnai i lawr ei chefn, meddyliodd... ac efallai y dylai hi roi ychydig o wawr goch yn y gwallt tywyll hefyd. Fyddai hynny ddim yn beth od i'w wneud... roedd lliwiau llachar yn reit ffasiynol y dyddiau hyn.

Felly ei chynllun yn awr oedd cadw'n dawel, gan obeithio na fyddai neb yn rhoi'r awgrym lleiaf i'r awdurdodau taw hi oedd y person yn y llun CCTV a gyhoeddwyd. Pe bai hynny'n digwydd, byddai'r heddlu'n siŵr o ddod i chwilio amdani... Bydden nhw'n debygol o weld ei char ar gamera yn rhywle rhwng Llanelli a Nantglas y nos Wener honno ac mi fyddai ei ffôn yn dangos ei bod hi yn yr ardal adeg y llofruddiaeth. Fe fyddai ar ben arni.

Ond, cysurodd Bethan ei hun... heblaw am y llun hwnnw, doedd gan yr heddlu ddim rheswm yn y byd i ddod ar ei chyfyl hi. Os na fyddai neb yn ei hadnabod fel y ferch ar y clip ffilm, fe allai hi gario ymlaen gyda'i bywyd fel pe bai'r holl beth heb ddigwydd.

Roedd nifer o'i ffrindiau wedi bod yn holi amdani... i weld os oedd hi wedi dod dros y pwl o ffliw... felly, fe fyddai'n rhaid iddi ddechrau gadael y tŷ unwaith eto. Yn y cyfamser, byddai hi'n cadw golwg fanwl ar y newyddion gan obeithio y byddai'r stori am lofruddiaeth Emyr Hughes yn distewi yn y dyddiau nesaf.

35

Y diwrnod canlynol, cymerodd Sara fantais o'r ychydig wyliau oedd ganddi i ymweld â'i chyfnither, Ffion, yng Nghaerfyrddin am fod gan honno rai oriau'n rhydd yn ystod y prynhawn. Roedd yn awyddus i ganfod a oedd hi wedi clywed unrhyw beth newydd am achos Emyr Hughes gan Siôn Elias. Cyfarfu â Ffion mewn bwyty bach Eidalaidd yng nghanol y dref am ei fod o fewn pellter cyfleus i'w swyddfa. Eisteddodd y ddwy mewn distawrwydd am rai munudau yn astudio'r fwydlen. Roedd cyfnither Sara yn ei phedwardegau, yn weddol fyr gyda gwallt tywyll oedd yn cyffwrdd â'i hysgwyddau a gallai Sara weld y sbarc direidus arferol yn ei llygaid glas oedd yn ei hatgoffa o'i mam, Hannah. Roedd yn gwisgo ffrog wlanen smart ac esgidiau uchel, yn amlwg wedi dod yn syth o'i gwaith.

Wrth iddyn nhw sgwrsio, daeth yn eglur i Sara bod Ffion wedi clywed holl hanes Mari gan Siôn Elias yn ystod ei hymweliad â Swyddfa Heddlu Rhyd-dderwen.

"Shwt mae Mari'n ymdopi?" gofynnodd Ffion, wrth i'r bwyd gyrraedd. "Wedodd Mam ei bod hi'n aros yn un o'r bythynnod."

"Ie, whare teg i Hannah am roi lle iddi. Mae Mari'n ddiolchgar iawn... ond mae hi mewn cyflwr eitha bregus, fel 'set ti'n disgwyl. Mae hi'n dal dan amheueth ac yn gorfod mynd i Swyddfa'r Heddlu i arwyddo bob bore."

"Mm... fi'n gwbod. Ond mae Siôn yn grediniol bod yr

heddlu erbyn hyn yn canolbwyntio ar dreial ffeindio'r ferch welon nhw ar y CCTV. Heb unrhyw lwc eto, mae'n debyg."

"Beth fi'n ffaelu deall," oedodd Sara i gymryd llymaid o'i dŵr, "yw shwt ffeindiodd yr heddlu mas mor glou beth oedd enw iawn Ifan James… taw Emyr Hughes oedd e mewn gwirionedd."

"Wel, Mari wedodd 'thon nhw. O'n i'n meddwl bod ti'n gwbod."

"Mari?" Crychodd Sara ei thalcen. "Na, wedodd hi ddim byd." Roedd Sara'n methu dirnad pam y byddai Mari'n cadw'r peth yn ddistaw.

Cododd Ffion ei haeliau, yn ofni efallai ei bod hi wedi dweud gormod.

Bu distawrwydd rhwng y ddwy gyfnither am rai eiliadau. "A falle dylet ti wbod hefyd bod Siôn 'di ffeindio rhwbeth newydd mas… tra'r oedd yn Swyddfa'r Heddlu bore dydd Llun."

"Am Emyr Hughes?" gofynnodd Sara.

"Ie. Mae'n debyg bod menyw o Gaerfyrddin wedi galw yn y stesion dydd Sul i weud ei bod hithe 'di cael ei thwyllo gan y dyn hefyd."

"Ti'n gwbod beth yw ei henw hi?"

"Helen Morris. Wedi colli ei gŵr, John, yn ddiweddar. Roedd e'n rhedeg Garej Morris tu fas i'r dref. Ond ddim wrtha i glywest ti, cofia."

+

Roedd yn ddigon hawdd i Sara gael hyd i Garej Morris, gan ei fod yn fodurdy helaeth nid nepell o'r ffordd fawr, yn gwerthu ceir ail-law yn ogystal â bod yn orsaf betrol a thrwsio cerbydau. Ar ôl parcio'r car, cerddodd tuag at y swyddfa er mwyn chwilio am rywun oedd yn gallu rhoi cyfeiriad Helen Morris iddi.

"Shwt galla i'ch helpu chi?" gofynnodd menyw ifanc siriol o'r tu ôl i'r ddesg. "Whilo am gar y'ch chi?"

"Na, sori," atebodd Sara. "O'n i'n gobeithio cael gair gyda Mrs Morris… Helen, hynny yw. Chi'n digwydd gwbod ble mae hi'n byw?"

"Ym…" Oedodd y ferch am eiliad. "Gwell i fi hôl Megan… hi yw bos y swyddfa. Fi ddim i fod i roi manylion personol i gwsmeriaid. Mae Megan yn ffysi iawn fel'na, chi'n gwbod." Yna diflannodd trwy ddrws y tu ôl i'r ddesg.

Mewn ychydig eiliadau, ymddangosodd menyw smart, ganol oed ac arweiniodd Sara at y cadeiriau esmwyth ym mhen draw'r swyddfa.

"Steddwch. Megan Rees dw i gyda llaw… rheolwr y garej. A chi yw…?"

"Sara Price," gwenodd Sara arni. "Wedi dod yma o Ryd-dderwen."

"O… a chi moyn gair gyda Mrs Morris, fi'n deall. Alla i ofyn pam?" gofynnodd yn awdurdodol. "Chi'n gweld, fi'n ffrind personol iddi a mae hi 'di bod trwy amser caled yn ddiweddar ar ôl colli ei gŵr."

"Ie, fi'n deall hynny, ac mae'n ddrwg iawn 'da fi am ei cholled hi. Ym… o'n i 'di digwydd clywed bod Helen 'di bod mewn cysylltiad gyda dyn o'r enw Emyr Hughes."

Syllodd Megan yn amheus ar Sara am eiliad. "A beth sy'n neud i chi feddwl hynny, os ga i ofyn?"

"Fi'n siŵr bod chi 'di clywed bod rhywun wedi'i ladd e." Synhwyrodd Sara bod angen iddi droedio'n ofalus.

"A beth mae hynny i neud â chi?" Edrychodd Megan yn galed arni.

"Chi'n gweld... Fi'n treial ffeindio unrhyw ferched ddaeth i gysylltiad ag e'n ddiweddar."

Culhaodd Megan ei llygaid ac anadlu'n ddwfn. "Chi ddim yn byw yn Nantglas digwydd bod?"

"Na, fy ffrind sy'n byw yn fanna. A cyn i chi ofyn... ie, hi oedd yr heddlu'n ei ame o ladd Emyr Hughes nos Wener ddwetha."

Cododd Megan ar ei thraed. "Fi'n credu y dylech chi gael gair gyda Helen, 'te. Ceith Enfys edrych ar y ôl y swyddfa i fi a ffonia i Helen i weud ein bod ni ar ein ffordd."

Mewn rhyw bum munud, roedd Sara'n dilyn car Megan i mewn i ddreif Maesglas, tŷ mawr Fictoriaidd gyda gerddi taclus i'r tu blaen a'r cefn. Roedd Helen Morris yn disgwyl amdanynt yn y drws ffrynt ac fe hebryngodd y ddwy i gegin helaeth gydag ystafell haul y tu cefn iddi.

Edrychai Helen Morris ychydig yn hŷn na'r hyn a ddisgwyliai Sara, gyda'i gwallt byr oedd yn dechrau britho a'i dillad confensiynol – trowsus du, plaen, blows wen a chardigan hir flodeuog.

"Daeth Emyr Hughes yma ar ôl seremoni goffa John," meddai Helen, gan dywallt te i fygiau tseina o debot mawr arian. "Ifan James oedd e'n galw ei hunan pan o'n i'n ei nabod e... dyn neis iawn, o'n i'n meddwl... ishe bod yn gefen i fi ar ôl i fi golli John. Wedodd e ei fod e 'di colli ei wraig a'i fod e'n deall shwt o'n i'n teimlo."

"Yr un hen stori," nodiodd Sara ei phen ac ochneidio. "Maddeuwch i fi am ofyn ond... ofynnodd e i chi am arian?"

"Sa i'n credu ei fod e yn ei natur i ofyn am arian. Roedd e'n fwy clyfar na 'na. Roedd e 'di llwyddo i 'mherswadio i i'w drystio fe... ac o'n i'n credu pob gair ddaeth mas o'i ben e."

Trodd Helen i edrych ar Megan a roliodd honno ei llygaid.

"Roedd ei stori am golli ei wraig mewn damwain… y probleme gyda'r yswiriant… y ddyled i'r cwmni morgais… o'n nhw i gyd yn hollol gredadwy. Doedd dim rhaid iddo fe ofyn i fi i'w helpu fe, ond fi'n siŵr ei fod e jyst yn disgwyl ei gyfle… pan fydden i'n cynnig yr arian."

"A diolch byth 'mod i 'di gweld trwy'r diawl bach cyn ei bod hi'n rhy hwyr." Syllodd Megan ar ei ffrind. "Doedd e erioed 'di prynu car gan John a doedd dim sôn am wraig yn marw mewn damwain car yn Nhwrci. Wedyn o'n i'n gwbod yn iawn bod y boi'n *conman*."

"Ar ôl hynny 'nes i flocio'i ffôn e, a chlywes i ddim smic oddi wrtho fe ar ôl 'nny," meddai Helen gyda gwên hunanfoddhaus.

"Ac wedyn, gwelon ni ei lun e ar y newyddion, on'd do fe? Ac ethon ni i Ryd-dderwen i weud wrth yr heddlu beth o'n ni'n gwbod."

"Chi 'di gweud hyn i gyd wrth Aaron Jones?" Cododd Sara ei haeliau.

"Do, do, ac roedd e'n ddiolchgar iawn. Yn gweud falle fydd rhaid i fi adrodd yr hanes yn y llys os aiff y llofrudd o flaen ei well."

"Wel, diolch am rannu eich stori. O leia ni'n gwbod nawr taw nid Mari oedd yr unig un i gael ei thwyllo gan Emyr Hughes. Digon posib fod 'na ferched eraill sy 'di cael eu hudo gyda fe hefyd."

"A chi'n meddwl taw un o'n nhw oedd yn gyfrifol am ei ladd e?" gofynnodd Megan.

"Digon posib."

"Fi'n siŵr bod eich ffrind 'di cael profiad ofnadw yn ffeindio'r corff yn ei chegin ac yn cael ei harestio," meddai Helen mewn llais llawn cydymdeimlad. "Ond dyw hi ddim yn cael ei hame rhagor, ydy hi?"

"Ni ddim mor siŵr o hynny, ond diolch am eich help, ta beth."

+

Y bore canlynol, galwodd Aaron Jones y ddwy blismones, Melissa ac Emma, i'w swyddfa. Bu'r ddwy'n cydweithio yn ymateb i alwadau gan y cyhoedd yn dilyn cyhoeddi'r llun o'r rhedwraig oddi ar y CCTV ar y gwefannau newyddion.

"Unrhyw lwc?" holodd Aaron yn obeithiol. "Siawns fod rhywun yn rhywle yn nabod y fenyw yn y llun."

"*Twenty one calls and emails,*" edrychodd Melissa ar ei llyfr nodiadau. "A pob un o nhw'n wastraff amser."

"Es i'r holl ffordd i Bontardawe i weld menyw oedd yn edrych yn gwmws fel y rhedwraig ar y CCTV," meddai Emma. "Ond roedd hi mewn *spin class* yn y Ganolfan Chwaraeon rhwng chwech a saith nos Wener. *Typical*!"

"A beth am y gweddill?"

"Roedd gyda bob un o'n nhw alibi, neu o'n nhw'n annhebygol iawn o fod yn Nantglas nos Wener ddwetha. O'n nhw'n byw'n rhy bell bant, ddim yn dreifio neu'n gorfod gwarchod eu plant. A doedd rhai o'n nhw'n edrych dim byd tebyg i'r rhedwraig. Yn amlwg, ni'n debyg o gael tipyn mwy o alwade ond dyw hi ddim yn edrych yn addawol iawn ar hyn o bryd."

"Wel, cariwch 'mlân, 'te. Mae'n gynnar 'to. Fe allen ni fod yn lwcus, pwy a ŵyr?"

36

Wel, meddyliai Bethan, erbyn hyn roedd hi'n fore dydd Mercher, bron i bum niwrnod ers marwolaeth Emyr Hughes a doedd neb wedi dod ar ei chyfyl… neb yn amau bod ganddi ddim oll i'w wneud â'r mater. Ac roedd hi am wneud yn sicr mai felly byddai pethau'n aros. Doedd hi ddim yn teimlo unrhyw dristwch o gwbl am beth oedd wedi digwydd i Emyr Hughes ond, yn anffodus, roedd ei farwolaeth wedi difetha ei chynlluniau i gael arian yr elusen yn ôl, ac unrhyw arian ychwanegol a gâi wrth flacmelio'r dyn. Roedd ganddi rywfaint o biti dros ei wraig. Doedd hi, hyd y gwyddai Bethan, yn gwybod dim oll am fywyd twyllodrus ei gŵr. Ac hefyd y mab… y chwaraewr rygbi dawnus… ond roedd hwnnw'n siŵr o ddod dros ei golled, meddyliai… wedi'r cyfan doedd ei dad ddim wedi bod yn llawer o esiampl iddo fe.

Y prynhawn blaenorol, roedd Bethan wedi mentro mas o'r tŷ am y tro cyntaf ers nos Wener i fynd i'r salon trin gwallt ac i wneud ychydig o siopa. Syllodd arni ei hun yn y drych mawr yn y cyntedd a gwenu wrth feddwl nad oedd dim tebygrwydd bellach rhyngddi hi a'r ferch ar y llun CCTV oedd wedi ei ledaenu ar draws y wlad ar y gwefannau newyddion. Trodd ei hwyneb o'r naill ochr i'r llall, yn dechrau dod i hoffi ei hymddangosiad newydd. Roedd y gwallt hir, tywyll wedi ei dorri'n fyr at ei gên ac wedi ei ffrydio â lliw coch llachar. Roedd hi wedi newid ei dillad rhedeg am drowsus llydan du a siwmper lac ac roedd wedi buddsoddi mewn pâr o esgidiau sodlau trwchus ffasiynol yn lle'r *trainers* a wisgai'n feunyddiol. Estynnodd ei ffôn, gwenu a thynnu hunlun i'w roi ar broffil ei thudalen Facebook. Pe bai'r heddlu'n digwydd edrych ar hwnnw, fydden nhw byth yn ei chysylltu â'r clip CCTV.

Ers cyhoeddi'r apêl am dystion i ddod ymlaen gyda gwybodaeth am y rhedwraig fore dydd Llun, doedd dim byd pellach wedi ymddangos yn y newyddion ynghylch llofruddiaeth Emyr Hughes. Roedd yn debygol, felly, taw dyma'r unig drywydd yr oedd yr heddlu'n ei ddilyn, meddyliai, a thra'r oedd dim tebygrwydd rhyngddi hi a'r wraig yn y llun, teimlai Bethan yn weddol ddiogel. Y cwbl oedd angen iddi hi ei wneud yn awr oedd cadw ei phen i lawr, disgwyl i'r holl beth chwythu drosodd a cheisio'i gorau glas i anghofio bod Emyr Hughes erioed wedi ei thwyllo. Gwenodd wrth feddwl am y peth. Wedyn gallai hi gario ymlaen gyda'i bywyd ac ailddechrau canolbwyntio ar waith Cronfa Plant Chris Young unwaith yn rhagor.

Pan sieciodd Bethan gyfrif banc yr elusen y bore hwnnw, roedd hi'n falch i weld bod dros saith gan punt arall wedi ei ychwanegu ato a'i fod bron yn ôl yn swm pedwar ffigwr. Roedd yr arian yn dal i lifo i mewn, felly, o'r wefan JustGiving a gan y rhai a gymerodd ran yn y ras hwyl a'r twrnament golff. Cododd ei chalon wrth feddwl y byddai hi'n gallu llenwi coffrau'r elusen eto mewn dim o dro, unwaith yr oedd hi mewn sefyllfa i drefnu mwy o weithgareddau codi arian.

Canodd cloch y drws ffrynt ac aeth Bethan yn betrusgar i'w ateb. Agorodd gil y drws.

"Bethan… blydi hel, ti'n edrych yn grêt," meddai ei ffrind Elin. "O'n i'n meddwl bod ti'n dost, ond ti'n edrych yn ffantastig. Ti'n ffansi coffi?"

"O'n i angen ychydig o newid, 'na i gyd. Fi wedi bod yn

dost, cofia, gyda'r hen ffliw… yn styc yn y tŷ ers dydd Gwener, ond yn lot gwell nawr ac yn teimlo fel menyw newydd."

"Glywest ti hanes y dyn 'na'n cael ei ladd yn Nantglas?" gofynnodd Elin, wrth iddynt gydgerdded tuag at y siop goffi.

"Na, fi ddim 'di bod yn dilyn y newyddion," atebodd Bethan yn ofalus, "Rhy dost i boeni am beth oedd yn mynd ymlân yn y byd mawr tu fas."

"Wel, dylet ti edrych ar y llun o'r ferch mae'r heddlu ishe'i holi ynglŷn â'r peth. Cafodd ei dal ar CCTV yn rhedeg o'r tŷ ble cas y dyn ei ladd. Paid â chwerthin nawr," rhoes Elin chwarddiad bach, "ond mae hi'n edrych yn gwmws 'run peth â ti."

Disgynnodd y wên oddi ar wyneb Bethan cyn iddi ruthro i ateb ei ffrind, "Sori i dy siomi di ond o'n i'n rhy dost nos Wener i ladd diawl o neb."

"Nos Wener oedd hi? Wedest ti fod ti heb weld y newyddion."

Edrychai Bethan yn anghyfforddus. Newidiodd y pwnc yn gyflym a chamu ymlaen i'r siop goffi.

37

Ar ôl ei hymweliad boreol â Swyddfa Heddlu Rhyd-dderwen y diwrnod canlynol, galwodd Mari yng Ngwynfan i weld Sara. Roedd honno yn ei phyjamas yn mwynhau bore diog gan ei bod yn dal ar ei gwyliau o'r gwaith.

Roedd Mari mewn tipyn gwell hwyliau na'r tro diwethaf iddi ei gweld, meddyliai Sara.

"Ar ôl i ti ffonio i weud hanes yr Helen Morris 'na, fi 'di neud tipyn mwy o waith ymchwil. A ti'n gwbod beth…?" Tynnodd ddau ddarn o dost mas o'r toster, "… Fi 'di cofio rhywbeth wedodd Emyr Hughes y tro dwetha i fi ei weld e."

"Rhwbeth diddorol?" Sipiodd Sara ei choffi wrth iddi astudio'i ffôn. "Gan gofio bod y dyn 'na'n palu celwydd y rhan fwya o'r amser."

"Fi ddim yn siŵr os oedd e'n wir neu beidio," atebodd Mari. "Ond falle fod cysylltiad rhwng beth wedodd e 'tho fi ag un o'r merched ffeindies i ar-lein… un arall sy 'di colli ei gŵr."

"Mae hyn yn ddiddorol," goleuodd llygaid Sara. "Dere â'r pisyn tost 'na i fi a stedda lawr."

"Neithiwr, ar ôl mynd nôl i'r bwthyn, es i ar-lein i whilo am fwy o fenywod oedd 'di colli'u gwŷr mewn damwain, ac roedd un ohonyn nhw'n edrych yn ddigon diddorol. Bethan Young yw ei henw hi… o ardal Llandeilo." Taenodd Mari'r menyn ar ei thost, tra astudiodd Sara ei hwyneb yn ofalus.

"Cafodd ei gŵr ei ladd mewn damwain ddringo… cwmpo ar Fynydd Tryfan bwyti whech mis yn ôl. Edryches i amdani ar Facebook ac mae linc o'i thudalen bersonol i wefan Cronfa Plant Chris Young. Ti'n gweld, mae hi 'di sefydlu elusen yn enw ei gŵr. Rhwbeth i wneud â gwylie i blant difreintiedig."

"A beth yw'r cysylltiad gydag Emyr Hughes, 'te… os oes un o gwbwl?" Swniai Sara'n amheus.

"Wel… Y tro dwetha i fi fynd am dro gydag Emyr Hughes, fi'n cofio fe'n sôn ei fod e 'di cymryd rhan mewn ras hwyl cwpwl o wthnose ynghynt – ras bum cilometr at elusen, medde fe. Wedodd e ei fod e'n teimlo dyletswydd i gefnogi'r peth gan fod y person oedd yn trefnu'n hen ffrind iddo fe."

"… Neu'n ffrind newydd efalle," awgrymodd Sara.

"Digon posib. Ti'n gweld, mae lot o lunie ar wefan yr elusen o ras hwyl bum cilometr gafodd ei chynnal ar ddydd Sadwrn tair wthnos yn ôl, sef yn union yr un adeg. Ychydig o gyd-ddigwyddiad, ti ddim yn meddwl?"

"Dangosa'r wefan i fi." Roedd Sara wedi dechrau cynhyrfu.

Estynnodd Mari ei ffôn ac agor tudalen flaen gwefan Cronfa Plant Chris Young. Sgroliodd heibio i nifer o luniau o dwrnament golff nes cyrraedd hanes y ras hwyl ac estyn y ffôn i Sara.

Defnyddiodd Sara ei dau fys i ehangu maint un o'r lluniau. "Yn anffodus, ni ddim yn gwbod os oes llun o Bethan Young ar y wefan… dyw hi ddim 'di cael ei thagio ar yr un o'r llunie. Beth am ei thudalen bersonol?"

Chwiliodd Mari am dudalen Facebook Bethan Young ac edrych ar ei phroffil.

"Falle ei bod hi 'di dod ar draws Emyr Hughes," astudiodd Sara'r llun. "Ond ddim hon mae'r heddlu'n whilo amdani. Dyw hi'n edrych ddim byd tebyg i'r ferch ar y CCTV."

Dechreuodd Sara glirio'r llestri brecwast tra bod Mari'n dal i sgrolio drwy ei ffôn.

Ar ôl rhai munudau mentrodd ofyn iddi'n araf, "Mari…

Ffindiest di mas fod Ifan James yn defnyddio enw ffals?… Cyn iddo fe gael ei ladd, hynny yw?"

Oedodd Mari am eiliad.

"Na… roedd yn sioc fawr pan wedodd yr heddlu 'tho fi." Yna dywedodd yn fwy sionc. "Ei wraig gysylltodd â nhw i weud bod ei gŵr hi ar goll."

Trodd Mari ei llygaid yn ôl at ei ffôn. "Hei, gwell i fi fynd," meddai, wrth lyncu gweddill ei thost. "Fi 'di addo helpu Hannah i baratoi'r bwthyn drws nesa ar gyfer y penwythnos."

+

Roedd sosban o gawl yn ffrwtian ar y stôf pan gyrhaeddodd Carwyn gartref o'i waith toc cyn chwech o'r gloch y noson honno.

"Mae rhwbeth yn gwynto'n ffein." Tynnodd ei got a'i hongian yn y cyntedd. "Mm… a bara cartre hefyd." Gwnaeth ei ffordd i'r gegin a rhoi cusan fach i Sara.

"Fi'n gobeithio bod ti bwyti starfo achos fi 'di neud digon o gawl i fwydo'r pum mil," meddai Sara gan lenwi eu powlenni. Roedd hi wedi paratoi'r cawl yn union fel y dysgodd ei mam iddi – berwi'r cig oen, y tatws a'r moron, ac yna ychwanegu'r cennin, gan adael i'r cyfan fwydo'n ddigon hir i wneud pryd hollol flasus.

"Paid poeni. Fi'n siŵr o gwpla'r cwbwl." Helpodd Carwyn ei hun i dafell o fara.

Ar ôl i'r ddau orffen eu bwyd, gofynnodd Carwyn, "Ti 'di gweld Mari heddi?"

"Do. Mae hi'n treulio'i hamser yn whilo am wragedd sy 'di colli eu gwŷr yn ddiweddar, i weld os oedd rhywun arall 'di dod ar draws Emyr Hughes."

“Wel, o leia mae hynny’n ei chadw hi’n fisi, yn lle’i bod hi’n gwneud dim byd ond hel meddylie.”

Dechreuodd Carwyn lwytho’r dysglau i’r peiriant golchi.

“Druan ohoni… mae ’di bod trwy amser caled ar y diawl. Cael hyd i’r dyn ’na wedi marw yn ei chartre a wedyn cael ei chyhuddo o’i ladd e. Fi’n gwbod bod ti ’di bod yn ffrind da iddi, Sara, ond bydd rhaid i’r ddou o’n ni fod yn ofalus iawn ohoni yn yr wthnose nesa.”

Edrychodd yn feddylgar am eiliad. “Mae trawma fel hyn yn gallu gadel ei ôl ar rywun. Cofia beth ddigwyddodd i Mam ar ôl ffeindio mas bod ei ffrind, Elen, ’di diflannu.”

Syllodd Sara ar Carwyn a chofiodd pam ei bod yn ei garu cymaint. Roedd e wastad mor garedig… mor ofalgar o bobl eraill. Dyna beth a’i denodd ato pan ddatblygodd eu perthynas yn gyntaf, ddwy flynedd ynghynt. Roedd Sara’n cofio’r tro cyntaf iddi hi a Carwyn glosio at ei gilydd pan aeth i Ryd-dderwen i wneud y podlediad am ddiflaniad Elen Puw. Meinir, mam Carwyn, oedd yr olaf i’w gweld yn fyw a bu Carwyn yn ddigon agored gyda Sara am effaith hynny ar ei fam. Bu Meinir yn dioddef o iselder am flynyddoedd ar ôl hynny, gan deimlo’n euog nad oedd wedi gallu achub ei ffrind. Wrth i Carwyn agor ei galon i Sara, datblygodd rhyw gynhesrwydd rhyngddynt nad oedd hi erioed wedi ei brofi gyda’r un dyn arall. Gafaelodd yn llaw Carwyn a rhoi cusan dyner iddo. Teimlai mor ffodus bod ffawd wedi eu taflu at ei gilydd.

Wrth i’r ddau sipian eu coffi ar y soffa, dywedodd Sara’n araf, “Fi’n gwbod yn iawn na fydde’r un o’n ni’n ame am eiliad bod ’da Mari ddim byd i’w wneud â marwoleth Emyr Hughes, ond mae ’na rywbeth sy ddim yn gwneud synnwyr.”

Edrychodd Carwyn yn galed arni, yn disgwyl iddi egluro.

"Wedodd Ffion fod Mari'n gwbod bod y dyn yn ei thwyllo… yn defnyddio enw ffug… cyn iddi gyrredd gartre nos Wener dwetha… hynny yw, cyn iddo fe gael ei ladd. Roedd hi 'di cyfadde hynny wrth Siôn Elias."

"Ac wyt ti 'di holi hi am y peth?"

"O, do. Ond gwadu hynny naeth hi. Dweud bod hi'n gwbod dim byd am y twyll nes i'r heddlu ddweud wrthi'r bore wedyn. Fi'n siŵr na fyddai Mari'n dweud celwydd yn fwriadol…"

"Ti'n swnio'n amheus."

"Ydw i? Ti'n meddwl ei bod hi'n cwato rhwbeth?"

"Gwranda, Sara, mae pawb ohonon ni'n cwato rhwbeth neu'i gilydd. Os yw Mari 'di gweud celwydd wrthot ti, fi'n siŵr fod gyda hi ei rhesyme. Ac os ydw i'n nabod Mari, mi fyddan nhw'n rhesyme da."

"Falle bod ti'n iawn."

"Beth bynnag, mae'n biti bod yr heddlu'n dal i ame bod gyda hi rwbeth i wneud â'r llofruddieth os yw hi'n gorfod riportio i'r stesion bob bore."

"Wel, fi ddim yn siŵr a yw hi'n dal dan amheueth."

Oedodd Sara i sipian ei choffi. "Gobeithio taw *precaution* yw hynny. Ac o beth fi 'di gallu'i gasglu o'r adroddiade yn y wasg, mae'n edrych yn debygol iawn bod yr heddlu'n canolbwyntio ar y ferch gafodd ei dal ar y CCTV yn rhedeg lan yr hewl. Maen nhw'n siŵr o ffeindio pwy yw hi'n hwyr neu'n hwyrach."

"A falle bod gyda hi ddim byd oll i wneud â'r achos. Beth bynnag, lwcus i ti gael hyd i'r fenyw gafodd ei thwyllo gan Emyr Hughes yn ardal Caerfyrddin. Pwy a ŵyr, falle bod e 'di llwyddo i swyno sawl menyw arall hefyd."

Eisteddodd Carwyn yn ôl ar y soffa ar ôl gorffen ei goffi.

"Ydy Mari 'di cael unrhyw lwc yn ffeindio rhywun arall?"

Crychodd Sara ei thalcen. "Ym… fi ddim yn siŵr. Mae hi'n meddwl ei bod hi 'di dod ar draws rywun o Landeilo oedd yn darged, falle, i Emyr Hughes,"

"Gwed yr hanes, 'te. Pwy yw'r ferch 'ma?" Roedd Carwyn yn amlwg wedi cyffroi ychydig o glywed hyn.

"Rhywun o'r enw Bethan Young… menyw dri deg pump oed, yn ôl ei thudalen Facebook… wedi colli ei gŵr, Chris, mewn damwain ddringo a 'di sefydlu elusen plant i gofio amdano fe."

"Beth arall?"

"Mae hi'n rhedeg ei busnes ei hunan fel hyfforddwr personol ac yn siarad Cymraeg… felly mae hi'n ffitio proffil y teip i apelio at Emyr Hughes."

"A ti'n meddwl ei fod e 'di bod ar ei hôl hi hefyd?"

"O bosib. Wedodd Emyr Hughes 'tho Mari ei fod e 'di cymeryd rhan mewn ras hwyl at elusen i gefnogi hen ffrind. Sdim syniad 'da hi ble'r oedd y ras, ond falle taw Bethan Young oedd yr hen ffrind."

"Falle bydd hi'n gallu'n rhoi mwy o wybodeth i ni am Emyr Hughes, 'te. Dangos ei llun hi."

Cliciodd Sara ar ei ffôn a chael hyd i dudalen Facebook Bethan Young. Roedd ganddi wyneb tlws a gwallt tywyll, cochlyd wedi ei dorri'n bob at ei gên.

"Ond, aros funud. Os oedd hi 'di bod mewn cysylltiad gydag Emyr Hughes, fyddai hi ddim 'di mynd at yr heddlu ar ôl i'r stori am ei lofruddieth daro'r wasg… a llun ohono fe ymddangos ar *Cymru Fyw*?"

"Wel, falle'i bod hi. Wedi'r cyfan, wedodd Aaron Jones ddim byd 'tho Mari am y ffaith bod Helen Morris wedi bod i'w weld e."

"Ble wedest ti oedd Bethan Young yn byw?"

"Tu fas i Landeilo… mae'r cyfeiriad ar wefan yr elusen."

Doedd gan Sara ddim cynlluniau ar gyfer y bore canlynol a doedd Llandeilo ond rhyw chwarter awr i ffwrdd.

38

Am ddeg o'r gloch y bore canlynol parciodd Sara ei char y tu fas i gartref Bethan Young – *semi* o'r tridegau ar gyrion y dref. Roedd car Golff yn y dreif bychan wrth ymyl y tŷ a golau lamp ymlaen yn yr ystafell fyw. Aeth Sara at y drws ffrynt a chanu'r gloch. Bu'n rhaid iddi aros am rai eiliadau cyn i gil y drws gael ei agor yn ofalus gan ferch dal mewn siwmper a jîns, ei gwallt tew cochlyd yn amgylchynu wyneb tlws.

"Bethan? Bethan Young?"

Nid atebodd y ferch, dim ond edrych arni'n amheus ac roedd Sara'n ofni am eiliad ei bod hi ar fin cau'r drws yn glep yn ei hwyneb.

"Haia. Sara Price yw'r enw... fi'n gweithio i'r BBC," meddai Sara'n siriol, cyn iddi gael cyfle i wneud hynny. "Wedi clywed am yr elusen. Fi 'di dod i'r lle iawn, ydw i?... Cronfa Plant Chris Young?"

Ymlaciodd Bethan rywfaint ac agor y drws ychydig yn lletach. "Ie, ie, Bethan dw i, gwraig Chris Young... o'r BBC, wedoch chi?"

"Ie. Rhaid i chi faddau i fi am alw'n fyr rybudd, ond o'n i yn y cyffinie."

"Dewch mewn," meddai Bethan. Roedd hi'n siŵr iddi glywed enw Sara Price o'r blaen.

Camodd Sara i'r lolfa. Roedd yr ystafell yn anniben... gwydrau a chwpanau brwnt ar y bwrdd coffi llychlyd a photel win wag ar y llawr.

"Esgusodwch y *mess*." Symudodd Bethan focs *pizza* gwag oddi ar y soffa. "Wedi bod yn dost. Steddwch."

Cymerodd Sara sedd gyferbyn â Bethan a phwyso'r botwm *Record* ar ei ffôn tu mewn i'w bag.

"*So*... Chi ishe gwbod am yr elusen?" gofynnodd Bethan "Ni 'di cael tipyn o gyhoeddusrwydd yn y papur lleol yn barod ond bydde rhywbeth ar y BBC yn grêt. Shwt galla i'ch helpu chi?"

Oedodd Sara am ychydig cyn dweud mewn llais mwy difrifol, "A bod yn onest, Bethan, ddim dyna pam fi yma."

Gwelodd wyneb Bethan yn disgyn a'i thalcen yn crychu. "Pam chi 'ma, 'te?" Edrychodd yn amheus ar Sara.

"Man a man i fi ddod yn syth at y pwynt," meddai Sara'n fwy awdurdodol. "Fi 'di dod i weld os y'ch chi'n gwbod rhywbeth am ddyn o'r enw Emyr Hughes."

Roedd yn hollol amlwg o'r olwg ar wyneb Bethan ei bod hi'n gwybod yn union at bwy roedd Sara'n cyfeirio.

Cymerodd lwnc a chlirio'i gwddf cyn dweud yn hyderus. "Sori, na, sai'n nabod e."

"Fi'n credu'ch bod chi, Bethan. Nag oedd Emyr Hughes 'di cymryd rhan yn y ras hwyl wnethoch chi drefnu tair wthnos nôl?"

"Pam chi moyn gwbod?" Ceisiodd Bethan reoli ei llais ond roedd rhywfaint o gryndod i'w glywed.

"Fi'n helpu'r heddlu gyda'u hymchwiliad i farwoleth y dyn." Roedd llais Sara'n dawel hyderus.

Teimlai Bethan fel gwthio'r fenyw 'ma yn ôl mas trwy'r drws ffrynt, ond gwyddai na fyddai hynny ond yn gwneud i bethau edrych yn amheus. Syllodd ar y llawr yn fud am eiliad neu ddwy, yn cynllunio ei hymateb. Dyma roedd hi wedi bod yn ei ofni ers bron pythefnos, yn gobeithio na fyddai'n digwydd ond, yng nghefn ei meddwl, yn poeni y byddai'n rhaid iddi ei wynebu'n hwyr neu'n hwyrach.

Ceisiodd gofio'r stori roedd hi wedi ei pharatoi os byth y byddai hi'n cael ei hun yn y sefyllfa hon. Gwyddai na fyddai neb yn dod i chwilio amdani oni bai fod ganddyn nhw ryw dystiolaeth i'w chysylltu â marwolaeth Emyr Hughes... er ni allai hi ddychmygu beth yn y byd fyddai'r dystiolaeth oedd gan Sara Price.

"Ie, iawn, 'te," meddai, gan gymryd anadl drom. "Ifan James oedd e'n galw ei hunan pan gwrddes i â fe. Chi'n iawn... cymerodd e ran yn y ras hwyl... jyst er mwyn dod i fy nabod i siŵr o fod."

"Ac fe gwrddoch chi ag Emyr Hughes wedyn... ar ôl y ras hwyl?"

"Do, unwaith ym Mharc Dinefwr. Roedd gydag e'r wyneb i weud e ei fod e'n arbenigwr ariannol a cynigiodd fy helpu i i fuddsoddi arian yr elusen."

"A... nethoch chi dderbyn ei gynnig e?"

"Wel, naddo," meddai Bethan yn bendant. "O'n i 'di gweld trwyddo fe'n syth. O'n i ddim yn trystio'r boi o gwbwl."

Clywai Sara'r casineb yn ei llais ond roedd ei llygaid yn hollol ddi-emosiwn.

"Beth ddigwyddodd wedyn?"

"Dim," atebodd Bethan yn swta, gan osgoi edrych i wyneb Sara. "Pan sylweddolodd e 'mod i heb gredu ei stori... colli ei wraig mewn damwain... ishe helpu'r elusen... ces i lonydd wrtho fe wedyn." Crechwenodd.

"Cesoch chi ddihangfa lwcus, 'te."

"Do. Chlywes i ddim byd pellach. Nawr... os chi ddim yn meindio, mae gwaith 'da fi neud..." meddai'n frysiog.

"O'n i jyst ishe gofyn un peth arall."

Roedd golwg anghyfforddus ar Bethan.

"Glywoch chi fod Emyr Hughes 'di cael ei lofruddio, on'd do fe? Mewn tŷ yn Nantglas?"

"Wel, do... wrth gwrs," atebodd Bethan, gan godi ei haeliau.

"Ac ethoch chi ddim at yr heddlu i weud 'thon nhw bod Emyr Hughes 'di ceisio'ch twyllo chi? O'ch chi ddim yn meddwl y gallech chi'u helpu nhw i gael hyd i'r llofrudd?"

Anadlodd Bethan yn hir cyn ymateb. "O'n i ddim ishe i'r elusen gael ei chysylltu gydag achos o lofruddieth. O'n i ddim ishe cael dim byd i neud â'r peth. Gallai cyhoeddusrwydd fel'na droi pobol yn ein herbyn ni."

Oedodd am ychydig, yn sylweddoli bod ei hymateb yn swnio'n rhy galon-galed.

"Er... roedd yn ddrwg 'da fi glywed bod y dyn wedi marw." Roedd ei llygaid yn syllu ar rai Sara'n hollol ddideimlad.

Bullshit, meddyliai Sara. Gwyddai o'r eiliad honno fod Bethan Young yn gwybod llawer mwy am farwolaeth Emyr Hughes nag oedd hi'n cyfaddef ac roedd yn amlwg nad oedd hi'n hidio dim oll am ei farwolaeth.

Roedd Sara'n dechrau amau nad oedd yn mynd i gael mwy o wybodaeth gan Bethan Young, felly dywedodd, "Wel, os nad y'ch chi'n gweud 'tho'r heddlu beth chi newydd weud 'tho fi, fydd gyda fi ddim dewis ond riportio'r peth fy hunan."

"Na, newch ddim," ebychodd Bethan. "Fi 'di gweud 'tho chi... fi ddim ishe dim byd oll i neud â'r peth."

"Beth chi'n treial cwato, Bethan?" gofynnodd Sara. "Beth naeth Emyr Hughes i chi? Bydd gyda'r heddlu ddiddordeb mawr yn hynny."

"Cerwch o 'ma!" gwaeddodd Bethan. "Ac os gwedwch chi rwbeth wrth yr heddlu, mi fydda i'n gwadu'r cwbwl."

"Sdim pwrpas i chi wneud 'na. Mae'r cyfan wedi ei recordio ar y ffôn yn fy mag."

"Dewch â'r ffôn 'na i fi!" gwaeddodd Bethan, ei hwyneb yn galed a'i llygaid yn pefrio.

Cododd Sara o'i sedd a'r eiliad nesaf gwelodd Bethan Young yn estyn ei llaw tuag ati gan geisio gafael yn ei bag. Doedd Sara ddim yn siŵr beth ddaeth drosti, ond cyn i Bethan gael cyfle i'w chyrraedd, roedd hi wedi codi coes y bwrdd coffi a'i gwthio tuag ati.

Anelodd Sara yn syth am y drws, rhuthro am y car a gyrru i fwrdd cyn gynted ag y gallai.

39

"Ocê, 'te. Beth yw'r diweddara?" gofynnodd Aaron Jones wrth i Mike Harris gamu trwy'r drws a phlannu ei din yn y gadair gyferbyn ag e.

"Rhwbeth eitha diddorol," meddai Mike â sbarc yn ei lygaid.

"Dere mlân, 'te."

"Wel, mae ffrind i fi, Richard, yn rhedeg cwmni ym Mharc Busnes Cross Hands."

"Ie… Unrhyw gysylltiad gydag Emyr Hughes?"

"Falle'n wir. Cwrddon ni am beint neithiwr a wedodd Richard 'tho fi fod merch dal â gwallt hir, tywyll wedi bod o gwmpas rhai o fusnese'r Parc dydd Mercher dwetha yn holi oedd rhywun yn nabod rhyw Ifan James, *Financial Advisor*. Roedd hi'n grac iawn… yn honni bod y dyn wedi ei pherswadio i fuddsoddi arian yn ei gwmni ond nawr… roedd hi'n ffaelu cael hyd iddo fe."

"A?" gofynnodd Aaron yn eiddgar. "Beth y'n ni'n gwbod am y ferch 'ma? Beth yw ei henw hi?"

"Wedodd hi ddim o'i henw wrth Richard, dim ond ei bod hi'n rhedeg elusen er cof am ei gŵr yn ardal Llandeilo."

"Elusen? Ydy hynny'n golygu bod ei gŵr hi 'di marw?"

"Wrth gwrs. Fi 'di bod ar y we yn whilo am elusennau yn Llandeilo a 'di cael hyd i elusen Cronfa Plant Chris Young."

Cododd Mike y tabled yn ei law fel y gallai Aaron weld gwefan yr elusen.

"Cafodd y Chris Young 'ma ei ladd chwe mis yn ôl mewn damwain ddringo yn Eryri. A nawr, mae ei wraig… Bethan Young… 'di dechre elusen i gofio amdano fe."

Sgroliodd Aaron drwy'r lluniau ar y sgrin cyn dod at hanes y ras hwyl a gynhaliwyd dair wythnos ynghynt.

"Dal sownd nawr… Javid!" gwaeddodd, gan ruthro i'r swyddfa drws nesa. Dychwelodd mewn rhai eiliadau gyda Javid wrth ei gwt.

"Javid, wyt ti'n cofio beth wedodd Irfon Rowlands wrthon ni am dreial cael Emyr Hughes mas o'r tŷ… i'w atal e rhag gamblo?"

Crychodd Javid ei dalcen am eiliad cyn ateb, "Gweud 'tho fe am fynd i gerdded yn yr awyr iach…"

"A beth arall wedodd e?" gofynnodd Aaron yn eiddgar.

"O, ie. Gweud 'i fod e 'di cymryd rhan mewn rhyw ras hwyl rai wthnose'n ôl yn ardal Llandeilo."

Gwenodd Aaron cyn troi at Mike. "Ac o ble wedest ti oedd y Bethan Young 'ma'n dod?"

"O Landeilo."

Dechreuodd Aaron sgrolio drwy wefan Cronfa Plant Chris Young unwaith eto i chwilio am luniau o Bethan Young, ond doedd dim i'w gweld.

"Mae hynny'n od, on'd yw e?" meddai Javid. "Bydde rhywun yn disgwyl gweld ei llun hi ym mhob man."

Chwiliodd Aaron am dudalen bersonol Bethan Young.

"A… dyma ni," meddai, wrth gael hyd i'w phroffil personol. "A dyma Bethan Young…"

"Ond yn anffodus dyw hi'n edrych ddim byd tebyg i'n rhedwraig ni." Swniai Mike yn siomedig.

"A beth byddet ti'n neud petai dy lun yn cael ei ddangos dros y we ar amheueth o lofruddieth?"

"Newid fy ngolwg?"

"Yn union."

Yr eiliad honno, daeth y sarsiant ar ddyletswydd drwy'r drws.

"Menyw yma i'ch gweld chi, Aaron… Sara Price."

"Gwedwch 'tho hi bod ni'n fisi a bydd rhaid iddi ddisgwyl."

"Sori, ond mae hi'n gweud bod gyda hi wybodeth bwysig iawn am lofruddieth Emyr Hughes."

"Oes bosib bod ei ffrind hi ishe cyfadde?" gofynnodd Javid.

"Sa i'n credu. Ond falle bod rhywun arall. Chi 'di clywed am berson o'r enw Bethan Young?"

Edrychodd y tri heddwas ar ei gilydd.

"Gwell i ni ei gweld hi, 'te," meddai Aaron ar unwaith. "Cerwch â hi i'r stafell gyfweld."

40

Noson Marwolaeth Emyr Hughes

Gyrrodd Bethan ei char i gyfeiriad Llanelli yn hwyr y prynhawn dydd Gwener hwnnw. Gwyddai nad oedd Emyr Hughes yn Ymgynghorydd Ariannol yn gweithio o'i gartref, ond roedd yn eithaf posibl bod ganddo swydd arall ac y byddai yn ei waith yn ystod y dydd. Ei gobaith oedd y byddai'n ei gyfarfod tu fas i'w dŷ, gan awgrymu eu bod yn mynd i rywle mwy preifat i gael sgwrs. Roedd hi wedi penderfynu peidio â'i herio yn ei gartref, rhag i'w deulu fod yn dyst i hynny. Byddai'r bygythiad i ddatgelu'r cwbl i'w wraig a'i fab yn dod nes ymlaen.

Eisteddodd Bethan yn y car y tu fas i rif dau ddeg pedwar, Cae'r Gors am rai munudau yn disgwyl i Emyr Hughes ymddangos. Roedd yn edrych ymlaen at weld ei wyneb pan sylweddolai ei bod hi wedi dod o hyd iddo mor rhwydd, ac yn fwy byth pan glywai'r bygythiad i ddweud y cyfan wrth yr heddlu ac wrth ei deulu. Toc wedi hanner awr wedi pump, gwelodd Emyr Hughes yn agor ei ddrws ffrynt, yn gadael ei gartref ar dipyn o frys, yn neidio i'w gar ac yn gyrru i ffwrdd.

Roedd Bethan yn siomedig ei bod hi heb gael cyfle i'w herio yn y man a'r lle. Doedd hi ddim yn siŵr iawn beth i'w wneud nesaf... ond, ar amrantiad, penderfynodd ei ddilyn i ble bynnag yr oedd yn mynd. Dilynodd yr Audi i gyfeiriad Rhyd-dderwen a'i weld yn troi i mewn i faes parcio nid nepell o ganol y dref.

Cyn iddi gael cyfle i barcio ei char hithau, roedd Emyr Hughes wedi gadael ei gar a chamu i dacsi oedd yn sefyll wrth y ranc gyferbyn yn disgwyl am gwsmeriaid.

Dilynodd Bethan y tacsi wrth iddo yrru allan o'r dref i gyfeiriad Nantglas ac ymhen rhyw bum munud, ar ôl dreifio drwy'r pentref, gwelodd fod y cerbyd yn arafu ac yn rhoi arwydd ei fod yn tynnu i mewn i ddreif oedd yn arwain at dŷ mawr ar ei ben ei hun ychydig oddi ar y ffordd. Wrth iddi arafu, gwelodd Emyr Hughes yn gadael y tacsi ac yn cerdded i fyny'r dreif tuag at y tŷ. Doedd Bethan ddim yn medru stopio'i char am fod tro cas yn y ffordd, felly gyrrodd yn ei blaen cyn parcio wrth giât fferm, ychydig yn uwch lan yr hewl ar ôl pasio maes parcio tafarn y Llew Coch, tua chan llath o'r tŷ. Eisteddodd yn y car am ryw funud yn pendroni beth y dylai hi ei wneud nesaf. Roedd hi ar fin troi trwyn y car yn ôl i lawr yr hewl a chychwyn am ei chartref pan ddaeth y teimladau o ddicter tuag at Emyr Hughes drosti unwaith yn rhagor. Roedd hi wedi ei ddilyn yr holl ffordd o Lanelli i Nantglas yn barod i'w herio, ond doedd ganddi ddim syniad yn y byd beth roedd e'n ei wneud yn y tŷ crand yna. Doedd dim car y tu allan i'r tŷ ac roedd y lle'n edrych fel pe bai mewn tywyllwch. Roedd yna bosibilrwydd, felly, bod Emyr Hughes ar ei ben ei hunan y tu mewn. Byddai hynny'n gyfle rhy dda i'w golli, meddyliai. Penderfynodd fynd i lawr at y tŷ i edrych o gwmpas.

Camodd Bethan o'r car. Roedd hi'n noson oer ond clir a thynnodd ei chap pêl-fas dros ei chlustiau ar ôl iddi gloi'r car. Gan fod yr hewl yn gul a heb bafin, cadwodd yn dynn at ochr chwith y ffordd wrth gerdded tuag at y tŷ, gan lynu at y gwrych cyn croesi'r ffordd. Pan gyrhaeddodd y dreif, gwelodd fod golau ymlaen yng nghefn y tŷ, felly cerddodd yn ofalus tuag at yr ardd gefn, gan gadw'n agos at y berth rhag iddi gael ei gweld. Neidiodd ei chalon i'w gwddf pan glywodd sŵn brigyn yn crensian dan ei throed a safodd yn stond am rai eiliadau rhag i Emyr Hughes ei chlywed. Pan deimlai'n ddiogel i fynd yn ei blaen, cerddodd yn araf heibio i dalcen y tŷ.

Gwelodd Bethan fod patio yng nghefn yr adeilad a ffenestri mawr Ffrengig y tu ôl i hwnnw. Trwy'r ffenestri, gallai hi weld Emyr Hughes yn y gegin yn tywallt gwydraid o chwisgi iddo'i hun ar ynys yng nghanol yr ystafell, yna gwelodd e'n troi ac yn dechrau edrych trwy ddrôr hen ddresel ar ben arall yr ystafell. Doedd dim golwg bod neb arall yn y tŷ a thybiai Bethan na fyddai Emyr Hughes yn chwilota trwy'r dreir pe bai'r perchennog yn bresennol. Oedd e wedi dod yma i ladrata efallai? Teimlai Bethan yr atgasedd tuag at Emyr Hughes yn corddi y tu mewn iddi unwaith yn rhagor a gwyddai fod yn rhaid iddi achub ar y cyfle i roi ei chynllun ar waith.

Rhoes ei llaw ar ddolen y drws cefn a'i agor. Roedd Emyr â'i gefn tuag ati a heb ei chlywed yn camu i mewn i'r gegin.

Roedd llygaid Bethan yn gwibio i bob man, yn ofni nad oedd Emyr Hughes ar ei ben ei hun wedi'r cyfan, ond nid oedd yr un smic i'w glywed heblaw am sŵn dwylo Emyr yn twrio trwy'r papurau yn y ddrôr.

"Helô Ifan," dywedodd o'r diwedd, ei llais yn hollol ddi-emosiwn. "Neu Emyr, dylen i weud."

Trodd Emyr Hughes ar ei sawdl i'w hwynebu. "Beth yn y byd...?" dechreuodd.

Teimlai Bethan gymaint o gasineb tuag at y dyn, prin y medrai edrych i fyw ei lygaid.

"Dylen i ofyn yr un cwestiwn i ti," meddai.

"Be ti'n neud yma? Shwt ffeindiest ti fi?"

"Sdim ots am 'nny, ond, fel galli di feddwl, fi yma i gael fy arian yn ôl... neu arian yr elusen, i fod yn gywir."

Gwyrodd Emyr Hughes ei ben a syllu'n galed ar Bethan.

"Wel, mae arna i ofon ei fod e'n rhy hwyr i hynny erbyn hyn. Sori, Bethan. O'n i wedi bwriadu ei roi e'n ôl i ti – gyda tipyn o elw hefyd, ond rwyt ti 'di difetha pethe."

"Fi?" gofynnodd Bethan yn anghrediniol.

"Ie... os byddet ti ond 'di bod yn amyneddgar a..."

"Stopia!" gwaeddodd Bethan, ei gwaed yn dechrau berwi. "Beth bynnag wyt ti 'di neud gyda fy arian i, fi ishe fe'n ôl. A fi hefyd ishe ugen mil arall, os nag wyt ti am i fi fynd at yr heddlu a gweud y cwbwl wrthyn nhw... Ac, i fod yn onest, fi'n meddwl y dylai dy wraig a dy fab gael gwbod am hyn hefyd."

Roedd yn amlwg fod Emyr Hughes wedi dychryn wrth glywed geiriau Bethan ond llwyddodd i reoli ei deimladau a dweud mewn llais rhesymol. "Galli di neud 'na os ti moyn, ond fi'n mynd i wadu'r cwbwl. Achos does gyda ti ddim ffordd o brofi dim byd... bod gyda fi ddim oll i neud ag arian yr elusen."

"Beth am gyfri banc Evan Arthur James ... y cyfri fi 'di trosglwyddo holl arian yr elusen iddo fe?"

"Sa i'n gwbod dim byd am hwnnw," gwenodd Emyr wên ddirmygus.

"Fi'n credu bod ti'n gwbod yn iawn," meddai Bethan drwy ei dannedd. "A beth ti'n meddwl sy'n mynd i ddigwydd pan aiff yr heddlu i dŷ Evan James... pwy bynnag yw hwnnw... a'i holi i weld os yw e'n nabod Emyr Hughes o Gae'r Gors, Llanelli? Beth fydd hwnnw'n weud? Yn ei nabod e'n iawn, siŵr o fod."

Er ei fod yn gwneud ei orau i ymddangos yn hunanfeddiannol, dan yr wyneb roedd Emyr Hughes yn dechrau teimlo'r panig yn codi yn ei frest. Gwyddai fod Bethan o ddifri ac y byddai'r cwbl ar ben os byddai hi'n mynd at yr heddlu. Gwyddai hefyd y byddai Mari'n cyrraedd gartref unrhyw funud, felly roedd yn rhaid iddo gael gwared â Bethan Young cyn gynted â phosib.

"Ffyc off, Bethan," gwaeddodd, y panig yn ei drechu. "Cer o 'ma'n awr." Roedd ei lais yn crynu a'i anadl yn drwm wrth iddo gerdded tuag ati. "Achos bod ti 'di bod mor ddwl, does dim ffordd yn y byd rwyt ti'n mynd i weld dy arian nawr. Felly, gelli di anghofio am dy elusen ceiniog a dime… Nawr cer!"

Safodd Bethan o'i flaen yn ddisymud heb ddweud gair.

Gwelodd Emyr floc o gyllyll ar yr ynys a heb feddwl, gafaelodd yn y fwyaf ohonynt a'i phwyntio at Bethan, gan geisio ei gwthio tuag at y drws.

Teimlodd Bethan ei chalon yn cyflymu a'i llid yn cynyddu wrth weld llafn y gyllell o flaen ei hwyneb. Pwy ddiawl oedd yr Emyr Hughes yma'n meddwl oedd e? Doedd hi ddim yn mynd i adael i'r llipryn pathetig 'ma ei bygwth.

Y peth nesaf, gafaelodd yn y gwydryn chwisgi oddi ar yr ynys a thaflu'r cynnwys i lygaid Emyr cyn gadael i'r gwydr falu ar lawr. Tra'r oedd Emyr yn sychu ei lygaid, defnyddiodd y sgiliau a ddysgodd yn y dosbarth *kick boxing* a'i gicio'n galed ar ochr ei ben. Disgynnodd yntau ar lawr. Cwympodd y gyllell o'i law a phlygodd Bethan yn syth i afael ynddi a'i phwyntio tuag ato.

"Nawr, Emyr, coda ar dy drâd a gwed 'tho fi shwt a pryd rwyt ti'n mynd i roi'r arian 'na 'nôl yng nghyfri'r elusen."

Cododd Emyr o'r llawr gan sychu ei wyneb gyda chefn ei law. Gwelodd Bethan fod y wên wedi diflannu oddi ar ei wyneb a'i fod yn sigledig ar ei draed wrth iddo ddechrau symud tuag ati… ac wedyn, y darlun oedd yn aros gyda hi oedd y llun o gorff Emyr Hughes yn gorwedd ar lawr y gegin â chyllell yn ei frest.

Teimlodd Bethan ofn yn dod drosti am yr hyn oedd newydd

ddigwydd a gwyddai fod yn rhaid iddi ddianc o'r tŷ cyn gynted â phosib. Yna sylweddolodd yn sydyn y byddai tystiolaeth o'r sgyrsiau a fu rhyngi hi ac Emyr Hughes ar ei ffôn ac aeth ati i chwilota drwy bocedi ei drowsus am y mobeil, gan geisio osgoi'r gwaed oedd yn llifo o'i frest.

Rhedodd Bethan o'r tŷ, lan yr hewl at ei char â'r ffôn yn ei llaw. Gyrrodd yn ôl i'w chartref, cynnau'r pwll tân yn yr ardd a llosgi'r holl ddillad oedd amdani'r noson honno gan daflu'r ffôn i mewn yn ddiseremoni ar eu hôl. Gwyddai y dylai hi deimlo rhyw fath o drueni dros Emyr Hughes, ond roedd ei chasineb tuag ato yn ormod i ganiatáu hynny.

41

Yn hwyr y prynhawn, y diwrnod yr ymwelodd Sara â chartref Bethan Young, cafodd yr heddlu hyd i Bethan yn dod oddi ar drên yng Ngorsaf Paddington. Dau ddiwrnod ar ôl iddi gael ei harestio ar amheuaeth o lofruddio Emyr Hughes, anadlodd DI Aaron Jones ochenaid o ryddhad pan benderfynodd y CPS y dylid cyhuddo Bethan Young o'r drosedd. Er hynny, doedd ganddo ddim llawer o amheuaeth y byddent yn cytuno i hynny ar sail y swmp o dystiolaeth yn ei herbyn. Canfuwyd bod ugain mil o bunnau o arian Cronfa Plant Chris Young wedi ei drosglwyddo i gyfrif Evan Arthur James, gŵr naw deg pedwar oed oedd yn gleient i Siân Hughes. Cafwyd hyd i naw mil o bunnau mewn arian parod yng nghartref Emyr Hughes ynghyd â phedwar cerdyn banc yn enw Evan Arthur James ynghyd â'i lyfr pasbort. Hefyd cadarnhaodd nifer o dystion ar Stad Busnes Cross Hands fod Bethan Young wedi eu holi ynghylch Ifan James, Ymgynghorydd Ariannol, dau ddiwrnod cyn marwolaeth Emyr Hughes. Roedd camerâu cylch cyfyng yn dangos car Bethan yn gyrru tuag at Nantglas yn gynnar ar noson y farwolaeth ac roedd tystiolaeth ei ffôn symudol yn dangos ei bod yng nghyffiniau tŷ Mari Llywelyn ar yr adeg y bu farw. Roedd olion bysedd Bethan ar ddolen drws cefn y Garreg Wen ac ar y gyllell a laddodd Emyr Hughes. Yn ogystal â hynny, roedd olion gwaed Emyr Hughes yng nghar ac yng nghartref Bethan ac roedd gweddillion dillad wedi eu llosgi yn y pwll tân yn ei gardd.

Pan glywodd Bethan hyn oll, doedd ganddi ddim dewis ond gwrando ar gyngor ei chyfreithiwr a chyfaddef iddi ddilyn Emyr Hughes i dŷ Mari Llywelyn ar noson ei farwolaeth. Er hynny, roedd yn gwadu ei lofruddio a mynnodd mai trwy ddamwain y bu farw Emyr Hughes wrth iddi hi geisio amddiffyn ei hunan ar ôl iddo ef ei bygwth â chyllell. Fe'i cadwyd yn y ddalfa i ddisgwyl yr achos llys oedd i'w gynnal ddiwedd y flwyddyn.

+

Ar ôl i Bethan Young gael ei harestio, cafodd Mari ddychwelyd i'w swydd gyda'r Undeb a gwnaeth ei gorau i ymgolli yn ei gwaith er mwyn ceisio rhoi trawma'r wythnosau blaenorol y tu cefn iddi. Roedd hi'n falch i glywed bod ymchwiliad trwyadl wedi ei gynnal i ymddygiad Emlyn Hughes, rheolwr Llio, a'i fod wedi wynebu gwrandawiad disgyblu. Er hynny, ni allai ond teimlo'n drist o ddeall bod Llio wedi penderfynu gadael ei swydd ac wedi symud i weithio i gyflogwr arall. Hanes yn ailadrodd ei hun, meddyliodd.

Ni ddychwelodd Mari i fyw yn y Garreg Wen ond penderfynodd ei osod fel Airbnb. Roedd yn dal i deimlo'n rhy fregus i ddychwelyd i fyw yn y tŷ lle y cafodd hyd i gorff marw a dychmygai y byddai'r atgofion am y noson honno'n dychwelyd bob tro y byddai'n cerdded i mewn i'w chegin. Cafodd hyd i dŷ bach cysurus ar rent yn Rhyd-dderwen lle'r oedd yn teimlo'n hapus ac yn ddiogel.

Diwedd mis Mai, cynhaliwyd priodas Ioan a Zoe yn Eglwys Sant Luc yn Rhyd-dderwen. Roedd yn un o'r diwrnodau tesog hynny ar ddechrau'r haf – y cymylau tenau yn gorchuddio pelydrau'r haul tan yn hwyr y bore. Ond roedd yr heulwen wedi torri trwy'r tarth erbyn i Zoe gyrraedd yr eglwys mewn Mercedes crand a fenthyciwyd am y diwrnod o garej Carwyn. Eisteddai Elain fach wrth ei hymyl, yn forwyn brydferth yn ei ffrog wen gyda choron o flodau gwyllt yn ei gwallt. Roedd yr eglwys yn orlawn gyda theulu a ffrindiau, yn ogystal â nifer o drigolion y dref oedd wedi dod i ymuno yn yr achlysur hapus. Roedd Hannah yn edrych yn smart iawn mewn ffrog flodeuog binc a het wellt ac roedd Jac yn drwsiadus iawn am unwaith mewn siwt olau a'i esgidiau brown yn sgleinio. Roedd teulu Zoe, ei thad a'i mam a chawr o frawd, wedi teithio'r holl ffordd o Seland Newydd ar gyfer yr achlysur ac wedi eu lletya ym mythynnod Maesyderi.

Edrychai Carwyn, y gwas priodas, yn nerfus wrth sefyll yn ymyl Ioan yn disgwyl i'r briodferch gyrraedd. Y tu ôl iddynt eisteddai Sara yn un o'r rhesi blaen gyda Ffion a Gareth, ei gŵr. Ni allai ond cael ei hatgoffa o'r seremoni ddiwethaf iddi fynychu yn yr eglwys honno, sef angladd Dai, brawd ei mam, dros ddwy flynedd ynghynt. Digon trist oedd yr achlysur hwnnw, ond roedd heddiw'n ddiwrnod o ddathlu a llawenhau, meddyliai. Trodd Sara ei phen i weld Mari'n camu i lawr yr eil ac amneidiodd arni i ymuno â hi.

Roedd Jac a Hannah wedi trefnu bod marcî mawr wedi ei godi ar gyfer y brecwast priodas ar yr unig gae gwastad ar diroedd Maesyderi, nid nepell o'r Felin, cartref Ioan a Zoe. Roedd y cwpl yn falch bod y neithior yn cael ei gynnal ar dir y fferm, gan na allent fforddio talu am westy moethus. Roeddent yn falch hefyd bod Hannah wedi paratoi llawer o'r wledd ei hunan, gyda chymorth Zoe a nifer o'i chymdogion, gan ofalu bod digonedd o fwyd i bawb. Fel canlyniad roedd y byrddau'n gwegian gyda phlatiau o gigoedd oer, *quiches*, cawsiau a phob mathau o salad yn ogystal â phwdinau di-ri.

Rhoes Jac araith ddigon teimladwy ar ddiwedd y pryd, yn mynegi ei lawenydd bod ei fab wedi penderfynu dychwelyd o Seland Newydd i Ryd-dderwen ddwy flynedd ynghynt, a hynny gyda phartner hyfryd a babi ar y ffordd. Synnodd y gwesteion, gan gynnwys Hannah a Sara, i glywed bod Jac wedi penderfynu ymddeol o'r diwedd a'i fod yn edrych ymlaen at drosglwyddo'r fferm i ofal Ioan a Zoe.

Yn ôl y disgwyl, cododd Hannah ar ei thraed ar ôl i Jac eistedd. Roedd dagrau yn ei llygaid wrth iddi ddisgrifio'r diwrnod yr ymadawodd Ioan â Maesyderi, gan boeni na fyddai'n dychwelyd byth eto. Ond roedd y tristwch hwnnw wedi hen ddiflannu erbyn hyn nawr roedd teulu bach y Felin wedi dod i lenwi ei bywyd. Ni allai Hannah ymatal rhag holi pwy, tybed, fyddai'r pâr nesaf i gerdded i lawr yr eil yn eglwys Sant Luc, gan amneidio draw at Carwyn a Sara, oedd wedi cochi at ei chlustiau.

Ar ôl i'r areithiau niferus orffen, aeth mwyafrif y gwesteion i sipian gwydriad o Prosecco yn yr haul ar feinciau picnic tu fas i'r marcî. Roedd Ianto, sbaniel bach du Ioan a Zoe, wedi cynhyrfu'n lân o weld yr holl bobl ddieithr ar dir ei gynefin ond buan iawn y canfu bod sawl un o'r gwesteion yn fodlon ei wobrwyo â danteithion o'r bwffe os byddai'n eistedd o'u blaenau ac estyn ei bawen.

Wrth i Mari wylio Elain fach yn chwarae cuddio o dan y byrddau gyda ffrind yr un oed â hi, meddyliai unwaith yn rhagor gymaint byddai hi wedi caru cael ei phlentyn ei hunan. Ond doedd dim pwrpas teimlo'n drist ar achlysur mor hapus.

Roedd ar fin dychwelyd i'r babell i ail-lenwi ei gwydr pan glywodd lais y tu ôl iddi'n gofyn, "Helô, Mrs Llywelyn, shwt y'ch chi?" Trodd i weld Siôn Elias yn gwenu arni, yn edrych tipyn yn fwy anffurfiol na'r tro diwethaf y gwelodd ef yn Swyddfa'r Heddlu. Roedd ei wallt brown golau wedi dechrau cyrlio o gwmpas ei glustiau a gwisgai siwt linen lliw hufen dros ei grys T gwyn. Sylweddolodd Mari ei bod hi mewn cymaint o stad pan gafodd ei holi gan yr heddlu fel na sylwodd mor ddeniadol oedd Siôn Elias mewn gwirionedd, gyda'i wallt cyrliog a'i lygaid glas golau.

"O, Siôn," meddai Mari, gyda gwên. "Dere i ishte. O'n i ddim yn disgwyl dy weld di yma."

"Wel, roedd Ioan a minne'n ffrindie ysgol ac ers iddo fe setlo'n ôl yn Rhyd-dderwen, ni 'di dod yn dipyn o fêts eto... mynd am beint weithie... whare ambell i gêm o ddartie."

"Wel, mae'n neis dy weld di eto, Siôn. Ond sori, fi ddim 'di diolch yn iawn i ti am yr help roiest ti i fi pan ges i'n arestio. Mae'n anodd credu erbyn hyn bod yr holl beth 'di digwydd i fi nawr bod Bethan Young yn mynd o flân ei gwell am ladd Emyr Hughes. Beth ti'n meddwl ddigwyddith iddi?"

"Pwy a ŵyr? Mae hi'n wynebu achos o lofruddiaeth, wrth gwrs, ond mae hi'n pledio'n ddi-euog. Yn ôl beth ddealles i, mae hi'n taeru bod Emyr Hughes 'di marw drwy ddamwain."

Gwenodd Siôn a chodi ei aeliau, ond roedd yn amlwg i Mari nad oedd yn dymuno trafod y mater ymhellach.

"A shwt wyt ti erbyn hyn, ta beth?" Eisteddodd Siôn ar y fainc gyferbyn â Mari gan gymryd llymaid o'i Brosecco. "Ti 'di dod dros y sioc, mae'n amlwg. Cest ti amser reit galed gan yr heddlu, os fi'n cofio'n iawn... yn enwedig Melissa Davies."

"O, paid atgoffa fi," chwarddodd Mari, gan deimlo rhyw swildod yn dod drosti. "Roedd honno'n mynnu 'mod i mor *besotted* gyda'r cythrel Emyr Hughes nes 'mod i'n fodlon ei ladd e pan ffeindies i mas ei fod e'n briod. Meddylia!"

"Ie, wel," gwenodd Siôn. "Fi'n cofia ble yn union wedest ti wrthi am stwffio'i stori beth bynnag." A dechreuodd y ddau ohonynt bwffian chwerthin.

"Wyt ti 'di symud yn ôl i'r Garreg Wen erbyn hyn, fi'n cymeryd?" gofynnodd Siôn, gan gymryd llwnc arall o'i ddiod.

"Nagw... A sa i'n bwriadu mynd yn ôl chwaith. O'n i'n hapus iawn yna am gyfnod, ond mae'r cyfnod hwnnw 'di dod i ben... a dwi 'di sylweddoli hynny'n awr ar ôl llofruddieth Emyr Hughes. Dyw'r Garreg Wen ddim yn gartre i fi nawr... dyw e ond yn lle i hel atgofion ac i ymgolli yn y gorffennol. A beth bynnag, mae'n lot rhy fawr i un person. Na, fi'n teimlo ei fod e'n amser symud ymlân gyda 'mywyd nawr, felly fi 'di roi e ar y farchnad."

"Wel, fi'n siŵr cei di bris da amdano fe. Mae e mewn llecyn bendigedig."

"Falle... er fi'n ame bod y ffaith bod rhywun 'di cael ei ladd yn y gegin yn bownd o dynnu rhywfaint oddi ar ei werth e," gwgodd Mari. "Ond fi'n teimlo erbyn hyn 'mod i jyst ishe cael ei wared e."

"Ac i ble'r ei di?"

"Wel, fi wrth fy modd yn fy nhŷ bach yn Rhyd-dderwen. Mae'n lle cyfleus gyda siope a caffis wrth ymyl. A fi wedi neud cwpwl o ffrindie newydd yn y stryd yn barod... i fynd mas am goffi neu i fynd am dro."

"Ti 'di setlo yn Rhyd-dderwen, 'te?"

"Do, a fel mae'n digwydd, mae'r perchennog yn awyddus i werthu. Felly fi am roi cynnig ar y tŷ."

"Rhyfedd shwt mae pethe 'di gweithio mas am y gore, 'te."

Roedd Mari'n dechrau teimlo bod Siôn Elias yn gwmni cyfforddus iawn, o ystyried ei bod hi prin yn ei adnabod, felly gofynnodd, "A shwt mae pethe gyda ti erbyn hyn? Ti'n mwynhau byw yng Nghaerfyrddin? Ddim yn colli Rhydderwen, wyt ti?"

Cymylodd wyneb Siôn a chymerodd anadl ddofn, "Gweud y gwir, mae pethe 'di bod braidd yn anodd yn ddiweddar. Y wraig… Caren, oedd yn awyddus i ni symud i Gaerfyrddin er mwyn iddi fod yn nes at ei theulu. Ond dydy pethe ddim 'di troi mas fel o'n ni'n disgwyl."

"Mae'n ddrwg 'da fi," meddai Mari, gan edrych arno'n ddisgwylgar. Doedd hi ddim eisiau bod yn fusneslyd ond roedd yn gobeithio y byddai Siôn yn ymhelaethu. Arhosodd iddo lenwi'r distawrwydd.

"Dydy mam Caren eriôd 'di meddwl 'mod i'n ddigon da i'w hannwyl ferch," ochneidiodd. "Pan briodon ni bum mlynedd yn ôl, roedd hi'n disgwyl i fi fod yn rhyw *hotshot lawyer* yn ennill ffortiwn, yn hytrach na cyfreithiwr cyffredin sy'n gorfod mynd mas i helpu troseddwyr bob awr o'r dydd a nos."

"O, diar," ochneidiodd Mari. "Gobeithio 'mod i heb gyfrannu at dy brobleme di."

"Na, na, sori," ymatebodd yn gyflym. "O'n i ddim yn awgrymu hynny."

"Wel, fi'n siŵr wnewch chi sortio pethe mas rhyngddoch chi."

"Mae braidd yn rhy hwyr i hynny. Fi 'di symud dros dro at fy mrawd a'i deulu yn Llandybie."

"Chi 'di gwahanu, 'te?"

"Ydyn… ond paid ag edrych mor drist." Roedd sbarc yn llygaid glas Siôn. "Fi'n teimlo fel 'se baich mawr 'di cael ei godi oddi ar f'ysgwydde nawr bo fi 'di neud y penderfyniad i adel. Fi'n siŵr y bydd e am y gore yn y pen draw."

"Wel," meddai Mari â golwg ddiniwed ar ei hwyneb. "Os ti

ishe cwmni ryw bryd, gyrra neges. Mae fy rhif dal gyda ti siŵr o fod."

Nodiodd Siôn yn araf a gwenu.

+

Dechreuodd bywyd Mari ddychwelyd i ryw fath o normalrwydd dros y misoedd nesaf ac roedd yn ymddangos bod ei chydweithwyr wedi anghofio'r cyfan am ei helyntion gyda'r heddlu. Hyd yn oed os oedd hynny ar feddwl ambell un, ni soniodd neb am y peth.

Llwyddodd i werthu'r Garreg Wen yn fuan ar ôl iddi roi'r tŷ ar y farchnad, felly roedd hi'n falch ei bod hi wedi gofyn pris rhesymol amdano yng ngoleuni ei hanes anffodus. Prynwyd y tŷ gan gwpl ifanc gyda thri o blant oedd wedi gwirioni ar y lle, yn ôl y gwerthwr tai. Er ei bod yn falch o'i werthu, teimlai Mari ing bach o dristwch pan glywodd hyn, o feddwl y byddai'n gartref perffaith i deulu ifanc… rhywbeth na fu iddi hi a Hywel ei brofi erioed. Roedd y perchnogion newydd hefyd yn awyddus i brynu llawer o'r celfi gan eu bod yn gweddu mor dda i'r lle a doedd Mari ond yn ddigon hapus i'w gwerthu am ei bod hi'n awyddus i gael dechreuad newydd yn ei thŷ bach teras. Ac ers iddi ailgyfarfod â Siôn yn y briodas, bu ef yn ymwelydd cyson â chartref clyd Mari yn Rhyd-dderwen.

42

Roedd yn ddiwrnod braf ond rhewllyd ar ddechrau mis Rhagfyr pan ddechreuodd yr achos yn erbyn Bethan Young, oedd o flaen ei gwell wedi ei chyhuddo o lofruddiaeth Emyr Hughes. Roedd rhywfaint o eira cynta'r gaeaf wedi disgyn yn ystod y nos yn garped gwyn dan draed Sara a Mari wrth iddynt gerdded tuag at adeilad trawiadol Llys y Goron yn Abertawe. Roedd Sara yno yn rhinwedd ei swydd i adrodd am yr achos ar ran y BBC, ac roedd Mari'n gorfod ymddangos fel tyst ar ran yr erlyniad er mwyn rhoi tystiolaeth am yr hyn a ddigwyddodd yn ei chartref noson y llofruddiaeth.

Ar ddiwrnod cynta'r gwrandawiad roedd eisteddle'r cyhoedd yn llawn, gan fod yr achos wedi denu cryn gyhoeddusrwydd yn y cyfryngau yn y diwrnodau blaenorol. Yn ogystal â Sara, roedd sawl aelod o'r wasg genedlaethol a lleol yn bresennol yn newynog i glywed pob manylyn aflednais am y llofruddiaeth. Sylwodd Sara fod yr ail res wedi ei llenwi'n llwyr gyda nifer o wragedd ifainc yn gwisgo crysau chwys ag arnynt y geiriau 'Cronfa Plant Chris Young'.

Gwelodd Sara hefyd fod Siân Hughes yn bresennol yn y rhes gefn, ond diolchodd nad oedd wedi dod â'i mab gyda hi i glywed y manylion am y modd erchyll y cafodd ei dad ei ladd. Daeth ton o dosturi drosti wrth edrych ar wyneb difrifol y fenyw hardd, ganol oed a eisteddai'n gefnsyth â'i dwylo wedi eu plethu'n dynn, yn disgwyl i'r gwrandawiad ddechrau.

Gwyddai Sara y byddai'r amddiffyniad eisiau dangos mor gredadwy oedd y person a bortreadodd ei hun fel Ifan James, Ymgynghorydd Ariannol, fel bod Bethan wedi syrthio'n ddifeddwl i'w rwyd. Ond gwyddai hefyd y byddai'r erlyniad eisiau i'r rheithgor weld Emyr Hughes fel twyllwr hollol ddiegwyddor oedd wedi gweithredu yn y ffordd fwyaf creulon ac anfoesol tuag at Bethan nes peri iddi gynllwynio'n fwriadol i'w lofruddio. Byddai'n cael ei bardduo gan y ddwy ochr.

Yna trodd Mari ei golygon tuag at y doc ble'r eisteddai Bethan Young yn llonydd â golwg ddifrifol ar ei hwyneb. Roedd y gwallt tywyll wedi tyfu'n ôl at ei hysgwyddau a'r wawr goch wedi hen ddiflannu. Edrychai'n dlws ac yn smart mewn ffrog goch blaen gyda siaced ddu drosti. Tybiai Mari na fyddai neb, wrth edrych arni, yn dychmygu am eiliad y byddai Bethan yn abl o lofruddio neb.

+

Roedd Edward Rhys KC, oedd yn cyflwyno'r achos ar ran yr erlyniad, yn ddyn byr, tew yn ei chwedegau cynnar gydag wyneb coch a phen hollol foel o dan ei wig cyrliog. Gwyliodd Sara ef yn sefyll o flaen ei ddesg â'i ben yn uchel, yn byseddu trwy ei ddogfennau â'i draed ar led, yn llawn hunanhyder. Gwyddai ei fod yn un o'r bargyfreithwyr mwyaf profiadol yn y maes ac wedi llwyddo i roi sawl troseddwr difrifol dan glo dros y blynyddoedd.

Wrth y bwrdd arall safai Elisabeth Ellis KC ar ran yr amddiffyniad. Roedd yn ferch dal, osgeiddig yn ei phedwardegau. Er ei bod yn dipyn llai profiadol nag Edward Rhys, gwyddai Sara ei bod wedi ennill cryn enw iddi'i hun wrth amddiffyn nifer o ferched oedd wedi eu cyhuddo o drais yn erbyn dynion. Nodiodd y ddau fargyfreithiwr ar ei gilydd yn gyfeillgar, yn ôl y drefn.

Daeth distawrwydd llethol dros y llys wrth i'r barnwr nodi ei fod yn barod i ddechrau'r achos a throdd llygaid pawb yn eisteddle'r cyhoedd i'w gyfeiriad wrth iddo annerch y llys gydag ychydig o eiriau pwrpasol.

Yna darllenodd Clerc y Llys y cyhuddiad yn erbyn Bethan Young a gofynnodd iddi ddatgan ei phle. Cododd ei phen i wynebu'r rheithgor ac yna, mewn llais clir a chadarn dywedodd, "Di-euog."

43

Eisteddodd Sara drwy wythnos gynta'r gwrandawiad yn clywed achos yr erlyniad gan lunio adroddiadau dyddiol ar uchafbwyntiau'r achos. Roedd yn amlwg fod Edward Rhys wedi paratoi'n drwyadl ac wedi galw sawl tyst o blith yr heddlu a gwahanol arbenigwyr fforensig, yn ogystal â Helen Morris a Mari Llywelyn. Gwyddai Sara fod Edward Rhys ond yn disgwyl ei gyfle i groesholi Bethan Young er mwyn argyhoeddi'r rheithgor nad damwain oedd marwolaeth Emyr Hughes.

Pan orffennodd Edward Rhys gyflwyno'i achos ar ran yr erlyniad, roedd yn amser i'r amddiffyniad annerch y llys a'r tyst cyntaf a alwodd Elisabeth Ellis oedd Bethan Young. Oedodd y fargyfreithwraig i edrych o gwmpas wrth i Bethan godi ar ei thraed a chlywodd don o sibrydion yn lledu ar draws yr ystafell wrth i'r fenyw ifanc gymryd ei lle yn y blwch tystion. Trodd Bethan i edrych ar aelodau'r rheithgor, ei llygaid tywyll yn sganio eu hwynebau am unrhyw arwydd o gydymdeimlad cyn troi yn ôl i wynebu Elisabeth Ellis.

"Mrs Young," meddai hithau, "y rheswm yr ydych chi yma heddiw yw achos bod cyhuddiad o lofruddiaeth yn eich erbyn. Mae'r erlyniad wedi ceisio'u gorau glas i greu darlun ohonoch chi fel llofrudd didrugaredd oedd wedi cynllwynio i ddial ar Emyr Hughes drwy ei ladd. Beth yw eich ymateb chi i hyn?"

"Maen nhw'n hollol anghywir," atebodd Bethan, ei llais

yn llonydd. "Pan benderfynes i ddilyn Emyr Hughes y noson honno, y peth dwetha oedd ar fy meddwl oedd ei ladd e."

"A beth oedd eich bwriad chi felly?"

"O'n i'n meddwl y bydden i'n gallu ei berswadio fe i roi arian yr elusen yn ôl i fi. Ac os oedd e'n gwrthod, o'n i'n mynd i fygwth mynd at yr heddlu a dweud y cwbwl. O'n i ond yn gobeithio y byddai'r dyn yn cytuno yn hytrach na gorfod wynebu achos llys am beth wnaeth e."

"Mae'r erlyniad yn honni eich bod chi wedi dilyn Emyr Hughes i Nantglas gyda'r bwriad o'i ladd e. Aethoch chi ag unrhyw arf gyda chi pan ddilynoch chi i'r tŷ... y Garreg Wen?"

Edrychodd Bethan yn syfrdan ar Elisabeth Ellis cyn ateb, "Naddo, wrth gwrs wnes i ddim. O'n i ddim wedi bwriadu ei frifo fe mewn unrhyw ffordd."

"Wela i," meddai Elisabeth Ellis yn bwyllog. "Nawr, yn eich geiriau eich hun, wnewch chi ddweud wrth y rheithgor beth ddigwyddodd pan aethoch chi i'r Garreg Wen ar y noson y lladdwyd Emyr Hughes."

Cymerodd Bethan anadl drom cyn dechrau annerch y llys. Dywedodd wrthynt fel yr oedd hi wedi dod o hyd i Emyr Hughes yn twrio trwy ddreir y dresel, gan feddwl ei fod wedi mynd i'r tŷ ar berwyl o ladrata.

"A beth oedd ei ymateb pan welodd e chi?"

"Wel, mae'n amlwg ei fod e 'di cael sioc... A wedyn trodd y sioc hwnnw'n ddicter. Sylweddoles i ar unwaith fod dim pwynt treial rhesymu gydag e ac y byddai'n rhaid i fi ei fygwth gyda'r heddlu."

"A beth ddigwyddodd wedyn?"

"Dyna pryd y gafaelodd e yn y gyllell a dechre 'mygwth i," atebodd Bethan, â'r cryndod yn amlwg yn ei llais.

"Fedrwch chi ddisgrifio hyn?"

"Wel… Roedd golwg wyllt yn ei lygaid e ac o'n i'n meddwl y byddai fe'n fodlon neud unrhyw beth i'm hatal i rhag mynd at yr heddlu," ysgydwodd Bethan ei phen yn araf.

"Felly, beth wnethoch chi?"

"Ceisio amddiffyn fy hunan. Gweles i'r gwydr whisgi ar y fainc a heb feddwl towles i'r ddiod yn ei wyneb e. Wedyn rhoies i gic iddo fe ar ochr ei ben. Cwmpodd e i'r llawr a gollwng y gyllell."

Llyncodd yn galed cyn cario ymlaen. "Gafaeles i yn y gyllell i amddiffyn fy hunan, ond y peth nesaf, roedd Emyr Hughes wedi codi ar ei draed ac roedd yn symud tuag ata i. A dyna pryd…" Stopiodd Bethan am eiliad a rhoi ei llaw dros ei cheg.

"Cymerwch eich amser," meddai'r barnwr mewn llais caredig.

"Dyna pryd y llithrodd e ar bwll o whisgi ar lawr… y llawr marmor. Cwmpodd e tuag ata i ac aeth y gyllell i mewn i'w frest." Yna rhoes Bethan ei hwyneb yn ei dwylo.

Arhosodd y fargyfreithwraig am rai eiliadau i Bethan ddod ati ei hun cyn gofyn. "Mae hwn yn gwestiwn anodd, fi'n gwbod, ond pam wnaethoch chi redeg i ffwrdd ar ôl gweld bod Emyr Hughes wedi ei drywanu?"

Cododd Bethan ei phen a sychu ei llygaid â'i dwylo cyn ateb. "O'n i'n gallu gweld… o ble y cafodd ei drywanu… bod dim gobaith," meddai'n araf. "O'n i mewn panig… a rhedes i bant achos 'mod i'n ofon… ofon shwt oedd pethe'n edrych ac y bydde'r heddlu'n meddwl 'mod i 'di trywanu Emyr Hughes ar fwriad. Fi'n difaru nawr 'mod i heb fynd atyn nhw'n syth i egluro'r cwbwl y noson honno… taw damwain oedd hi. Ond mae'n rhy hwyr nawr."

"Diolch yn fawr, Mrs Young. Does gen i ddim mwy o gwestiynau."

"Mr Rhys?" gofynnodd y barnwr, gan wyro ei ben tuag at fainc yr erlyniad.

Cododd Edward Rhys yn araf o'i sedd a throi i gyfeiriad y blwch tystion. Edrychodd i wyneb Bethan am rai eiliadau cyn dechrau ei chroesholi. Yna aeth drwy res o gwestiynau oedd wedi eu hanelu at geisio cael Bethan i wyro oddi wrth ei stori a chyfaddef ei bod wedi bwriadu lladd Emyr Hughes. Defnyddiodd ei holl sgiliau i geisio gwneud i Bethan faglu ar ei geiriau ond mynnodd hithau lynu'n gadarn wrth ei thystiolaeth wreiddiol.

Edrychodd Sara ar wynebau'r rheithgor... ambell un wedi troi i edrych ar eu nodiadau ac un ohonynt yn dylyfu gên. Roedd yn ymddangos nad oeddynt yn mynd i ganfod unrhyw beth newydd o ymateb Bethan Young i gwestiynau Edward Rhys.

Yna gofynnodd y bargyfreithiwr yn araf. "Mrs Young, fedrwch chi egluro i'r llys pam wnaethoch chi losgi ffôn Emyr Hughes ar ôl i chi gyrraedd gartre?"

Cododd aelodau'r rheithgor eu pennau yn un don i edrych ar wyneb Bethan, y gwrid yn codi o'i gwddf a'i llygaid tywyll yn gwibio i bob cyfeiriad.

"Wnes i ddim," meddai Bethan yn gyflym... goslef ei llais wedi codi nodyn neu ddau. "Weles i mo'i ffôn e."

"Rydyn ni wedi clywed y dystiolaeth fforensig sy'n profi eich bod chi wedi llosgi'r dillad roeddech chi'n eu gwisgo noson y llofruddiaeth mewn pwll tân yn eich gardd, on'd do fe?"

"Do," cyfaddefodd. "Fi wedi gweud 'thoch chi... o'n i'n ofon y byddai'r heddlu'n camddeall pethe ac yn credu 'mod i 'di lladd Emyr Hughes ar fwriad. Felly llosges i'r dillad yn yr ardd yn syth ar ôl cyrredd gartre'r noson honno."

"Mae'r arbenigwr fforensig wedi datgelu bod ffrâm ffôn

symudol, wedi ei losgi'n ulw, hefyd wedi ei chanfod yn y pwll tân..."

"Fy ffôn i oedd e," torrodd Bethan ar ei draws. "Pan dowles i'r dillad i'r tân, anghofies i dynnu'r ffôn o boced yr hwdi a llosges i hi ar ddamwain."

"Peth esgeulus iawn i'w wneud, on'd oedd e, Mrs Young?" meddai Edward Rhys yn araf, gan droi ei olygon tuag at y rheithgor.

"O'n i ar frys," mentrodd Bethan, fel petai hynny'n ateb hollol resymol.

"Mae'n amlwg... Ar ôl beth wnaethoch chi."

"A beth am eich ffôn arall... eich iPhone? Mae gyda ni dystioleth bod honno yng nghyffiniau tŷ Mari Llywelyn adeg y llofruddiaeth."

"Gadewais i honno yn y car... pan es i lawr i'r tŷ."

"Felly, roedd gyda chi ddwy ffôn y noson honno."

"Oedd," atebodd yn fwy hyderus. "Bydda i'n mynd â ffôn rhad gyda fi ym mhoced fy hwdi pan fydda i'n mynd mas i redeg, yn hytrach na'r iPhone... rhag ofon i fi gwmpo neu golli honno."

Nodiodd Edward Rhys yn araf. "Dim mwy o gwestiynau."

Ymysg y tystion eraill a alwyd gan y diffyniad oedd patholegydd fforensig oedd yn arbenigo ar anafiadau i'r frest. Wrth ymateb i gwestiynau Elisabeth Ellis, dywedodd nad oedd yn bosib dweud i sicrwydd a oedd anafiadau Emyr Hughes yn ganlyniad trywaniad bwriadol, neu wedi eu dioddef wrth iddo ddisgyn ar y gyllell. Gwenodd y fargyfreithwraig pan glywodd y geiriau hyn.

44

Galwodd y barnwr am doriad byr cyn i'r achos ailgychwyn gyda'r areithiau oedd yn cloi'r gwrandawiad.

Edward Rhys, ar ran yr erlyniad oedd y cyntaf i godi ar ei draed i annerch y rheithgor. Ceisiodd eu darbwyllo fod Bethan Young wedi gwneud ei gorau glas i'w camarwain drwy bortreadu ei hun fel person rhesymol oedd yn bwriadu defnyddio perswâd i gael Emyr Hughes i ddychwelyd arian yr elusen iddi. Fe'u hatgoffodd o'r dystiolaeth fforensig oedd wedi ei chyflwyno ac yna daeth at ei sylwadau terfynol.

"Byddai unrhyw berson call yn sylweddoli nad oedd perswâd yn mynd i weithio ar berson mor ddigywilydd o dwyllodrus ag Emyr Hughes. Na, roedd Bethan Young yn gwybod yn iawn na fyddai hi fyth yn gweld arian yr elusen eto. Roedd Emyr Hughes wedi chwalu ei breuddwydion ar gyfer Cronfa Plant Chris Young ac, yn waeth na hynny, wedi sarhau enw ei gŵr... dyn roedd yn meddwl y byd ohono, oedd wedi marw mewn amgylchiadau mor drasig. Felly, mae'n berffaith resymol tybio bod y diffynnydd wedi dilyn Emyr Hughes i'r Garreg Wen gyda'r bwriad o'i ladd. Os nad oedd e'n fodlon talu'r arian yn ôl iddi, fe fyddai'n rhaid iddo fe dalu gyda'i fywyd. Nid damwain oedd marwolaeth Emyr Hughes, ond canlyniad ymosodiad bwriadol arno gan y ddiffynnydd."

Pesychodd am eiliad.

"Mae Mrs Young yn honni bod Emyr Hughes wedi ceisio ymosod arni... wedi ei bygwth gyda chyllell a'i bod hi'n ofn am ei bywyd ei fod ar fin ei thrywanu. A beth wnaeth hi yn ei braw? Rhedeg am y drws a cheisio dianc? Galw'r heddlu? Dyna beth fyddech chi'n ei ddisgwyl, yntife?"

Edrychodd o gwmpas yr ystafell.

"Ond, na, beth wnaeth hi oedd taflu gwydraid o chwisgi yn llygaid y dyn, ei gicio fe yn ei ben a chymeryd y gyllell oddi arno. Felly pwy oedd â'r llaw uchaf yn y sefyllfa hon, dybiwch chi? Bethan Young, menyw dal, gref, ffit â chyllell yn ei llaw... neu Emyr Hughes, gŵr eiddil ag anaf i'w ben oedd yn gorwedd ar lawr? Os oedd Mrs Young yn amddiffyn ei hun, fel y mae hi'n mynnu, yna mae'n berffaith amlwg i mi ei bod hi wedi gwneud job reit dda ohoni!"

Daeth ambell ebychiad distaw o gyfeiriad y cyhoedd.

Oedodd Edward Rhys i gyfeirio at ei nodiadau cyn cario ymlaen gyda'i ddatganiad. Cododd ei ben unwaith yn rhagor.

"Mae Bethan Young wedyn yn honni bod Emyr Hughes wedi ei drywanu ar ddamwain ar ôl iddo godi ar ei draed a llithro tuag ati."

Edrychodd y bargyfreithiwr o gwmpas yr ystafell am rai eiliadau.

"Rhowch eich hunain yn sefyllfa Emyr Hughes, os gwnewch chi... Mae Bethan Young, merch gref... yn amlwg wedi ei hyfforddi yn y *martial arts*, wedi eich taro ar lawr ar ôl eich dallu gyda chwisgi a'ch cicio yn eich pen... ac mae hi'n awr yn sefyll o'ch blaen gyda chyllell yn ei llaw."

Cododd Edward Rhys ei law mewn ystum trywanu er mwyn gwneud ei bwynt.

"Ydych chi'n symud tuag ati?... Ceisio cymryd y gyllell oddi arni? Mae'n rhaid bod Emyr Hughes yn ddyn dewr iawn i wneud hynny, yn fy meddwl i.

"Na, nid damwain oedd marwolaeth Mr Hughes ond

canlyniad trywaniad bwriadol yn ei galon gan berson oedd â chymhelliant clir dros ei ladd. Fy honiad i yw bod Bethan Young wedi disgwyl i Emyr Hughes godi. Roedd e'n simsan ar ei draed a gwelodd Bethan Young ei chyfle... i wthio'r gyllell yn fwriadol i'w frest.

"A beth wnaeth hi wedyn... ar ôl y 'ddamwain'?" gofynnodd, gan wneud arwyddion dyfynodau gyda'i fysedd. "Alwodd hi'r ambiwlans? Aeth hi at yr heddlu i riportio beth oedd wedi digwydd? Dyna beth fyddai person diniwed yn ei wneud, ontife? Ond, na, nid dyna wnaeth Bethan Young. Beth yw'r hen ddywediad, dwedwch?... 'Yr euog a ffy'? Mae hi i'w gweld yn ddigon eglur ar y lluniau cylch-cyfyng yn dianc nerth ei thraed o'r Garreg Wen gan adael i Emyr Hughes waedu i farwolaeth."

Oedodd y bargyfreithiwr am rai eiliadau i adael i'w eiriau gael yr effaith fwyaf.

"A beth ddigwyddodd i ffôn Emyr Hughes, tybed... y *burner phone* oedd ganddo'r noson honno?" Ysgydwodd ei ben yn araf.

"Mae Mrs Young yn honni bod Emyr Hughes wedi cael ei wared e rywsut cyn iddi hi gyrraedd cartref Mari Llywelyn. Yn anffodus, dydy'r esboniad hwnnw ddim yn taro deuddeg, ydy e? Yn un peth, mae'r heddlu wedi cribo'n drwyadl iawn drwy dŷ Mrs Llywelyn, drwy'r ardd a'r ardal o gwmpas, ond heb ddarganfod y ffôn. Gan taw *burner phone* roedd Emyr Hughes yn ei ddefnyddio, yn anffodus ni fu'n bosib i'r heddlu ei dracio o gwbl. A wedyn, beth am y ffôn y mae Bethan Young yn cyfaddef iddi ei losgi yn ei gardd noson y llofruddiaeth? Esgeulustod, meddai hi. Gofynnwch i chi'ch hunain... Ydy e wir yn debygol bod dau *burner phone* wedi diflannu ar yr un noson... o fewn oriau i'w gilydd? Neu ydy

Bethan Young wedi bod yn dweud celwydd wrthoch chi?"

Trodd y bargyfreithiwr yn ôl at ei nodiadau ar y ddesg.

"Ac ar ôl i Mrs Young ddod dros ei braw a chael amser i adlewyrchu ar yr hyn ddigwyddodd yn y Garreg Wen..." Cododd ei lais, " Ac ar ôl i berson arall gael ei chadw dan glo ar amheuaeth o ladd Emyr Hughes, aeth hi at yr heddlu i egluro taw damwain oedd ei farwolaeth? Naddo. Roedd hi'n ddigon hapus i Mrs Mari Llywelyn, person hollol ddiniwed, gael bai ar gam am beth wnaeth hi. Yn lle cyfaddef ei bod hi wedi lladd Emyr Hughes... ar ddamwain, fel y mae hi'n mynnu... ceisiodd newid ei hymddangosiad rhag i neb ddod i wybod y gwir. Cadwodd yn dawel am bron i bythefnos nes i'r heddlu gael hyd i'r gwirionedd... sef ei bod hi wedi lladd Emyr Hughes. Ar ddamwain, chi'n meddwl? Na, ddim o gwbl. Fe laddodd Bethan Young Emyr Hughes mewn gwaed oer a does dim amheuaeth felly ei bod hi'n euog o lofruddiaeth."

Eisteddodd Edward Rhys yn ôl yn ei sedd a chau ei ffeil gyda chlep.

+

Arhosodd Elisabeth Ellis am rai eiliadau cyn codi ar ei thraed. Roedd hi wedi ailysgrifennu ei haraith sawl gwaith er mwyn ei pherffeithio ac fe deimlai'n hollol barod i annerch y llys.

"Mae Bethan Young yn sefyll o'ch blaen chi heddiw," meddai mewn llais clir, "ar gyhuddiad o lofruddiaeth. Dyma fenyw ifanc sydd wedi treulio ei bywyd yn cynorthwyo eraill. Yn ei swydd bob dydd mae hi'n helpu unigolion i wella'u ffitrwydd ac yn ei hamser hamdden mae hi'n gweithio'n ddiflino i godi arian at elusennau. Mae hi'n chwaraewraig gampus ac mae hi'n defnyddio'r doniau hynny sydd ganddi er mwyn cefnogi achosion da. Wedi rhedeg pum marathon ac wedi cymryd rhan mewn sawl taith beics noddedig… yr arian i gyd yn mynd at elusen. Ydy hon yn eich taro chi fel y math o berson fyddai'n lladd rhywun mewn gwaed oer er mwyn dial arno fe… am swm o ugain mil o bunnau?"

Oedodd i edrych ar ei nodiadau cyn cario ymlaen.

"Fel rydych chi wedi clywed, mae'r diffynnydd wedi dioddef trasiedi fawr yn ei bywyd wrth golli ei gŵr, Chris, mewn damwain ddringo. Fe fyddai'n ddigon hawdd, dan yr amgylchiadau, i rywun fynd i'w gragen a syrthio i iselder. Ond nid dyna wnaeth Bethan. O na, penderfynodd hi sefydlu elusen yn enw ei gŵr i gefnogi plant difreintiedig ac yn gynharach eleni fe weithiodd yn ddiflino i godi dros ugain mil o bunnau tuag at yr elusen honno. Roedd ei bryd hi ar helpu eraill unwaith eto drwy wireddu breuddwyd ei gŵr o gynnig gwyliau yn yr awyr agored i blant na fydden nhw fyth yn y cael y cyfle heblaw am yr elusen.

"Ond fe chwalwyd y freuddwyd honno pan gafodd y diffynnydd ei thwyllo i drosglwyddo'r arian… holl arian yr elusen… i Emyr Hughes. Wrth gwrs roedd hi'n ddig ac yn flin gyda'r dyn… doedd hynny ond yn naturiol. Ond y cyfan oedd ar feddwl Bethan oedd cael yr arian yn ôl er mwyn parhau â'i chynlluniau… i goffáu ei gŵr a gwneud llwyddiant o Gronfa Plant Chris Young."

Edrychodd Elisabeth Ellis i fyny ar wynebau aelodau'r rheithgor oedd yn gwrando'n astud ar ei datganiad.

"Ar ôl i Bethan Young sylweddoli ei bod hi 'di cael ei thwyllo, fe wnaeth ei gorau glas i gael hyd i'r dyn oedd yn galw ei hun yn Ifan James, Ymgynghorydd Ariannol. Fe fuodd yn ddigon clyfar i ddod o hyd i Emyr Hughes yn ei gartref y noson cyn iddo farw. Petai hi am ddial arno drwy ei ladd, fel mae'r erlyniad yn ei honni, yna cafodd hi ddigon o gyfle i wneud hynny cyn y nos Wener honno. Ond nid dyna a wnaeth hi. Fe arhosodd Bethan am ei chyfle er mwyn ceisio dadlau'n gall ac yn rhesymol gydag Emyr Hughes.

"Rydych chi wedi clywed tystiolaeth y diffynnydd ynghylch digwyddiadau'r noson dyngedfennol honno pan ddilynodd hi Emyr Hughes i Nantglas. Nid mynd i ddial arno oedd ei bwriad pan aeth i gegin y Garreg Wen, ond i resymu gydag e yn y gobaith y byddai'n rhoi'r arian yn ôl iddi. Ond fe wnaeth Emyr Hughes yn hollol amlwg iddi nad oedd ganddo unrhyw fwriad i'w dalu'n ôl iddi. Dyna pryd y dywedodd Bethan wrtho y byddai'n dweud y cwbl wrth yr heddlu ac y byddai e'n cael ei arestio am dwyll."

Trodd Elisabeth Ellis at aelodau'r rheithgor er mwyn eu hannerch yn uniongyrchol.

"Mae Mr Edward Rhys wedi gofyn i chi ddychmygu'r sefyllfa yng nghegin y Garreg Wen y noson y bu Emyr Hughes farw... ond dychmygol yw'r sefyllfa honno yng ngwir ystyr y gair. Dwi'n mynd i roi senario tipyn yn wahanol i chi."

Cymerodd lymaid o ddŵr cyn cario ymlaen.

"Pan mae Emyr Hughes yn clywed bygythiad Mrs Young am fynd at yr heddlu, mae e'n gwylltio ac yn gafael mewn cyllell a'i phwyntio tuag ati. Does gan Bethan Young ddim amheuaeth nad yw ei bywyd mewn perygl ac, fel unrhyw un mewn sefyllfa o'r fath, mae hi'n gwneud popeth o fewn ei gallu i amddiffyn ei hunan gan ddefnyddio'r doniau sydd ganddi i daro Emyr Hughes i'r llawr. Pa un ohonoch chi fyddai ddim yn ymateb fel yna? Pan mae hi'n sylweddoli ei bod hi wedi llwyddo i'w lorio, mae hi am sicrhau ei bod yn diogelu ei hunan ac i wneud yn siŵr o hynny, mae hi'n codi'r gyllell ac yn ei phwyntio tuag ato. Ond dyw Bethan Young ddim 'di sylweddoli bod Emyr

Hughes yn methu gweld yn glir wedi i'r chwisgi gael ei daflu yn ei lygaid ac wrth iddo godi ar ei draed a symud tuag ati, mae e'n llithro ar y llawr gwlyb ac yn disgyn ar y gyllell."

Oedodd Elisabeth Ellis er mwyn gwneud yn siŵr fod y rheithgor yn cael amser i greu darlun o'r sefyllfa yn eu meddyliau. Anadlodd yn drwm cyn datgan yn bendant, "Dyna beth ddigwyddodd y noson y bu Emyr Hughes farw.

"A beth am ei hymddygiad wedyn? Mae'r erlyniad wedi ceisio gwneud môr a mynydd o hynny. A do, mi fuodd Mrs Young yn annoeth yn ceisio cuddio'r ddamwain rhag yr heddlu. Mae hi'n cyfaddef hynny ac mae hi wedi datgan ei hedifeirwch yn agored o'ch blaen chi… wedi egluro taw ei hunig gymhelliad oedd ceisio gwarchod enw da'r elusen, a thrwy hynny, enw da ei gŵr, Chris Young. Ond dydy bod yn annoeth a bod ag ofn mynd at yr heddlu ddim yn ei gwneud hi'n llofrudd.

"Felly, does dim posib dehongli'r sefyllfa ond fel damwain drasig a ddigwyddodd wrth i Bethan Young geisio amddiffyn ei hunan. Dyna oedd yn gyfrifol am farwolaeth Mr Hughes, nid unrhyw gam a gymerwyd yn fwriadol gan y fenyw ifanc yma i'w ladd. Felly dim ond un dyfarniad sy'n briodol yn yr achos hwn, sef bod Bethan Young yn ddieuog o lofruddiaeth Emyr Hughes."

Eisteddodd Elisabeth Ellis yn ôl yn ei sedd a sychu ei gwefus uchaf gyda'i hances boced.

Bu toriad am dros awr cyn i'r barnwr ddychwelyd i grynhoi'r achos. Ar ôl ychydig o eiriau o anogaeth ganddo, gadawodd y rheithgor y llys i ystyried eu dyfarniad.

45

Dau ddiwrnod yn ddiweddarach, toc wedi pedwar o'r gloch y prynhawn, cafodd Sara wybod bod y rheithgor wedi dod i benderfyniad a'u bod ar eu ffordd yn ôl i'r llys. Wrth iddi gymryd ei lle yn un o seddi'r wasg, edrychodd yn nerfus draw at y gynulleidfa. Roedd y tensiwn yn y llys yn amlwg... pobl yn sibrwd â'i gilydd, yn edrych o gwmpas yn bryderus... pawb ar bigau'r drain.

Roedd eisteddle'r cyhoedd wedi ei llenwi'n llwyr ac roedd nifer o bobl yn sefyll yn y cefn i glywed y dyfarniad. Gwelodd fod Carwyn, Mari a Siôn wedi llwyddo i gael lle yn yr oriel a chododd ei llaw yn gyflym arnynt. Roedd golwg ddisgwylgar ar wynebau pawb wrth i aelodau'r rheithgor gerdded yn ôl i mewn i'r llys.

Edrychodd Sara ar Bethan Young wrth iddi ddringo'r grisiau yn ôl i'r doc â'i phen yn isel. Roedd ei chalon yn ei gwddf pan gododd y fformon i roi'r dyfarniad ar ran y rheithgor.

"Ydych chi'n cael y diffynnydd, Bethan Young, yn euog neu'n ddieuog?" gofynnodd y Clerc.

Aeth yr ystafell gyfan yn ddistaw, wynebau pawb wedi eu hoelio ar y fformon.

Pan glywodd Sara'r dyfarniad, "Euog," teimlai don fawr o ryddhad yn llifo drosti. Pan ymwelodd â thŷ Bethan Young yn Llandeilo nôl ym mis Mawrth a'i chlywed yn siarad yn huawdl am y ffaith nad oedd Emyr Hughes wedi llwyddo i'w thwyllo... pan geisiodd ei hatal rhag gadael ei thŷ... gwyddai yn ei chalon adeg honno bod Bethan yn euog o'i ladd. Roedd y rheithgor wedi gwrando ar lais rheswm ac wedi dod i'r penderfyniad iawn.

Edrychodd Sara draw at yr ail res a gweld nifer o gefnogwyr elusen Cronfa Plant Chris Young yn gafael yn ei gilydd ac ambell un yn dechrau wylo'n ddistaw. Ond, wrth iddi godi ei golygon i edrych i gyfeiriad Siân Hughes, gwelodd fod honno â'i phen yn ei dwylo a bod dagrau yn llygaid Irfon Rowlands wrth iddo afael o gwmpas ei hysgwydd i'w chysuro.

Yn y rhes flaen, gwelodd Aaron Jones yn codi ar ei draed ac yn ysgwyd llaw Javid Singh yn galed gyda gwên lydan ar wynebau'r ddau.

Galwodd y barnwr ar Bethan Young i sefyll a chamodd yn araf ar ei thraed, ei llygaid yn ddideimlad. Eglurodd y byddai hi'n cael ei chadw yn y ddalfa hyd nes y byddai'n amser iddi ddychwelyd i'r llys i glywed ei dedfryd. Ategodd fod euogfarn yn golygu dedfryd o garchar am oes ac y gallai hi ddisgwyl wynebu cyfnod hir dan glo. Yna arweiniwyd Bethan i lawr y grisiau yn ôl i'r celloedd.

Wrth iddi ymadael â'r llys, ni allai Bethan ymatal rhag ail-fyw unwaith eto ddigwyddiadau'r noson dyngedfennol honno yng nghegin y Garreg Wen pan laddodd Emyr Hughes. Cofiodd ei eiliadau olaf ar ôl iddi ei gicio ar lawr. Cofiodd fel y straffaglodd i godi ar ei draed a'i gweld hi'n estyn y gyllell a'i phwyntio tuag ato. Cofiodd yr ofn yn ei lygaid wrth iddo sylweddoli beth roedd hi ar fin ei wneud. Cofiodd ei eiriau olaf, "Na, Bethan, plis paid," cyn iddi wthio'r gyllell yn ddwfn i'w galon.

46

Wythnos yn ddiweddarach, roedd Sara a Carwyn wedi trefnu mynd am bryd o fwyd i'r Dderwen Arms gyda Mari a Siôn. Yn naturiol, buan y trodd cyfeiriad y sgwrs at yr achos llys. Doedd dathlu'r ffaith bod y rheithgor wedi dod i'r dyfarniad cywir ddim yn briodol rywsut, gan fod dyn wedi ei ladd naw mis ynghynt, gan adael teulu i alaru ar ei ôl, ond o leiaf gallent deimlo'n fodlon bod y llys wedi gweinyddu cyfiawnder ac y byddai Bethan Young yn cael ei haeddiant.

Ar ôl i bawb archebu eu bwyd, dywedodd Carwyn, "Diolch byth fod hynny i gyd drosodd a gallwn ni ddechrau anghofio am Emyr Hughes nawr."

"Yn anffodus, sa i'n credu anghofia i byth amdano fe," meddai Mari'n dawel. "Na Bethan Young chwaith."

"Na, fi'n siŵr," cytunodd Sara. "Wedi'r cyfan byddai hi 'di bod yn ddigon bodlon i ti gael y bai am beth wnaeth hi i Emyr Hughes."

"Chi wir yn meddwl y bydde hi 'di dod i hynny?" Cododd Mari ei haeliau.

Anadlodd Sara'n hir cyn ateb. "Wel, pe bai Emyr Hughes 'di cadw'n dawel am y ras hwyl… a petai Bethan Young heb gael ei gweld ar y CCTV… pwy a ŵyr?"

"Paid plis. Fi ddim ishe meddwl am y peth. Ond diolch byth bod y rheithgor 'di dod i'r penderfyniad cywir yn y diwedd. O'n i'n meddwl ar un adeg y bydden nhw'n ei chael hi'n ddieuog. Wedi'r cyfan, gwnaeth yr Eisabeth Ellis 'na job dda iawn o'i hamddiffyn hi. Byddai ambell un yn meddwl ei bod hi heb wneud dim byd o'i le."

"Ond fi'n siŵr fod y barnwr yn ddigon call i weld bod Bethan Young yn palu celwydd am beth ddigwyddodd yn dy gegin di," meddai Sara. "A fi jyst yn gobeithio bydd ei dedfryd hi'n adlewyrchu hynny."

"Ti ddim yn swnio fel se 'da ti lawer o gydymdeimlad gyda hi," awgrymodd Siôn. "Rhaid cofio taw twyllwr a chelwyddgi oedd Emyr Hughes… roedd e 'di dwyn arian yr elusen a 'di bygwth Bethan gyda chyllell. Digon tebyg ei fod e wedi ei phryfocio hi hefyd. Wedyn falle taw ymateb yn fyrbwyll wnaeth hi mewn ffit o dymer."

"Ond ar ddiwedd y dydd, doedd hynny ddim yn ddigon o gyfiawnhad dros ladd y dyn mewn gwaed oer a'i adel i waedu i farwoleth," meddai Sara "… ac amddifadu ei deulu o ŵr a thad."

"Mm," nodiodd Mari ei phen. "A doedd Bethan ddim yn edrych fel 'se hi'n difaru dim am beth wnaeth hi."

"A chest ti ddihangfa lwcus hefyd, Sara," meddai Carwyn. "Os bydden i ond yn gwbod bod ti'n mynd i dŷ llofrudd y diwrnod est ti i weld Bethan Young…"

"Wel, peth da bod ti wedi mynd," dywedodd Siôn, "neu falle byddai hi â'i thraed yn rhydd hyd heddi."

"Fi ddim yn meddwl." Roedd Sara'n gwybod yn well. "Roedd yr heddlu ar fin ei harestio hi beth bynnag."

Cyrhaeddodd y weinyddes gyda'r platiau bwyd a bu distawrwydd rhwng y pedwar am ychydig wrth i bawb ddechrau mwynhau bwyd cartref, blasus y Dderwen Arms.

"Beth chi'n meddwl ddigwyddith i'r elusen nawr?" holodd Mari ar ôl iddi orffen ei swper.

"Mae'n amlwg bod ei chefnogwyr… rheiny oedd yn y llys…

yn meddwl yn siŵr y bydde'r rheithgor yn cael Bethan yn ddi-euog," atebodd Sara, "ac y bydde Cronfa Plant Chris Young yn cael ei hatgyfodi pan fydde hi'n cael ei rhyddhau."

"Ond mae'n sicir nad yw hynny'n mynd i ddigwydd nawr," meddai Carwyn.

"Sydd yn biti mawr," ochneidiodd Mari, "achos ar ddiwedd y dydd, mi oedd e'n syniad da... rhoi cyfle i blant o gefndiroedd tlawd fwynhau cerdded yn yr awyr agored."

"Ond fydd neb ishe cael eu cysylltu ag enw Chris Young dim mwy, mae hynny'n siŵr," ysgydwodd Siôn ei ben, "gan wbod bod ei wraig yn llofrudd."

"Rhyfedd shwt mae digwyddiadau anffodus yn gallu gwneud i bobl gyffredin ymddwyn mewn ffordd mor eithafol... yn groes i'w natur falle," awgrymodd Carwyn.

"Ti'n meddwl taw pobol gyffredin oedd Emyr Hughes a Bethan Young, 'te?" gofynnodd Siôn ag anadl drom.

Cododd Carwyn ei ysgwyddau. "Pwy a ŵyr? Ond mae'n rhaid bod rhyw ddrwg yn y ddou o'n nhw i wneud beth wnaethon nhw. Roedd e jyst yn biti bod yr amgylchiade wedi caniatáu i'r drwg hwnnw ddod i'r wyneb."

"Fi'n credu bod hynny'n ddigon o athronyddu am nawr," meddai Siôn, gan orffen ei fwyd. "Ac ar ddiwedd y dydd, mae un peth da wedi dod mas o'r holl helynt... hynny yw bod Mari a minne 'di cyfarfod ac wedi dod yn... beth weda i... yn dipyn mwy na ffrindie."

Gafaelodd Siôn yn llaw Mari.

"Ni mor falch o hynny, ond y'n ni, Carwyn?" Edrychodd Sara ar ei phartner a gwenu. "Chi i weld yn hapus iawn ta beth... "

"Bron mor hapus â chi'ch dou," chwarddodd Mari.

"Ie... wel," Cododd llais Sara nodyn neu ddau. "Fi'n mynd

i ordro potel fach o bybli achos bod gyda Carwyn a fi rywbeth i'w ddathlu."

Edrychodd Siôn a Mari'n ddisgwylgar ar wynebau eu ffrindiau. Yna estynnodd Sara ei llaw chwith a dangos y fodrwy fach *solitaire* ar ei thrydydd bys.

"Llongyfarchiadau," ebychodd Mari a Siôn gyda'i gilydd.

Aeth Sara yn ei blaen i siarad yn afieithus am y cynlluniau ar gyfer y briodas, oedd i'w chynnal y mis Awst canlynol, cyn i'r weinyddes gyrraedd gyda photel o siampên.

Wrth i Carwyn ddechrau tywallt y ddiod i mewn i'w gwydrau, cododd Mari ei gwydr dŵr pefriog a dweud gyda gwên lydan ar ei hwyneb, "Dim bybli i fi, diolch… wel, dim am ryw chwe mis arall ta beth."

Hefyd gan yr awdur:

£9.99

Hefyd o'r Lolfa:

£10.99

'Cloben o nofel sy'n rhoi i ni'r alaethus o drist a'r doniol iawn.'
MEINIR PIERCE JONES
ESGYRN
Heiddwen Tomos
'Dod ar eu traws wrth chwarae wnaethon nhw. Esgyrn.'
y Lolfa

£8.99

y Lolfa
RHIANEDD JEWELL
tempo
'Consierto o nofel sy'n cwmpasu tyndra
a thynerwch, creulondeb a chariad.'
MERERID HOPWOOD

£9.99

ALUN DAVIES
PWY YW
MOSES JOHN?
'Mi wnes i ei llowcio hi mewn un eisteddiad.'
Aled Hughes
y lolfa

£9.99

PEN-BLWYDD
HAPUS?
FFION EMLYN
'Antur sy'n llawn dirgelwch a hiwmor cynnes.'
CATRIN MARA

£9.99

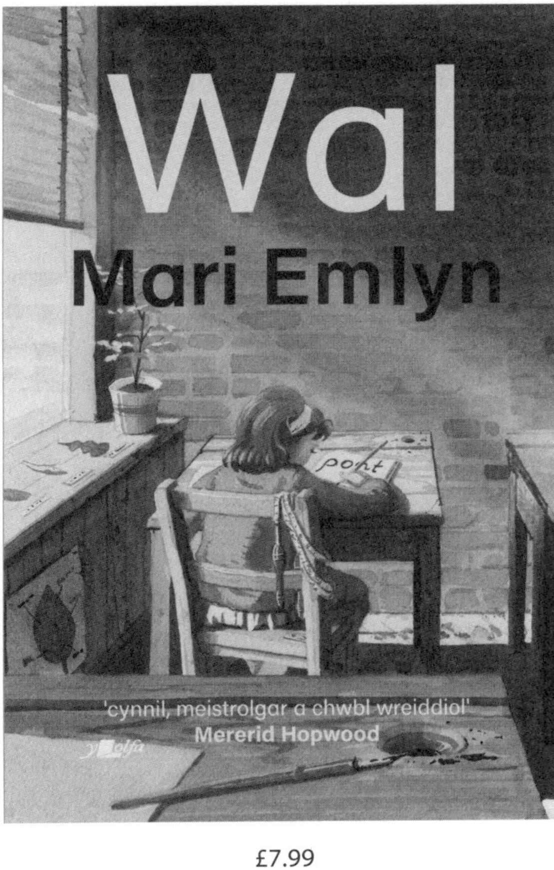
Wal
Mari Emlyn
pont
'cynnil, meistrolgar a chwbl wreiddiol'
Mererid Hopwood
y olfa

£7.99